SHIJIAN YUREN

GAOXIAO SIXIANG ZHENGZHI JIAOYU LUJING TANSUO

实践育人

高校思想政治教育路径探索

张育广◎编著

编　者：（按撰写章节顺序排列）

张育广　王亚煦　张　超　董尚朝

董　誉　刁衍斌　王新伟　林逢春

郭昌洪　谢耀雯　吴振铨　许金镇

广东高等教育出版社

Guangdong Higher Education Press

·广州·

图书在版编目（CIP）数据

实践育人：高校思想政治教育路径探索．张育广编著．—广州：广东高等教育出版社，2017.7
ISBN 978-7-5361-5969-3

Ⅰ．①实…　Ⅱ．①张…　Ⅲ．①高等学校-思想政治教育-研究-中国　Ⅳ．①G641

中国版本图书馆 CIP 数据核字（2017）第 163342 号

出版发行	广东高等教育出版社 地址：广州市天河区林和西横路 邮政编码：510500　电话：（020）87554152　87551163 http://www.gdgjs.com.cn
印　　刷	南方医科大学广州广卫印刷厂
开　　本	787 毫米×1 092 毫米　1/16
印　　张	12.5
字　　数	238 千
版　　次	2017 年 7 月第 1 版
印　　次	2017 年 7 月第 1 次印刷
定　　价	56.00 元

前　言

在教育学领域，实践育人是一个经久不衰的话题。古今中外的教育家对理论结合实践的重要性均有探讨。南宋理学家朱熹提出“论先后，知为先；论轻重，行为重”的“知行合一”理论，明朝儒学大师王守仁的“知之真切笃行处即是行，行之明觉精察处即是知”，清代魏源提出的“及之而后知，履之而后艰，乌有不行而能知者乎”……这些都是对实践与理论学习关系的论述。对于马克思主义来说，它的基本原则就是强调理论与实践的统一，正是这种实践特性赋予它深刻的思想内容和理论品质。

随着时代的发展，实践的内涵也不断发生着变化。早在20世纪80年代，我国就已在全国高校普遍开展大学生社会实践活动，经过近30年的探索、普及、发展和改革，大学生社会实践活动已逐步制度化、科学化。学生在假期开展社会调查、参观、考察、科技文化咨询、志愿服务、挂职锻炼、企业实习等形式多样的实践活动。对于学生自身来说，这是促进他们了解社会、了解国情、增长才干、奉献社会、锻炼毅力、培养品格和增强社会责任感的重要途径；对于高校来说，积极组织开展社会实践亦是贯彻党的教育方针、加强和改进高校思想政治教育的重要措施。

党和政府历来高度重视社会实践在大学生成长成才中的重要作用。党的十八大以来，习近平总书记站在新的历史背景下，先后多次与青年座谈，给青年群体回信，从方法、目的及要求等不同侧面论述了实践在青少年成长成才过程中的重要作用，阐释了“学习是成长进步的阶梯，实践是提高本领的途径”的育人观，鼓励青少年在实现“中国梦”的伟大实践中锻炼成长。李克强总理也在与全国各地学子交流时，多次强调大学生应勇创业、重实践，并鼓励他们到基层艰苦地方去锤炼，“基层的经验，无论以后走到什么岗位都将是一笔宝贵的财富，只有经历基层锻炼，才会成长为社会的有用之才”。这些对于青年学生的谆谆教导，充分体现了党中央、国务院对实践育人的高度重视，对青年学生的亲切关怀和殷切期望。

在这样的时代背景下，中共中央、国务院印发了《关于加强和改进新形势下高校思想政治工作的意见》，教育部等部门结合落实《国家中长期教育改革和发展规划纲要（2010—2020年）》，下发了《关于进一步加强高校实践育人工作的若干意见》（教思政〔2012〕1号）。这些对于高校实践育人工作，特别是大学生社会实践的重要意义与价值给予了充分肯定，明确了高校实践育人工作对于深化高校教育教学改革、提高人才培养质量的重要作用。

作为改革开放的前沿阵地，广东省的高校实践育人工作特别是大学生社会实践工作在全国高校中具有特殊地位。广东工业大学作为地方性工科院校，致力于培养创新型人才，学校结合实际，整合社会资源，扎实开展社会实践工作，在实践育人上取得了很好的成效。

本书结合广东工业大学实践育人经验，在收集国内外大量有关社会实践研究资料的基础上，探讨了社会实践对大学生创新人才培养的重要作用，搭建了社会实践的教学平台，提出了建立和完善社会实践长效机制的方法，分析了目前大学生社会实践的主要问题，并究其根源提出了相应的解决措施。

本书内容共分为6章，主要内容包括大学生社会实践概述、大学生社会实践的重要形式——志愿服务的发展历程、大学生社会实践长效机制的建设、大学生社会实践实效性评价体系的构建、大学生社会实践的资源管理和成果转化，以及大学生社会实践的地方经验。其中，第一章是对大学生社会实践的概述，介绍了从社会实践的理论缘起到大学生开展社会实践的意义价值，以及我国大学生社会实践的发展状况。第二章主要介绍了大学生社会实践的重要形式——志愿服务，包括志愿服务发展的概况、国内外大学生志愿服务的发展现状以及对国外大学生志愿服务的经验借鉴和启示。第三章在前两章的基础上，更为详细地为读者介绍了社会实践长效机制的构建，包括社会实践长效机制构建的影响因素、大学生社会实践的教学保障、师资保障及其他综合性保障体系的建设，重在讨论如何通过长效机制的构建，来提升高校实践育人的实效性。第四章和第五章，主要是对社会实践的后期研究。第四章探讨了大学生社会实践实效性评价体系的构建，通过探究大学生社会实践实效性评价研究的背景和运行机制、分析评价调查、研究评价体系的机理性，探索和构建了大学生社会实践实效性评价的指标体系，并对该体系进行了实例验证。第五章则主要介绍了大学生社会实践的资源管理和成果转化，探讨了当前对大学生社会实践进行成果转化的影响因素及解决建议。第六章重点介绍了在大学生社会实践方面的广东省经验和广东工业大学经验，通过近几年省内高校组织亚运会、大运会的赛事服务及深圳建设“志愿者之城”

的经验，分析南方高校在大学生社会实践中的创新探索。

本书在材料选取和撰写上力求观点稳妥。在展现形式上，本书采取理论解析、实践案例相结合的方式。其中，理论解析主要为了提高大学生及相关工作人员在社会实践理论知识与综合认识上的深度，实践案例则主要以广东省及广东工业大学的代表性案例为主，也选取了一些地方政府及社会组织助力大学生社会实践的典型案例。笔者希望大学生社会实践的组织方和实施方通过本书，能够了解社会实践，继而进行思考和研讨，不断提升高校实践育人的实效性。本书在总结广东工业大学社会实践经验的基础上撰写而成。撰写过程中参阅了大量文献，笔者对已在书中列出和未列出的参考文献的作者表示特别感谢。

本书由张育广、王亚煦负责编写、统稿、审订。各章参与编撰的作者情况：第一、二章由张超、董尚朝、董誉撰写，第三章由刁衍斌、王新伟撰写，第四章由张育广、林逢春、郭昌洪撰写，第五章由王亚煦、谢耀雯撰写，第六章由吴振铨、王亚煦、许金镇撰写。在本书的撰写过程中，编写团队得到了许泽浩、彭浩等同事的无私帮助；在调研中，编写团队得到广东工业大学管理学院农村电子商务调研实践队、土木与交通工程学院“爱行地下铁”志愿服务队、环境科学与工程学院 PM2.5 调查实践调研队等社会实践团队师生的支持。在此，编写团队一并表示感谢。

编　者

2017 年 5 月

目 录

第一章 大学生社会实践概述

第一节 社会实践的理论缘起

荀子曰："不闻不若闻之，闻之不若见之，见之不若知之，知之不若行之。学至于行而止矣。行之，明也。"马克思主义哲学认为，认识来源于实践。古今中外的教育实践证明：社会实践是教育与生产劳动相结合的基本形式，教育与社会实践相融合是历史和时代的必然选择。

一、大学生社会实践的基本概念

（一）社会实践

社会实践是一个广泛的概念，它涵盖了人类的一切活动。马克思主义哲学认为，社会实践是人类认识世界、改造世界的各种活动的总和，是人类探求真理、发现真理、运用真理、验证真理、发展真理的基础。马克思主义认识论认为，认识从实践中产生，随实践而发展，认识的根本目的是为了实践，认识的真理性也只有在实践中得到检验和证明；认识的发展过程是从感性认识到理性认识，再由理性认识到能动地改造客观世界的辩证过程；一个正确的认识，往往需要经过物质与精神、实践与认识之间的多次反复；社会实践的无穷无尽决定了认识发展的永无止境。列宁认为："生活、实践的观点，应该是认识论的首要的和基本的观点。"① 毛泽东认为，通过实践发现真理，再通过实践检验和发展真理是认识的基本过程，"实践、认识、再实践、再认识，这种形式，循环往复以至无穷，而实践和认识之每一循环的内容，都比较地进到了高一级的程度。这就是辩证唯物论的全部认识论，这就是辩

① 中共中央马克思恩格斯列宁斯大林著作编译局. 列宁全集：第18卷［M］. 北京：人民出版社，1988：144.

证唯物论的知行统一观”。①

所谓社会实践，是指人们有目的、有意识地改造物质世界的对象性活动。人们通过社会实践使自己与自然界和社会发生多种联系和作用，进行各种能动的活动，并从中获取自身发展所需要的一切。同时，只有通过社会实践，人们才能建立和确定自己的社会生活，发展和强化人的本质力量，改造和完善人类自身。②

（二）大学生社会实践

大学生社会实践是我国发展社会主义现代化高等教育的一个重要特征，是促进大学生全面发展不可或缺的载体，是课堂教育的必要延伸，是实现素质教育的有效途径，是高校思想政治教育的重要环节，也是促进教育与科技、教育与经济相结合的重要形式和途径。江泽民曾提倡青年学生，要“坚持学习书本知识与投身社会实践的统一”。胡锦涛曾寄语全国青年，要“把创新思维和社会实践紧密结合起来”。习近平强调，要“坚持学习、学习、再学习，坚持实践、实践、再实践”。

2005 年，中共中央宣传部（简称“中宣部”）、中央文明办、教育部、共青团中央联合下发《关于进一步加强和改进大学生社会实践的意见》（中青联发〔2005〕3 号）。意见定义：大学生社会实践是一种以学生为主体、学校为依托、社会为舞台的广泛教学形式，它以了解社会、服务社会为主要内容，以形式多样的活动为载体，以稳定的实践基地为基础，以建立长效机制为保障，引导大学生走出校门、深入基层、深入群众、深入实际，开展教学实践、专业实习、军政训练、社会调查、生产劳动、志愿服务、公益活动、科技发明和勤工助学等，在实践中受教育、长才干、做贡献，推动大学生树立正确的世界观、人生观和价值观，努力成长为中国特色社会主义事业的合格建设者和可靠接班人。

二、大学生社会实践的特点

大学生社会实践是一种以学生为主体、学校为依托、社会为舞台的广泛教学形式；是高等教育的重要组成部分，与课堂理论教学相辅相成，共同构成高校理论与实践相结合的教学体系，完成高校人才培养的目标，实现学生全面发展的目的。就其本质而言，它具有与其他教学形式不同的特点，主要包括如下四个特点。

---

① 毛泽东. 毛泽东选集：第 1 卷［M］. 北京：人民出版社，1991：296 – 297.

② 李杰. 大学生社会实践创新研究：以重庆市大学生社会实践创新为例［D］. 重庆：重庆理工大学，2013：6.

（一）社会性

马克思主义的观点认为：社会是人们相互交往的产物，是各种社会关系的总和。大学生进行社会实践就是他们主动、广泛地参与真实的社会生活过程，是实现大学生社会化的重要途径。在这个过程中，他们要亲自接触和感知社会中的各种人和事，加深对社会的认知和了解，增加对社会的生活积累，学会适应社会；同时不断提高对社会中制度、文化、风俗等社会规范的认识、理解、体验和感悟能力，树立正确的人生观、价值观和世界观，促进自身的全面发展，进而加速自身社会化的进程。

（二）开放性

很多大学生往往注重学校的理论学习成绩而忽视了社会实践能够为自己带来的重要锻炼。大学生社会实践突破了高校课堂教学的相对封闭性，大学生可以根据自己的兴趣、认知结构、学习方法等实际情况，适时地选择参与社会实践活动，它跨越了高校理论学习的“狭隘局限性”。相对于传统的教学环境而言，大学生社会实践面临的是一个更为开放的社会环境，是一种从校内向校外社会的延伸。大学生社会实践的开放性不仅包括活动内容和形式的开放性，也包括活动评价的过程和活动开展、运作的开放性等，这些有利因素在一定程度上有效地促进了大学生社会实践的发展与完善。

（三）协同性

在实践的过程中，不是仅仅依靠某一方面的力量就能够达成目标，而是需要政府、高校、学生、社会等各个方面相互配合，形成合力。在协同完成任务这个过程中，政府负责提供政策支持，为实践活动的开展提供有利的政策环境；高校科学地规划实践活动，不断提高自身的实践指导能力，使实践活动健康有序地开展；学生是实践活动中最重要的一部分，加快对自身角色转变的适应、摆正心态、提高自身技能，以确保实践活动的顺利进行；社会是开展实践活动不可或缺的一部分，提供实践基地，对实践活动的开展进行大力宣传，从而为大学生社会实践提供有利的社会环境。高校与社会之间形成优势互补、相互配合的发展趋势，以求最优的育人效果，协同形成教育合力，完成大学生社会实践教育的任务，把大学生培养成社会所需的优秀人才。

（四）多功能性

社会实践既有学校教育的属性，又有社会教育的属性，是联结学校教育和社会教育的重要纽带。一方面，社会实践是实现高校思想政治教育目标的有效途径。高校设置思想政治理论课与社会实践相结合，大学生通过参与社会实践活动，亲身经历和感受社会生活，进一步贴近人民群众，走近生活，了解社会，知晓国情，自觉将个人融入社会，培养集体主义和爱国主义精神，自觉将个人命运和祖国发展结合起来，自觉树立责任感和历史使命，消除了大学生对传统说教、灌输的思想政治教育形式的抵触心理，有效实现思想政治教育的目标。另一方面，社会实践有助于激发大学生的主观能动性，增强自我认同。在社会实践的过程中，大学生运用自己所掌握的专业知识和技能去感悟社会生活，理论联系实际，科学、合理地观察分析问题和解决实际问题，用自己的积极行动服务社会以实现自己的人生价值，增强了大学生的自我认同感和自我效能感。①

三、大学生社会实践的本质属性

大学生社会实践是社会实践的重要组成部分，具有实践所呈现的普遍性特征；同时，大学生社会实践是大学生在校期间开展的活动，又具有自身活动的特殊性。从普遍性与特殊性结合的视野探求大学生社会实践的内涵，进一步综合归纳与具体概括，可以发现，大学生社会实践就是一种大学生的学习性实践、成长性实践和社会化实践。②

第一，大学生社会实践是一种学习性实践。

大学生的学习角色和大学教育的根本任务决定学习性实践主要是指以学习、应用和创新知识为基本特征的社会实践活动。首先，学习性实践是一种以学习知识为主的活动。就知识本身而言，主要包括陈述性知识和程序性知识。前者是说明“是什么”，后者是关于“怎样做”。通过学习性实践引导学生从现实中学、从实验中学、从研究中学，帮助学生了解知识的源泉与运用，为大学生提供更多的程序性知识和助其进一步理解陈述性知识。其次，学习性实践是一种以应用知识为主的活动。学习性实践强调理论与实际的结合，注重理论知识在实际生活中的具体应用，促使大学生在社会实践中学会发现、践行，达成知识应用的目标。最后，学习性实践是一种以创新知识为主的活动。社会实践的开展既是大学生知识应用的过程，也是知识创新的过程。通过社会实践，大学生完成知识的聚合与整合，涌现新知识、新思想、新观点、新思路，从而实现从无到有的知识创新。总之，学习性实践是大学生以学习为导引的社会实践活动，是大学生在校期间完成良好知识储备，为其全面成长成才、真正踏入现实社会而奠基的活动。

---

① 杜红芳．利用社会实践加强大学生思想政治教育工作［J］．商丘职业技术学院学报，2008（4）：14－15．

② 胡树祥，吴满意．关于大学生社会实践活动内涵的新界定［J］．中国高等教育，2009（2）：42－44．

第二，大学生社会实践是一种成长性实践。

青年时期是大学生身心发展成熟的成长期，是世界观、价值观和人生观的形成期，是了解适应社会、扮演社会角色、承担社会责任的过渡期。首先，成长性实践是大学生的学业深化活动。学业的深化是指大学生学习的专业化、精深化，是大学生成长性实践的基本功能。其次，成长性实践是大学生一种精神完善的活动。成长性社会实践就是一种形成、提高和完善大学生思想素质、政治素质、道德素质与心理素质的活动。最后，成长性实践是大学生成为优秀人才的活动。大学生的成长性实践是指大学生在学会学习的基础上注重改造自己主观世界，提升综合素质，拓展各种能力、尽快成长为社会所需的优秀人才的活动。①

第三，大学生社会实践是一种社会化实践。

大学生社会实践作为社会化实践，一方面，因为传统的理论灌输教育模式存在教育与经济、社会相脱节，教学课堂封闭等问题，导致高校培养的人才容易脱离现实社会需求，所以通过社会化实践信息反馈，可促进高等教育主动改革，培养符合社会需要的人才。另一方面，大学生作为即将踏入社会的准劳动者，通过社会实践真正走入社会，接触更广泛的社会群体，深入了解国情、社情、民情，参与竞争，发现自身和社会需求之间的差距，认识提高自身社会适应性和综合能力的必要性；鞭策自己在实践中及时改正缺点和改进不足，以适应社会发展的需要，完成自身社会化的过程。

四、大学生社会实践的理论渊源

思想是行动的指南，理论是实践的指导，观念是行为的指针。中华民族传统文化思想和马克思主义关于社会实践都有相关丰富的论述，深入学习社会实践相关理论，分析大学生社会实践活动的理论依据，对全面、科学、客观地评价大学生社会实践，提高社会实践在大学教育中的地位和作用，对提高这一活动的深度和广度很有价值。

（一）中华民族传统文化的实践思想是大学生社会实践的精神源泉

中华民族传统文化中关于实践的论述主要体现在道德修养方面，强调道德践履，把提高道德认识与躬行道德实践统一起来。传统儒家教育思想关于实践教育主要体现在“积极躬行”上，其思想品德是成于内而行于外的形成过程，要通过长期的“笃行”才能达到完善。春秋时期，我们熟知的大教育家孔子认为，实践是学习知识的升华，是能力培养的有效途径，强调学习要

---

① 谢玉进，刘力妹．新时期大学生社会实践的创新逻辑［J］．湖南中学物理·教育前沿，2009（8）：60－61．

联系实际，才能达到学习的真正效果。例如，《论语》开篇就讲“学而时习之，不亦说乎”，意思是说我们只有通过实践才能正确把握事物的真谛，解除认识的困惑。子曰：“吾始于人也，听其言而信其行；今吾于人也，听其言而观其行。”古代著名的教育家、思想家朱熹强调“知行常相须”，意思是说知行关系是相互联系、相互促进的，缺少任何一个都不利于人才的培养。人们常说“读万卷书，行万里路”，这不仅仅是古人的一种修养模式，也体现了中国古代传统思想文化对于社会实践的一种理论积淀，实践教育是一个发展的概念，正是这些古代关于实践教育的育人思想为我们今天的实践教育奠定了基础，可以说教育与实践相融合是历史与时代的必然选择。

（二）辩证唯物主义认识论是指导大学生社会实践的理论基础

马克思主义认为人的认识是以实践为基础，主体作用于客体的过程。首先，实践是认识的来源。人的认识不是人脑天生所固有的，而是从实践中不断获得的，是人在改造客观世界的过程中主体对客体的反映。我们每个人所学到的知识，是通过直接或者间接经验得到的，而这些经验都是通过实践活动来获得的。对大学生进行思想政治教育，课堂理论教育是基础，这是间接经验，还要辅以大学生社会实践，这是直接经验，可以让大学生获得有关社会生活最直观、最真实的认识。其次，实践是认识不断发展的动力。当前，在这样一个信息爆炸的时代，对大学生进行思想政治教育面临着重重困境，大学生对于课堂理论教育不重视，难以起到一定的教育效果。通过参与实践活动，可以让大学生亲自感受、发现、思考如今社会上所面临的问题，探索这些问题存在的原因。因此，大学生社会实践可以为大学生提供新的认识手段，提高大学生认识能力和思维能力。再次，实践是认识的目的。如今高校招生规模日益扩大，各种专业的设置也越来越科学与规范，大学生如何将所学专业知识与社会实际紧密结合起来也越来越重要。大学生社会实践就提供了这一难得的机会，让大学生在毕业之前通过参与学校组织的实践活动，走进社会，学以致用。最后，实践是检验认识是否正确的唯一标准。在社会主义市场经济条件下，大学生面临着西方一些社会思潮的负面影响，导致一些大学生的人生观、价值观有所偏差，不能正确对待当前社会发展所存在的问题。通过社会实践活动，大学生可以深刻认识国情、社情，纠正思想认识上的偏差。大学生的思想认识与社会发展的客观实际相符合后，大学生能明辨是非，承担起一定的社会责任。①

---

① 施莉琴. 思想政治教育视域下大学生社会实践研究［D］. 贵阳：贵州大学，2015：13－14.

（三）人的全面发展理论是大学生社会实践的指导思想

人的全面发展理论是实现我国高等教育培养目标的一个重要理论依据，也是大学生社会实践的一个重要理论基础。马克思、恩格斯在批判了19世纪空想社会主义者全面发展思想理论的基础上，提出有关人的全面发展理论，其含义主要包括两个方面：一方面，人的全面发展是个人劳动能力和个人技能的全面发展，也是人的智力与体力在整个实践过程中充分、统一的发展。另一方面，人的全面发展还应该体现在精神层面和道德层面的全面发展。马克思指出："生产劳动同智育和体育相结合，它不仅是提高社会生产的一种方法，而且是造就全面发展的人的唯一方法。"[①] 其核心是人的体力与智力得到充分发展和运用。大学生的社会实践是脑力劳动与体力劳动相结合，理论联系实际，遵循人的全面发展的必然规律的活动，有利于培养德、智、体、美、劳全面发展的现代新型人才。因此，人的全面发展可以说是一个不断实践的过程，大学生必须通过社会实践活动才能真实地去感受、体验和探索自身的全面发展。

（四）教育与生产劳动相结合理论是社会实践的理论依据

教育与生产劳动相结合，是马克思主义的基本原理之一，是社会主义的基本原则，是毛泽东思想的重要组成部分，是我党教育方针的主要方面。关于这一原理，马克思有三个著名的论点：（1）教育与生产劳动相结合是改造现代社会最强有力的武器；（2）教育与生产劳动相结合是提高社会生产的一种方法；（3）教育与生产劳动相结合是造就全面发展的人的唯一方法。列宁高度评价和更完整地概述了这一理论的必要性，并把教育同物质生产相结合当作共产党的行动纲领。他说："没有年轻一代的教育和生产劳动的结合，未来社会的理想是不能想象的，无论是脱离生产劳动的教学和教育，或是没有同时进行的教学和教育的生产劳动，都不能达到现代技术水平和科学知识现状所要求的高度。"[②] 毛泽东在新中国成立初期就创建性地提出，知识分子劳动化，劳动人民知识化。我国的教育方针历来把教育与生产劳动相结合作为重要内容，1995年3月18日通过的《中华人民共和国教育法》，更是以法律的形式对此做出了规定："教育必须为社会主义现代化建设服务，必须与生产劳动相结合，培养德、智、体等方面全面发展的社会主义事业建设者和接班人。"《中共中央、国务院关于深化教育改革，全面推进素质教育的决

---

① 中共中央马克思恩格斯列宁斯大林著作编译局．马克思恩格斯全集：第23卷［M］．北京：人民出版社，1972：530.

② 上海师范大学教育系．列宁论教育［M］．北京：人民教育出版社，1979：18.

定》（以下简称《全面推进素质教育的决定》）第1点第7条指出："教育与生产劳动相结合是培养全面发展人才的重要途径。各级各类学校要从实际出发，加强和改进对学生的生产劳动和实践教育，使其接触自然、了解社会，培养热爱劳动的习惯和艰苦奋斗的精神。"毛泽东在《实践论》中明确指出："只有人们的社会实践，才是人们对于外界认识的真理性的标准。"苏霍姆林斯基则认为："学生参加劳动不只是为了学习做工，而且还为了创造物质条件，进行更复杂、更需要智力的那种劳动。"[①] 联合国教科文组织国际教育发展委员会编的《学会生存》一书通过大量的国际调查，认为对各种年龄的学生（包括成人在内）进行指导和教育，要求我们采取多种多样校外学习的方式，校外教育包括很多可能的途径，而所有国家都应卓有成效地利用它们。邓小平指出："为了培养社会主义建设需要的合格人才，我们必须认真研究在新的条件下，如何更好地贯彻教育与生产劳动相结合的方针。"[②] 因此，大学生社会实践是教育与生产劳动相结合的具体形式，是解决大学生深层次思想问题，改进和加强高校德育和思想政治工作的重要环节。

（五）全面推进素质教育是大学生社会实践的现实要求

"素质教育"是指以全面提高人的基本素质为根本目的，以尊重人的主体性和主动精神，注重开发人的智慧潜能，注重形成人的健全个性为根本特征的教育。大学教育是一个重视综合教育的过程，注重将科学文化、思想品德与社会实践教育融为一体。这三者之间既相互依存、密不可分，又各自独立，是大学教育不可分割和取代的部分。《全面推进素质教育的决定》站在国家兴衰、民族存亡、科教兴国的高度，提出实施素质教育的紧迫性、重要性和战略性，它是我国全面推进素质教育，构建21世纪充满生机活力的中国特色社会主义教育体系的指导思想和行动纲领。《全面推进素质教育的决定》规定："学校教育不仅要抓好智育，要重视德育，还要加强体育、美育、劳动技术教育和社会实践，使诸方面教育相互渗透、协调发展，促进学生的全面发展和健康成长。"这首次明确了社会实践是实施素质教育的重要教育环节；明确了社会实践对推进素质教育的作用及高校开展社会实践的主要内容和形式，真正实现素质教育的"四个统一"，即"坚持学习科学文化和加强思想修养的统一，坚持学习书本与投身社会实践的统一，坚持实现自身价值与服务祖国人民的统一，坚持树立远大理想与进行艰苦奋斗的统一"。

---

① 索洛韦伊奇克．苏霍姆林斯基论教育［M］．合肥：安徽大学苏联问题研究所，1984：140.

② 邓小平．邓小平文选：第2卷［M］．北京：人民出版社，1994：107.

第二节 大学生社会实践的意义与价值

大学生社会实践是大学生利用专业知识或自身特长在学期或假期深入社会、了解社会和服务社会，理论联系实际的活动过程。它作为我国高等教育一项有效的载体，促使学生从象牙塔的书本中走出来，引导学生将理论知识应用于生活，充分发挥实践育人功能，是新形势下高校思想政治教育工作的延伸，也是培养具有创新精神和实践能力人才的重要途径。

一、大学生社会实践有助于培育优秀人才

社会实践活动是人的全面发展学说的重要组成部分，也是实现人的全面发展的必要途径，对于促进大学生了解社会、认识国情、增强社会责任感和服务意识有着不可替代的作用。胡锦涛在庆祝清华大学建校 100 周年大会上指出："科学理论、创新思维来自于实践，又服务于实践。"加强社会实践是贯彻党的教育方针的时代要求，也是贯彻《国家中长期教育改革和发展规划纲要（2010—2020 年）》的重要举措。党中央对新时期人才的基本要求是：具有社会责任感、勇于探索的创新精神和善于解决问题的实践能力。社会责任感的培养离不开对社情民意的了解，创新精神的培育离不开对社会需求的体察，实践能力的提高离不开社会生活的历练。高等教育作为科技第一生产力和人才第一资源的重要结合点，开展社会实践尤为重要。通过参与社会实践活动，使大学生投身到社会大环境中，增强了社会责任感和使命感，在思想上坚定社会主义理想信念，在行动上保持积极进取的学习心态。

（一）大学生社会实践是高校思想政治教育的重要环节和有效途径

思想政治教育是指社会或社会群体用一定的思想观念、政治观点、道德规范，对其成员施加有目的、有计划、有组织的影响，使他们形成符合一定社会、一定阶级所需要的思想品德的社会实践活动。①

1987 年 6 月，国家教委、共青团中央颁发的《关于广泛组织高等学校学生参加社会实践活动的意见》指出：高等学校学生参加社会实践活动，是青年知识分子健康成长的重要途径。《中共中央、国务院关于进一步加强和改进大学生思想政治教育的意见》（中发〔2004〕16 号）指出，大学生思想政

---

① 陈万柏，张耀灿．思想政治教育学原理［M］．3 版．武汉：华中师范大学出版社，2009：4.

治教育的主要任务是：以共产主义远大理想和马克思主义坚定信念教育为核心，深入开展树立正确的世界观、人生观和价值观教育；以爱国主义为重点，把民族精神与改革创新精神相结合，深入开展弘扬和培育民族精神教育；以基本道德规范为基础，深入开展公民道德教育，引导大学生遵守和树立爱国守法、明理诚信、团结友善、勤俭自强、敬业奉献的基本道德规范；以大学生全面发展为目标，把思想政治教育、民主法制教育、人文素质教育和科学精神教育相结合，深入开展素质教育。

2005 年 2 月，中宣部、中央文明办、教育部、共青团中央颁发的《关于进一步加强和改进大学生社会实践的意见》指出：社会实践是大学生思想政治教育的重要环节，促进学生了解社会、认识国情，增长才干、奉献社会，锻炼毅力、培养品格，对于加深对邓小平理论和“三个代表”重要思想的理解，深化对党的路线方针政策的认识，坚定在中国共产党领导下，走中国特色社会主义道路，实现中华民族伟大复兴的共同理想和信念，增强历史使命感和社会责任感，具有不可替代的重要作用，对于培养中国特色社会主义事业的合格建设者和可靠接班人具有极其重要的意义。

大学生思想政治理论课堂是高校进行人生观、世界观、价值观教育的主渠道。社会实践作为“第二课堂”，是课堂教学的必然延伸和有益补充，架起学校与社会沟通的桥梁，促使教育走出封闭式的育人模式，推动大学生思想政治教育工作的有序开展。一方面，社会实践活动为大学生提供了解社会以及运用课堂理论知识分析和解决现实问题的机会，强化了课堂教学对大学生的影响。课堂教学相对比较系统完整，但也相对抽象化和概念化，只有与社会实践教育有机配合，才能使大学生在实践锻炼中充分理解和认识，及时将课堂理论转化到实际的工作当中，提高个人工作能力。另一方面，通过实践活动检验课堂教育的成效，在实践活动中反馈课堂教育与社会现实存在的相脱离或滞后的问题，促使课堂教学及时调整教育的内容和方法，创新教学方法与思路。社会实践作为思想政治教育的重要环节，在一定程度上提高了教学的质量，使大学生在实践中找到具体的感应对象，深化理性认识，激发大学生的能动性与创造性。

大学生通过参与社会实践活动，能够深入社会、深入基层，全面了解国情，正确认识社会，能够使大学生明辨是非，不再盲目推崇其他国家的制度、政策，而是能够客观、公正地看待我国发展的机遇与所面临的困境，确立正确的世界观、人生观和价值观，增强社会责任感和使命感；加深大学生对我国改革开放政策的理解，增强对社会主义制度的信心，树立坚定的社会主义理想信念，使他们更加自觉主动地参与到社会主义建设中来；能够使大学生学会正确处理个人与社会的关系，强化集体主义观念，使他们明白个人价值的实现离不开社会，树立为人民服务的思想，培养奉献精神，让他们在未来就业时能自愿到祖国需要他们的地方做贡献。

（二）大学生社会实践促进大学生的社会化进程

所谓社会化，即社会不断发展的内在动力需求，它要求所有存在于其中的人以及人的活动，必须与其发展相适应，并产生巨大的动力以促进其不断地发展，主要表现为人和人的活动与社会不断适应并能促进社会发展的过程。① 在社会学中，人的社会化，是指作为个体的自然人转化为一个能够适应一定的社会文化、参与社会生活、履行一定社会角色、有着健康人格的社会人的过程。虽然社会化贯穿于人的整个成长历程，但对于多数大学生来说，高校是他们走向社会的最后训练基地，他们在学习和掌握社会角色技能的同时，还必须在社会实践中不断地内化社会标准，使自己在价值观念、政治思想和行为习惯等方面适应社会的变化。大学生的社会实践活动是以全面培养学生成长成才为目的的社会教育活动，在社会实践活动过程中，大学生既作为客体接受教育，完善自我，同时，又以其主体的能动性服务于社会，改造世界。② 同时，社会实践活动借助社会的教育力量，使大学生在社会中得到锻炼和教育，不仅巩固和完善了自身学习到的知识技能，而且还能够在社会中检验学习成效，及时纠正自身的偏差，提高自身的生存和适应能力，为今后真正走向社会做好准备。只有实现社会化，才能适应社会生活，才能使人的个性得以形成和发展，才能最大限度地发掘和发挥其潜力和积极性。因此，大学生社会化是他们全面成才的重要标志和途径，社会实践则是实现大学生社会化的必由之路。③

1992 年 6 月，中宣部、国家教委、共青团中央共同颁发的《关于广泛深入持久地开展高等学校学生社会实践活动的意见》指出："社会实践活动是在新的历史条件下贯彻教育与生产劳动相结合的方针、加强教育的实践环节的有力措施，是推动青年学生走与实践相结合、与工农群众相结合道路的有效途径。它对于帮助学生了解国情，增进与工农的感情，加强与社会的联系，接受思想、政治、实践能力等多方面的实际锻炼，增强改革开放意识，提高坚持党的基本路线的自觉性，培养全面素质，尤其是思想政治素质，具

---

① 张豪锋. 大学生社会实践发展的新趋势［J］. 河南师范大学学报（哲学社会科学版），1994（1）：101.

② 宋江照，王俊京，赵海娟，等. 对高校大学生社会实践活动的思考［J］. 中小企业管理与科技（下旬刊），2009（10）：197.

③ 郑秀红. 大学生社会实践是高校思想政治理论课的延伸［J］. 华北煤炭医学院学报，2009（4）：616－617.

有重要作用。”在社会实践中，大学生进行着不同社会角色的转变，培养其角色类型的分辨能力、各角色的适应能力以及人际交往能力，学习如何与他人分工协作，取他人之长补己之短，树立团队合作意识，极大地提高了大学生的实际工作能力。这有利于大学生全面地、恰当地评价自我，认识自我，正确认识他人，正确认识社会关系，找到理想中的自我与实际中的自我差距，以及正确地设计自我，修正自我认识，调整角色期望值，不断完善自我，积极锻炼社会适应能力和人际关系处理能力，促进大学生健康地社会化。

（三）大学生社会实践有助于促进学生自我教育、全面健康成长

高校社会实践活动的主要目的是培养大学生在实践中增长才干和见识，完善品格和加强修养，使其成长为全面发展的高素质人才。大学生参与社会实践，将理论知识和实践相结合，强化了课堂知识；发现问题、提出问题、解决问题的过程，培养了其合理的思维模式，提高了自己解决问题的能力；与社会的各个阶层进行广泛深入的接触、交流，提高了其交际能力和应变能力等；不断地适应不同的社会环境，促进其心理的成熟和能力的发展。

社会实践没有固定的模式、场地和对象，没有课堂教学的束缚和校园生活的限制，有利于调动学生的积极性和自主性，促使学生思维活跃、敢于创新。大学生在广泛地接触社会、了解社会、深入社会的过程中，培养和锻炼了自己的认识能力、选择能力、社会适应能力、创新创业能力，等等。同时，实践问题促使大学生发现自己和社会需要之间的差距，看到自身知识和能力存在的不足，产生自我危机感和紧迫感；要求学生全面、客观地去重新认识、评价自我，不断提高自身的素质和能力，以适应社会发展的需要，自觉服务于社会。①

二、大学生社会实践有助于促进高等教育改革与发展

党的十八大报告强调，要把立德树人作为教育的根本任务，德育、美育相结合，培养综合素质全面发展的社会主义可靠接班人和合格建设者；要全面实施素质教育，深化教育领域综合改革，着力提高教育质量，培养学生社会责任感、创新精神、实践能力。大学生社会实践坚持立德树人，以生为本，牢固树立实践育人的理念，将社会实践与思想政治理论课教学、专业教育、创新创业等相结合，推动高校教学改革深化，探索高校实践育人的新机

① 魏秀兰．加强社会实践环节　优化大学生思想政治教育［J］．绵阳师范学院学报（汉文哲学社会科学版），2009（6）：113－116．

制，把实践锻炼贯穿于人才培养的全过程，引导学生积极投身社会实践，让学生在基层一线砥砺品质，在实践中发现真知、运用真知，在解决问题的过程中增长才干，不断提高学生的实际动手能力、创新创业能力，提升人才培养质量。

（一）有利于加强和改进高校的思想政治工作

社会实践是高校开展大学生思想政治教育的重要载体和有效途径。在大学生社会实践活动过程中，教育的方式不是简单的说教，不会直接告诉学生“社会的要求是什么”“社会倡导的是什么”“我们应该怎么做”，而是将思想政治教育的内容巧妙地融入社会实践活动的各个方面，从而能有效地避免大学生产生逆反情绪，增强教育的吸引力、愉悦感，延伸教育的时间和空间，从而使大学生自觉接受并内化社会所倡导的思想观念、政治观点、道德规范，达到潜移默化的教育效果。

在社会实践的过程中开展和深化思想政治教育，更多的是让学生自主参与各种教育活动，引导他们去自主体验、自主选择、自主评价，使他们逐渐认识、理解那些要求他们遵循的教育要求的意义，使教育由原来的“你要怎样”转化为“我应该怎样”，变被动为主动。法国社会学家迪尔克姆提出：“道德是一个命令的体系，而个人良心只不过是这些集体命令内化的结果。”① 在这过程中，他们产生自我驱动、自我认知、自我反省和自我调控等能动效应，从而实现内化自身知识，强化高校思想政治教育的效果。

（二）有利于增强实践育人的实效性，形成教学、科研、社会实践相结合的新型教育体制

教育与经济、学校与社会脱节，这是我国传统教育模式急需解决的一个问题。通过大学生社会实践活动，能够架起教育与经济、学校与社会的信息交流和互助，指导教育与地方经济、教育、文化建设结合起来，促使教育从封闭型办学向开放型办学转变。② 高校教育人才培养以社会需求为导向，随着信息化时代的到来，社会政治、经济、文化、生态建设日新月异，社会对人才的需求呈现多样性且不断变化，高校的教育观念、教育方式、教育手段、教育模式常常可能出现与时代不同步的问题，学校需要及时了解社会对人才需求的变化，以实施教育教学改革，更好地适应社会的变化和需要。大学生的社会实践活动是沟通学校与社会的桥梁，能验证高校人才培养理念、

---

① 徐永赞．思想政治教育接受过程研究［D］．长春：吉林大学，2006：179.

② 赵学富．浅论大学生的社会实践教育［J］．赤峰学院学报（汉文哲学社会科学版），2009（7）：175－176.

目标、模式、规格以及学校规划、定位是否准确，是否符合社会政治、经济与文化生活实际。通过社会实践活动，大学生将实践中遇到的问题反馈给学校，了解学校在学生素质、课程设置、教学与管理等方面与社会要求不相适应的地方，了解社会政治、经济、文化建设对人才的需求状况，学校根据社会的需要调整专业结构、课程设置教学内容、教学方法以及科研体制等教学计划和人才培养方案，培养社会主义现代化建设的有用人才。因此，社会实践是大学生学习知识和能力培训的有效途径，是高校人才培养的有效补充手段。同时，社会实践活动有助于丰富课堂教学内容，拓宽教学渠道，完善高校实践教学体系，增强实践育人的实效性。

三、大学生社会实践有助于促进社会政治、经济和文化的发展

大学生进行社会实践活动，对经济发展和社会进步起着推动作用，有助于促进社会政治、经济和文化的发展。这主要体现在以下四个方面：

一是大学生以社会实践活动为载体，积极向周围群众宣讲党的理论、路线、方针、政策。大学生组织学习宣传贯彻习近平总书记系列重要讲话精神，开展“四进四信”活动，深入农村乡镇、城市社区、企业等，围绕习近平总书记系列重要讲话精神，讲解党的理论、路线、方针和政策，培育和践行社会主义核心价值观，不断创新政策宣讲形式，坚持以民需为先，取得了显著成效。

二是大学生通过文化、科技、卫生“三下乡”社会实践活动，有效推动我国社会主义新型农村的建设。贫困地区底子薄、交通差、资源少，人们受教育程度普遍不高、素质低下、缺乏致富技术和致富途径。大学生社会实践活动将党的脱贫致富政策、先进文化、医疗知识和科学技术带到农村，通过政策解读、人才培训、医疗服务、技术传授等活动推动农村脱贫致富的进程，实现农村的和谐发展。

三是大学生社会实践活动向社会群众传播科学技术知识，推动经济社会的发展。大学生深入农村和基层企业参与咨询服务、技能培训等社会实践活动，有助于推动先进的科学技术知识在社会不同领域的普及与应用。目前，部分厂矿企业尤其是乡镇中小企业，仍然存在生产技术、管理技术和科研水平严重落后的现象。大学生作为社会发展的生力军，拥有现代先进理念、专业技能和科学文化知识，是建设中国特色社会主义的中坚力量。大学生通过社会实践，在一定程度上能够解决企业生产、经营、管理以及技术的实际问题，有效促进企业的发展。

四是大学生社会实践活动有助于提升社会政治、文化建设。大学生围绕国内外时势政治、社会主流价值观开展主题社会实践活动，下农村、到工

厂、进社区等深入基层，通过社会调查、义务支教、法制宣传、公益活动、文艺演出等活动，广泛宣传党的路线方针政策、国家法律法规以及社会公共道德规范，传播中国传统文化、医疗服务知识、科学技术知识，增强社会群众的思想政治素质、法律意识和道德认知，提高群众的文化素养和推进科技知识普及，提升了社会的政治、文化建设，促进社会的和谐发展。

第三节 大学生社会实践的发展概况

高等教育的目的是培养学生认识世界和改造世界的能力。大学生社会实践活动，就是大学生按照学校培养目标的要求，有计划、有组织地参与社会政治、经济、文化生活的教育活动，在此过程中了解国情、接受教育、增长才干，是中国特色社会主义高等教育的重要组成部分，是全面贯彻党的教育方针，推进大学生素质教育的重大措施和不可缺少的环节，是促进教育与科技、经济结合的重要形式和途径。

一、新中国成立以来大学生社会实践的发展

大学生社会实践是一个发展的概念，在坚实的理论基础上与时代同步发展。新中国成立以来，特别是改革开放之后，新观念和新思想与陈旧的传统观念之间产生了冲击，在崭新的时代，传统教育方法暴露出局限性。依靠社会各方面的力量，充分整合社会资源共同搭建大学生“受教育、长才干、做贡献”的实践舞台，团结和引导青年大学生积极参与各类社会实践活动，全面提高大学生综合素质。大学生社会实践作为大学生接触社会、了解社会、认识社会、服务社会的主要途径，是培养社会责任感的一个重要渠道，从单一、盲目到集体、有计划地行动，从局部发起到全国响应，从单一部门组织到多部门联合行动，经历了一个不断成长和完善的发展历程，其实践队伍也在不断地扩大。因此，了解大学生社会实践的发展历程有助于更好地认识大学生社会实践在实践育人的过程中促进大学生成长成才的重要意义和作用。

（一）萌芽起步阶段

新中国成立以来，党和政府开始重视在高校组织大学生开展社会实践活动。1958 年 9 月 19 日，中共中央、国务院发出的《关于教育工作的指示》明确指出：“党的教育工作方针，是教育为无产阶级的政治服务，教育与生产劳动结合……共产主义社会的全面发展的新人，就是既有政治觉悟又有文化的、既能从事脑力劳动又能从事体力劳动的人，而不是旧社会的只专不

红，脱离生产劳动的资产阶级知识分子。”其中所提出的“培养有社会主义觉悟的有文化的劳动者”的口号解释了“全面发展”的含义，号召广大热血青年投身到农村、工厂，到最艰苦的地方去、到祖国最需要的地方去，积极参与社会主义建设，培养一代又一代青年学生成长为社会主义伟大事业的建设者和接班人，引导学生把思想付诸实践，促使大学生社会实践活动开始萌芽。但在“文化大革命”时期，学校教育和生产实践的简单结合具有一定的片面性和政治性，使我国大学生社会实践活动的发展受到了制约。

（二）逐步兴起阶段

1977 年恢复高考，对于经历了“文化大革命”时期刚考入大学的大学生来说，他们对社会有着特有的认识和参与社会实践获取经验的渴望。改革开放后，社会发展对大学生能力的培养提出了更高的要求，在实践中了解社会需求，投身蓬勃发展的现代社会建设也成了大学生的愿望。因此，在新形势下，如何引导大学生认识国情、关注民情，增强他们的社会责任感，调动他们的积极性，全身心地投入到社会主义现代化建设的伟大实践，成为当时大学生思想政治教育的重要研究课题。1980 年，清华大学提出“振兴中华，从我做起，从现在做起”的口号，该口号在全国大学生中引起了强烈反响，随即“学雷锋做好事”“五讲四美三热爱”“学雷锋、送温暖”等活动在全国高校展开，号召大学生自发地走出课堂，积极参加为人民服务的活动，拉开了新时期大学生社会实践活动的序幕。1982 年 2 月，中共中央办公厅转发中宣部的《关于深入开展“五讲四美”活动的报告》规定：每年 3 月为“全国文明礼貌月”。1983 年 10 月，共青团中央、全国学联发出的《纪念“一二·九”运动 48 周年开展“社会实践活动周”的通知》阐述了“大学生社会实践活动”的概念，阐明了开展社会实践活动的重要意义，号召大学生积极开展“社会实践活动周”，引导大学生利用假期搞社会调查、勤工助学、挂职锻炼，用知识和智慧为社会服务，得到各高校的热烈响应，为新时期高校更好地组织大学生社会实践提出了有力的指导。它标志着大学生社会实践活动逐渐打破了零散、自发、单一的模式，开始向规范化、有序性的方向逐步发展。

（三）探索发展阶段

1984 年 5 月，共青团中央在辽宁召开首次“大学生社会实践现场观摩经验交流会”，及时对社会实践活动的有效经验进行总结，时任共青团中央书记处第一书记的胡锦涛在会上提出大学生社会实践的指导方针是“受教育、长才干、做贡献”。各高校在交流会上分享了社会实践活动制度化、构建社会与高校双向联合、统一分工、服务网络化的经验。1987 年 5 月，中共中央颁发的《中共中央关于改进和加强高等学校思想政治工作的决定》强调："青年学生只有在学习科学文化知识的同时积极参加社会实践，更多地了解国情，了解社会主义建设和改革实际，了解人民群众的思想感情，才能树立起为社会主义祖国而献身的信念、逐步锻炼成为有用人才。" 1987 年 6 月，国家教委、共青团中央联合发布的《关于广泛组织高等学校学生参加社会实践活动的意见》将社会实践列入高校的教学计划，在学生思想政治教育中发挥至关重要的作用，推动了大学生社会实践活动的持续、健康发展。[①]

（四）蓬勃发展阶段

20 世纪 80 年代末 90 年代初，世界格局风云变幻，西方资本主义国家的和平演变严重威胁中国社会主义制度的存在。由于受到西方资本主义自由化思潮的侵蚀，部分青年学生对社会主义建设取得的成就不满，甚至对社会主义事业产生怀疑。在新形势下，如何加强大学生的思想政治教育工作成为党和国家首要解决的问题。1989 年 8 月，江泽民在清华大学的师生座谈会上恳切地希望广大青年学生要积极向工农群众虚心学习，广泛参与社会实践活动，在理论与实践的结合中找到自身的缺点和不足，并努力克服。1993 年 2 月，共青团十三届二中全会通过的《在建立社会主义市场经济体制进程中我国青年工作战略发展规划》提出实施两个"工程"，即"跨世纪青年文明工程"和"跨世纪青年人才工程"。"青年志愿者"活动和"大学生科技文化服务"活动作为实施两大重点工程的重要表现形式，成为当时大学生社会实践的主要形式。时任共青团中央书记处书记袁纯清指出："社会实践教育与教育的改革与发展相一致，与地方的经济发展相一致，与学生自身成长的渴求相一致。"同年，共青团中央开展了"百县千乡科技文化服务工程"，全国各高校纷纷组织科技文化服务队参与，共有 40 万大中专学生深入到贫困地区、城镇进行科技文化服务，收到了巨大经济效益和社会效益。1994 年，为提高青年学生服务社会的自觉性和适应改革开放对人才素质的要求，共青团中央、全国学联、国家科委、光明日报、中国青年报等 15 家单位联合发起了在当年暑期开展"万名大中专学生志愿服务队暑期科技文化活动"，当时全国共有 300 多支服务队近 6 000 名学生骨干投入了长时间的服务活动。[②] 1995 年，共青团中央开始实施"中国大学生志愿者五年扫盲行动"，组织了万余支大学生志愿者服务队深入到农村、基层和少数民族等地区开展实践活动，在服务社会、促进发展、教育青年等方面都发挥了重要的作用。1996 年

① 陈曦．大学生社会实践教程［M］．北京：机械工业出版社，2006：12－20.

② 冯艾，范冰．大学生社会实践导读［M］．北京：社会科学文献出版社，2005：33.

12 月，共青团中央、中宣部、国家教委联合印发的《关于深入持久开展大学生社会实践活动的几点意见》指出："结合改革开放和现代化建设历史进程对青年学生提出的客观要求，坚持不懈地把大学生社会实践活动广泛深入持久地开展下去……积极探索开展社会实践活动的有效形式，不断拓展社会实践活动的范围，逐步建立适应社会主义市场经济体制的社会实践活动运行机制。"在中宣部、国家教委、共青团中央统筹规划与协调的指导下，成立全国大学生社会实践活动办公室（设在共青团中央学校部）负责每年活动的具体部署及协调工作。从 1997 年暑期开始，共青团中央、中宣部、国家教委、全国学联共同组织开展中国大中专学生志愿者暑期文化科技卫生'三下乡'社会实践活动（以下简称"'三下乡'社会实践活动"），每年下发文件，明确大学生暑期社会实践的主题和要求，并对"三下乡"社会实践活动优秀志愿服务队和优秀组织工作单位进行表彰。在这阶段，各高校高度重视大学生社会实践活动，并把社会实践纳入到高校教育人才培养计划，逐步成为有中国特色社会主义高等教育的有机组成部分，注重学校教育与社会实践教育结合，组织青年学生深入到社会、深入到基层，了解国情民情、了解社会主义建设和改革所取得的巨大成就，不断扩大实践的规模，使得社会实践活动蓬勃发展起来。

（五）全面推进阶段

1999 年 6 月，第三次全国教育工作会议召开，颁布了《全面推进素质教育的决定》，这标志着我国教育事业进入深化改革的全新发展阶段。《全面推进素质教育的决定》指出："要从实际出发，加强和改进对学生的生产劳动和实践教育，使其接触自然、了解社会，培养热爱劳动的习惯和艰苦奋斗的精神……高等学校要加强社会实践，组织学生参加科学研究、技术开发和推广活动以及社会服务活动。利用假期组织志愿者到城乡支工、支农、支医和支教。"同时，它为指导高校开展大学生社会实践活动提供了政策性文件，也为大学生社会实践常规化、常态化提供了法制保障。

从 1999 年起，中国青年志愿者扶贫接力计划研究生支教团、博士团"三下乡"服务团、大学生"三个代表"重要思想实践服务团以及西部计划志愿者等活动成为这个阶段大学生社会实践活动的代表和重要组成部分；同时，高校社会实践活动与大学生创业教育的有效结合，指导大学生开展创业实践，培养大学生创新精神、创业意识，也是这一阶段的突出特点，主要有共青团中央、教育部等单位组织开展的"挑战杯"全国大学生系列科技学术竞赛等。在社会实践过程中，各高校和大学生都能积极发挥主观能动性，创造性地开展实践，从服务支教到生态保护，从科技宣传到创新创业，从实践

“三个代表”重要思想到建设和谐社会，将社会实践和国家政策、社会倡导、群众需求紧密结合，使得大学生社会实践的内涵和形式进一步得到丰富和发展，促使社会实践更加全面推进发展。

2002 年，共青团中央、教育部、全国学联下发了《关于实施“大学生素质拓展计划”的意见》（中青联发〔2002〕14 号）。意见明确指出：“‘大学生素质拓展计划’的基本内容是以开发大学生人力资源为着力点，进一步整合深化教学主渠道外有助于学生提高综合素质的各种活动和工作项目，在思想政治与道德素质、社会实践与志愿服务、科技学术与创新创业、文体艺术与身心发展、社团活动与社会工作、技能培训等六个方面，引导和帮助广大学生完善智能结构，全面成长成才。”“大学生素质拓展计划”成为推动大学生社会实践活动全面发展的重要推动力。

（六）科学发展阶段

2004 年 10 月，中共中央、国务院发布的《关于进一步加强和改进大学生思想政治教育的意见》明确了大学生社会实践的定位和指导思想，提出了具体要求：组织大学生参加社会调查、志愿服务、生产劳动、勤工助学、科技发明和公益活动等社会实践活动，促使大学生在实践活动中受教育、长才干、做贡献，增强社会责任感。2005 年 2 月，为贯彻该意见的精神，中宣部、中央文明办、教育部、共青团中央联合下发《关于进一步加强和改进大学生社会实践的意见》：进一步明确了大学生社会实践教育的工作原则和总体要求，将大学生社会实践纳入高校教学人才培养计划，深入开展“四进社区”和“三下乡”等社会实践活动，不断创新社会实践的形式和内容，加强对大学生社会实践的领导。该意见有力地推动了高校实践育人的实施，加强对大学生社会实践活动的实践内容与形式、长效机制、考评体系等方面的探索，更深入地对大学生社会实践在思想政治教育中的地位、作用和意义开展研究。

这一阶段系列重要文件的出台，特别是关于社会实践的专门性文件的出台，逐渐推动社会实践活动制度化、常态化和科学化，构建大学生社会实践的长效机制，为大学生社会实践的发展提供了科学化的发展道路。

（七）创新发展阶段

2010 年 7 月，《国家中长期教育改革和发展规划纲要（2010—2020 年）》明确指出：优化知识结构，丰富社会实践，强化能力培养；着力提高学生的学习能力、实践能力、创新能力；坚持理论学习与社会实践的统一，注重知行统一；坚持教育教学与生产劳动、社会实践相结合。开发实践教学课程，增强学生科学实验、生产实习和技能实训的成效。2011 年 4 月，胡锦涛在庆祝清华大学建校100周年大会上的讲话中指出：全面贯彻党的教育方针，坚持育人为本、德育为先、能力为重、全面发展，着力增强学生服务国家服务人民的社会责任感、勇于探索的创新精神、善于解决问题的实践能力。[①] 2012年1月，教育部、中宣部、财政部等部门联合印发《关于进一步加强高校实践育人工作的若干意见》（教思政〔2012〕1号）提出："进一步加强高校实践育人工作，是全面落实党的教育方针，把社会主义核心价值体系贯穿于教育全过程，深入实施素质教育，大力提高高等教育质量的必然要求。"在高校实践育人工作上形成一系列新制度、新政策和新措施，推动地方各级政府整合社会各方面力量，形成工作合力。2015年1月，中共中央办公厅、国务院办公厅印发的《关于进一步加强和改进新形势下高校宣传思想工作的意见》强调："广泛开展各类社会实践和公益活动"，"着力增强大学生思想政治教育针对性实效性"。这对大学生社会实践工作提出了新的要求。从2015年开始，为积极推动高校实践育人的深入开展，形成党委统筹部署、政府扎实推动、社会广泛参与、高校着力实施的实践育人新格局，教育部组织开展了"全国高校实践育人创新创业基地"培育建设。在地方、高校、基层社区或行业企业切实支持和实质性重点共建的基础上，至少应有一所高校牵头或为主参与，充分体现强强联合、优势互补，承担具体实践育人任务，实现服务和引领同步。2015年6月，《教育部办公厅关于开展申报"全国高校实践育人创新创业基地"的通知》（教思政厅函〔2015〕8号）中提到，根据牵头部门的不同，该建设可划分为4种类型：第一种，地方政府主导型。以地方政府为牵头单位，整合各方资源，对辖区内高校实践育人工作进行系统规划、整体部署，充分发挥统筹协调职能，推动建立政策保障体系，根据当地行业、企业、基层社区、高校的发展目标及需求，因地制宜地推动高校实践育人工作。第二种，行业企业主导型。以行业企业为牵头单位，在技术咨询服务、产品研发、高端人才培训等方面与高校、科研院所强强联合，依托生产车间、研发基地和创业平台等，构建校企深度合作、产教深度融合的实践育人创新模式。第三种，高等学校主导型。以高等学校为牵头单位，高校与当地政府、行业企业、科研院所、基层社区联动对接，依托学校、学科、专业的支撑优势，通过培养拔尖创新人才，推动文化传承与创新，提供社会服务、技术服务等方式，为国家和地方经济社会发展提供人才支撑、技术支撑、文化支撑、思想支撑。第四种，基层社区主导型。以基层社区为牵头单位，利用社区（农村）建设规划、环境保护、旅游开发、种植技术开

---

① 胡锦涛. 在庆祝清华大学建校100周年大会上的讲话［J］. 中国大学教育，2011（10）：5.

发、公益事业活动、关爱留守儿童和空巢老人等载体和平台，为学生提供实习见习、挂职锻炼、社会调查、生产劳动、公益活动、志愿服务等实习岗位和服务项目。

2016 年 12 月，在全国高校思想政治工作会议上，习近平强调："高校思想政治工作关系高校培养什么样的人、如何培养人以及为谁培养人这个根本问题。要坚持把立德树人作为中心环节，把思想政治工作贯穿教育教学全过程，实现全程育人、全方位育人，努力开创我国高等教育事业发展新局面。"在新形势下，面对新情况、新问题，大学生社会实践需要探索新思路、新做法，总结新经验，坚持把社会主义核心价值体系融入实践育人工作全过程，需要不断丰富内容、拓展形式、完善机制、提升成效，促使社会实践不断创新发展，提高实践育人的主动性、实效性、系统性、时代性和长效性。

二、大学生社会实践发展过程存在的问题

目前，大学生社会实践活动已开展几十年，各高校都已经在实践活动的组织开展上取得了丰富的宝贵经验，并且通过总结经验、改进不足，逐渐形成成熟的实践教学体系，成果是显著的。但是实践过程中，在形式、经费、机制、内容等方面产生的问题还是普遍存在的，不容忽视。

（一）对社会实践工作认识不清、重视不够，流于形式

社会实践的根本目的是使大学生在实践活动过程中，利用所学知识切实投身到社会中去，开展社会需要且有针对性的服务，进而达到自我锻炼、自我完善，以及实现自身价值的目的。但是，社会各层面普遍存在对大学生社会实践工作的地位和作用认识不清、重视不够的情况。一是学校认识不到位。部分高校存在认识错位，对加强和改进大学生社会实践的育人功能、必要性和现实意义缺乏充分认识，认为大学生社会实践只是理论教学的一种延伸，是思想政治教育的一种实践形式，不是一门单独的课程，未将社会实践教学列入学校人才培养体系，缺乏整体规划和系统的过程设计。[①] 二是大学生不重视。大学生受应试教育的影响，重视理论知识的学习，忽视实践能力的提高，加之没有成绩考核方面的硬性规定，认为社会实践活动只是为了获得一种实践经历，抱着完成任务的心态，对实践活动敷衍、不重视，更不想深入探究；有的甚至随便找个单位，要些图纸材料，盖上公章，返校后，摘抄别人的实践成果，甚至原封不动从网上下载一篇实践报告滥竽充数。[②] 三

---

① 吕明新. 大学生社会实践效能发挥的影响因素及对策分析［J］. 青少年研究，2005（3）：44－45.

② 王彬. 论大学生社会实践活动［J］. 思想政治教育研究，2005（4）：25－26.

是家长不支持。部分学生家长认为大学生的主要任务是学习，不同程度地忽视了社会实践的实际作用与意义，没把社会实践作为育人的重要措施；认为社会实践不过是走过场，开展社会实践浪费时间、精力和财力，加之社会实践往往到艰苦和落后的乡村去，家长不愿意让孩子吃苦受累，因而支持力度不够。四是社会不认同。有些单位、企业、村镇怕麻烦，认为大学生社会实践活动打乱了他们的正常工作，把社会实践作为一种负担，不愿接受学生到单位开展社会实践。这些问题使得大学生社会实践成为一种虚多实少、流于形式的活动。

（二）实践形式缺乏多样性，专业性不强

一是形式传统单一，缺乏创新性。目前，大学生社会实践主要局限于政策宣传、社会调查、参观访问、支教扫盲、社区服务等形式，仍停留在初级发展阶段，缺乏向纵深方向发展的改革与创新，在一定程度上难以符合大学生的知识结构和心理水平，难以调动大学生参与的积极性，发挥学生优势。二是内容空泛、不丰富，缺乏多样性和针对性。很多院校把社会实践只是作为教学计划以外的补充内容，实践内容往往与学生所学专业没有关联，不能学以致用；没有针对社会实际，尤其是农村的实际，没有贴近真实的社会生活，不符合群众的实际所需，不能真正地实现为群众做实事，为社会发展做贡献的目的。三是注重表面效应，缺乏实效性。大学生社会实践仍然存在宣传得多，实际做得少；假期响应号召临时做得多，平时坚持、主动做得少的现象。①

（三）实践经费不足，实践基地不稳定

大学生社会实践必须有一定的经费保障才能得以顺利组织和实施。部分院校对社会实践的活动部署仅仅体现在文件上，没有落到实处，做不到统筹规划。资金投入不足，资金来源渠道少，导致大学生社会实践缺乏经费保障：一是社会实践脱离于学校的教学计划，学校没有设立社会实践专项经费，具体组织单位又无力筹集庞大的实践经费，从学校申请的有限经费往往不能满足实践活动的经费需求。因此，院系和学生需要承担一部分实践费用，从而影响了院系和学生组织、参与社会实践活动的积极性和主动性。二是学校为更有效地利用有限的资金，采取校内选拔重点队伍立项，资金用于支持开展有影响力的社会实践活动。这往往导致大部分学生的经费都无法落实，只能依靠学生自己自筹实践经费，使得社会实践无法更加广泛、深入地开展。三是社会支持力度不够。有些单位怕花钱、嫌麻烦，特别是经济落后的不发达地区，更怕添加经济负担，不愿接纳。

---

① 赵振华. 大学生社会实践的现状及路径探析［J］. 教育探索，2007（4）：63－64.

社会实践基地是大学生开展社会实践活动的重要平台，是大学生实践活动连接社会的桥梁。然而，目前大学生社会实践基地的稳定性却很难得到有力的保障。一是部分高校要靠政府牵头寻找实践基地，但有些时候只达成了口头协议，很难保证实践岗位的有效提供。二是部分学校需自行寻找实践基地，其中有些实践基地不愿与学校达成长期稳定的合作关系，这就导致了“游击”式实践活动的产生，社会实践无法达到理想的效果。甚至有些带有商业色彩的实践活动影响了大学生社会实践的实际热情。三是部分学生要自己寻找实践的场所，这部分不乏只是为了应付学校下达的实践任务，在单位消磨时间，开一张社会实践证明的学生。最终，分散的实践基地不利于监督、管理，不利于教师及时指导和解决学生在实践中出现的问题。

（四）实践制度不系统，实践机制不完善

严密、系统的制度是学校教育行为得以落实的强力保障。完善的机制是大学生社会实践活动有效开展的前提，实践制度不系统、实践机制不完善会阻碍社会实践的开展。目前，许多高校因为对大学生社会实践的认识不够深入，简单地认为社会实践是团委的职责，各部门没有建立齐抓共管、团结协作的关系，造成了少数部门“孤军奋战”的局面。不少高校对于大学生社会实践的全过程缺乏制度的管理，管理存在盲目性。

在实践机制上，实践基地不稳定，缺乏岗位提供的保障机制；实践过程缺乏有效的监管；实践活动结束后，高校没有科学的考核评价。有一些学生认为，“参加社会实践的证明即使上交也不会有人仔细查看，只要拿够学分就可以了”，这是因为学校缺乏相应的监督管理、严格的制约机制，以及考核制度和激励机制。针对不同的社会实践形式缺乏相应细化的管理办法和监督机制，管理存在脱节现象，很难做到给诚信者以适时肯定、给造假者以恰当惩罚。不少高校缺乏完善的考评体系，未能对大学生社会实践的现实表现、成果进行科学、系统的质与量的评估；尚未建立学生社会实践个人档案，并将其与团员民主评议、推优入党、先进个人与先进集体的评选、奖学金的评定和推荐免试研究生等挂钩。同时，缺乏教师激励机制，教师参与及组织社会实践在工作量上没有体现，未将其表现和成绩作为评优评先、职称评定的依据，影响带队教师的积极性。虽然，越来越多高等院校逐渐提高对大学生社会实践的重视，把大学生社会实践活动纳入学校培养人才的重要组成部分，但基本上都未建立长效的保障机制。①

---

① 李禄．中外大学生社会实践活动比较研究［D］．大庆：东北石油大学，2012：10－11.

三、大学生社会实践的主要组织形式

我国大学生社会实践活动经过不断地发展和完善，已经形成了比较稳定的组织形式，并随着时代的发展以及社会需求的变更，实践的形式与内容不断拓展和创新。社会实践活动的组织形式是我们研究大学生社会实践现状和发展趋势的重要内容之一，也是高校思想政治教育工作的重要载体。不同的形式和内容，教育的作用也有所不同。

（一）教学实践

教学实践一般是由教学部门主管的教学性社会实践，主要指纳入教学计划的实践环节，有明确的学分要求，是大学生为完成学业或课程结业所必须完成的环节。它主要包括专业实习、课程见习、教学观摩、军事训练等形式。

目前，我国高校理学、工学、农学、医学、法学、管理学等 12 个学科门类的各个专业都有明确的实践教学要求，目的是让学生将学校的理论和实践结合起来，尽快地利用自己的所学知识分析问题、解决问题，融入社会。

（二）社会调查实践

社会调查实践主要是指学生按照一定的要求和目的，对某种社会现象和问题进行实地走访和调查的活动，主要包括：走访参观、调查研究、社会考察等形式。调查是大学生社会实践活动常用的形式和方法，简单有效、容易组织。它对于促进大学生接触社会和了解国情，树立正确的人生观、价值观、世界观有着重要的意义，也有利于大学生掌握科学的方法、储备社会知识和增加阅历。①

（三）创新创业实践

创新创业实践是指大学生利用自己的专业知识或者技能特长参与科技创新活动，并将其创新成果运用到创业实践，促进经济发展，推动社会进步。它主要包括课外科技活动和课外创业活动、大学生创新训练项目、大学生自主创业等形式。其中，大学生“挑战杯”系列科技学术竞赛是创新创业实践的代表项目。②

“挑战杯”全国大学生系列科技学术竞赛是由共青团中央、中国科协、

---

① 刘同国．大学生社会实践活动现状与发展研究［D］．济南：山东师范大学，2010：13－14．

② 张秀萍．大学生课外科技创新活动对创新创业能力的培养［J］．继续教育研究，2014（10）：77－79．

教育部和全国学联共同主办的全国性大学生课外学术实践竞赛，共有两个并列项目："挑战杯"全国大学生课外学术科技作品竞赛（以下简称"挑战杯国赛"）和"挑战杯"中国大学生创业计划竞赛，两个项目的全国竞赛交叉轮流开展，每个项目每两年举办一届。其中，前者以"崇尚科学、追求真知、勤奋学习、锐意创新、迎接挑战"为宗旨，具有示范性、导向性和群众性。

2015 年，李克强总理亲自提议举办中国"互联网 +"大学生创新创业大赛，每年举办一届，旨在深化高等教育综合改革，激发大学生的创造力，培养造就"大众创业、万众创新"的生力军，推动赛事成果转化和产学研用紧密结合，促进"互联网 +"新业态形成，服务经济提质增效升级；以创新引领创业、创业带动就业，推动高校毕业生更高质量创业就业，吸引了广大高校学生共同参与，成为大学生创新创业实践的又一个实践盛会。

创新创业实践是促进优秀青年人才脱颖而出的创新摇篮，引导高校学生推动现代化建设的重要渠道；是深化创新创业教育改革的重要抓手，引导各地各高校主动服务创新驱动发展战略，积极开展教学改革探索，把创新创业教育融入人才培养，切实提高高校学生的创新精神、创业意识和创新创业能力。

（四）志愿服务

志愿服务是大学生参与社会实践的重要形式之一，是指大学生在课余时间利用自己所学的知识参与到为社会做贡献和为人民服务中去，以"奉献、友爱、互助、进步"为志愿服务精神，体现自己的社会价值的实践活动。它主要包括：假期社会实践活动、"三下乡"社会实践活动、科教文体法律卫生"四进社区"活动、便民服务、挂职锻炼、义务支教、社会帮扶、环境保护等形式。联合国前秘书长科菲·安南在"国际志愿者年"启动仪式上的讲话中指出："志愿精神的核心是服务、团结的理想和共同使这个世界变得更加美好的信念。"

在志愿服务过程中，大学生是无偿的和自愿的，不能从这个过程中直接受益，但在实践中却能收获人生的价值：一是精神追求。在志愿服务的过程中，大学生收获的是被他人需要、被社会认可，这是一种内在精神的回报。它使生命充满意义，正如爱因斯坦所说："人只有献身于社会，才能找出那实际上是短暂而有风险的生命的意义。"二是社会使命。大学生参与实践，投身志愿服务事业，不仅贡献了个人力量，而且与社会形成互动，个人参与到增进人类福祉的活动中，以实际行动改变着社会的面貌，从而催生社会责任感和使命感。三是知识学习。大学生开展志愿服务实践，可以学习新的知识和技能，积极促进个人成长和人格的完善，深化对理论知识的理解，获得启迪与教育。四是价值实现。心灵的充实、精神的升华、潜能的发挥使大学生在服务过程中自我价值得以实现，正如美国著名心理学家马斯洛认为：自我实现是人生的最高境界。五是人生体验。志愿服务活动在人生众多的体验中，也许只是短暂的瞬间，却是辉煌灿烂的人生体验。六是心理完善。通过志愿服务实践活动，大学生能够培养快乐的心境和积极向上的价值观，树立自尊、自强、自立、自爱的人格气质，健康乐观的心理素质。[①]

志愿服务作为大学生参与社会实践参与人数众多的重要形式之一，笔者在本书第二章将详细介绍其发展概况、国内外发展现状，以及国外相关经验对我国的启示。

① 刘晓东. 大学生社会实践理论与实务［M］. 北京：高等教育出版社，2014：48.

第二章 大学生志愿服务

第一节 志愿服务发展的概况

在19世纪初，志愿服务在西方国家出现。它直接源于宗教性的志愿服务，由教会首先推动。20世纪以来，志愿服务在全球蓬勃发展。小到社区里的邻里互助服务，大至国际人道主义援助活动，志愿者的身影无处不在，为人类发展和社会进步做出了巨大的贡献。

一、基本概念

（一）志愿者

"志愿者"（volunteer）一词起源于西方发达国家，来源于拉丁文中的"voluntas"，意为"意愿"[①]。它被定义为：为改进社会大众的福利，自愿在个人工作和事业付出之外，同时不被法律要求和追求个人利益的目的，而付出精力和技能工作经验的人。联合国前秘书长科菲·安南指出："志愿者是在不为物质报酬的情况下，基于道义、信念、良知、同情心和责任，为改进社会而提供服务，贡献个人的时间及精力的人和人群。"[②]

在我国，志愿服务发展比较早的主要有香港、台湾、广东、天津等地区，在香港，志愿者的另一种称呼是"义工"，志愿者主要从事义工工作。台湾地区志愿者被称为"志工"。根据2006年《中国注册志愿者管理办法》的定义："志愿者"是指不以物质报酬为目的，充分利用自己的时间、技能等资源，自愿为他人、社会和国家提供无偿服务和帮助的人。

---

① 胡蓉. 我国非营利组织志愿者的管理研究［D］. 成都：西南交通大学，2005：14.

② 白宏亮. 中美大学生志愿服务比较研究［D］. 哈尔滨：东北林业大学，2009：6.

（二）志愿服务

志愿服务最早源自西方，美国学者肯·艾伦认为，志愿服务是利他的、自愿发起的而且不期望任何形式的立即的经济回报的一切活动的统称。[①] 联合国志愿人员组织将志愿服务定义为：志愿服务是指在自愿的、不计报酬的前提下积极参与服务社区、推动社会发展和推进人类不断进步的行为；是广大群众参与社会生活的一种重要形式，是个人对社会生活、生存价值的一种积极向上的态度和理念。[②] 王振友认为，志愿服务是一种非政府组织的、非官方发动的服务行为，是由民间的群众组织或个人利用自身的知识、时间和精力，自愿提供不同形式的社会服务工作，为社会发展贡献自己的力量，为有困难的、需要帮扶的个人或社会群体提供服务、支持和保障。[③] 丁元竹认为，志愿服务是指个人在不为物质利益的前提下，自愿贡献个人时间和精力，为推动全人类的发展、社会进步和社会福利事业而提供的服务。[④] 志愿服务的概念主要包括三个含义：一是自愿奉献；二是不为任何物质报酬；三是帮助群众，服务社会。志愿服务是志愿者参与社会生活的一项非常重要的方式，是志愿精神的具体体现。

二、志愿服务在我国发展的历程

志愿服务最先兴起于西方国家，它是社会文明发展的产物。作为新兴的社会主义国家，随着社会主义精神文明建设的深入，志愿服务逐步被引入并广泛开展。中国青年志愿服务的雏形是20世纪50年代的“青年志愿垦荒活动”。虽然当时青年志愿垦荒活动采用了志愿服务的活动形式，但其具体运作尚不能在真正意义上体现和发扬志愿服务的精神，所以这些并不能当作是真正的青年志愿服务活动。

（一）萌芽阶段

1963年3月2日，《中国青年》杂志首先刊登了毛泽东“向雷锋同志学习”的题词，号召全国人民学习雷锋精神，整个中国掀起了“学习雷锋精神、为人民服务”的热潮。这是新中国历史上第一次极具有中国特色的志愿服务运动，其中“为人民服务”体现了志愿服务活动精髓之所在。学习雷锋

---

① 肯·艾伦．普遍适用的志愿服务管理模式［J］．志愿服务论坛，2003（2）：3.

② 沈杰．志愿行动：中国社会的探索与践行［M］．北京：人民出版社，2009：22.

③ 王振友．中国青年志愿者行动的由来、现状及发展趋势［J］．内蒙古大学学报（社会科学版），2002（2）：75.

④ 丁元竹，江汛清．志愿活动研究：类型、评价与管理［M］．天津：天津人民出版社，2001：1－10.

活动对发扬中华民族传统美德，倡导友爱互助的社会风尚起到了积极的作用，它在一定时期内成为志愿服务活动存在的基本方式，是我国志愿服务的萌芽。①

（二）探索阶段

改革开放以来，我国的志愿服务在探索中迅速发展，不断拓展志愿者队伍，开展组织合理、内容广泛、形式新颖的志愿服务活动，创造了社会价值。在探索时期，几个我国志愿服务发展历史上极具代表性的事件（组织）发生（产生）了。

1987 年，广州开通我国的第一条志愿者服务热线——中学生心声热线，拉开了我国志愿服务事业发展的序幕；1987 年 9 月，民政部在武汉举行全国城市社区服务工作座谈会，探讨在城市开展社区服务工作，探索建立中国特色的社会志愿服务体系；1988 年，天津市和平区新兴街道组建“为您服务”志愿小组，建立了我国第一个社区志愿服务组织；1989 年 10 月，民政部在全国城市社区服务工作会议中提出要不断推广建设和发展“社区服务志愿者协会”等群众性自我服务的社区志愿服务组织；1990 年 6 月，深圳成立义务工作者联合会，成为我国第一个正式注册的志愿者团体，并向社会招募义务工作者，开展最早的信箱服务和热线咨询；1993 年 12 月，共青团十三届二中全会首次正式提出“青年志愿者”概念，并将青年志愿服务活动列为共青团中央施行跨世纪青年文明工程的一项重点内容；1994 年 12 月，中国青年志愿者协会的成立，标志着我国青年志愿服务事业迈进了一个崭新的发展阶段；1996 年 10 月，党的十四届六中全会将青年志愿者行动正式写入党的决议，列为我国社会主义精神文明建设的重要内容；1997 年底，江泽民亲笔题写了“中国青年志愿者”；1998 年 8 月，共青团中央青年志愿者行动指导中心成立，主要负责指导全国青年志愿服务工作；2001 年 3 月，共青团中央正式开始实施注册志愿者制度。

（三）蓬勃发展阶段

随着经济社会的迅速发展，我国志愿服务理念不断深化发展，从“新形势下雷锋精神的继承与发扬”的无私奉献，到“送人玫瑰、手有余香”的助人自助，再到“让志愿服务成为时尚生活方式”的志愿风尚，促使志愿服务模式不断创新，服务项目多元化，建立和健全志愿服务保障体系，实现全民参与，让“志愿服务”逐渐成为公民的一种生活方式和精神内涵。2001 年，党和国家以“国际志愿者年”为契机更加重视志愿服务事业的发展，各

---

① 郑黎群. 中国志愿服务的现状及发展对策［D］. 武汉：华中师范大学，2008：2.

种形式的志愿服务活动发展加快，党员志愿者、社区志愿者、职工志愿者、青年志愿者、巾帼志愿者、老年志愿者、扶残助残志愿者等各类志愿服务队伍十分活跃。从此，我国进入了包含党群组织、社区组织、企业组织，以及个人自愿参与的中国志愿服务事业多元化发展的年代，而不再是受以前传统的职能部门的限制，比较单一的发展模式。2006 年 4 月，国务院下发的《关于加强和改进社区服务工作的意见》（国发〔2006〕14 号）指出："积极组织开展社区志愿服务活动。培育社区志愿服务意识，弘扬社区志愿服务精神，推行志愿者注册制度。"该文件的颁布，使我国社区志愿服务开始进入了规范化建设阶段。2008 年，汶川抗震救灾第一次涌现了大规模来自民间的志愿者，累计超过 491 万各地志愿者以各种形式参与其中；北京奥运会的"我参与、我奉献、我快乐"，不仅是 170 万名奥运志愿者的时代心声，更是中国社会文明程度和公民意识提升的新坐标；2010 年，上海世博会"世界在你眼前，我们在你身边"及广州亚运会"一起来更精彩"志愿者活动等大型赛事志愿服务活动成为全民参与、服务社会的重要方式，引领社会生活新风尚。

（四）深入发展阶段

2013 年 12 月，共青团中央、中国青年志愿者协会制定了《中国青年志愿者行动发展规划（2014—2018）》。根据该规划，共青团中央修订了 2006 年版《中国注册志愿者管理办法》，明确规定了 2014 年以后中国青年志愿者行动的具体目标和主要任务，更好地服务青年成长、满足社会需求、引领文明风尚，引领我国青年志愿者行动深入发展。2013 年 12 月 5 日，习近平总书记在国际志愿者日给华中农业大学"本禹志愿服务队"回信，充分肯定了大学生志愿者服务在我国青年志愿者行动发展 20 年里取得的卓越成果，鼓励广大青年志愿者们继续奉献自己、服务社会、弘扬志愿服务精神，为实现伟大的"中国梦"做出更大贡献。2016 年 7 月，中宣部、中央文明办、民政部等 8 部门联合印发的《关于支持和发展志愿服务组织的意见》，指明了我国志愿服务组织的发展方向，推动志愿服务的制度化、规范化、常态化，为志愿服务的健康持续深入发展奠定政策基础。

三、大学生志愿服务的主要类型

从 20 世纪 90 年代开始，我国大学生志愿服务进入蓬勃发展阶段。各高等院校陆续建立了大学生志愿服务组织，引导越来越多的大学生参与志愿服务，不断拓展服务的类型，推动高校志愿服务从活动型向服务事业型转变。

（一）扶贫开发

1996 年，"中国青年志愿者扶贫接力计划"是由中央文明办、共青团中央、人事部、国务院西部地区开发领导小组办公室联合相关部委共同组织实施，动员和组织青年以志愿服务的方式到贫困地区开展为期半年至两年的教育、农业科技推广、医疗卫生、乡镇企业发展等方面的服务工作，形成定期轮换、长期坚持的接力机制。该计划包括2006年启动的针对高校毕业生的支教、支农、支医和扶贫计划（简称"'三支一扶'计划"）和1999年启动的扶贫接力计划研究生支教团项目。1997年，共青团中央联合中宣部等部委实施了"三下乡"社会实践活动，每年暑期都动员各高校的大学生深入农村贫困地区、受灾地区，开展扫盲和文化、科技、卫生等志愿服务。2003年，共青团中央、教育部等正式启动"大学生志愿服务西部计划"，号召广大高校毕业生到西部去、到祖国和人民最需要的地方去建功立业，推动形成了"国家支持、共青团承办、项目化管理、社会化运作"的科学发展模式。

（二）社区建设

高校志愿者在社区建设领域的志愿服务，主要是从社区需求出发，以青年志愿组织为依托，提供促进社区发展的志愿服务项目。它主要包括以下三方面内容：一是青年志愿者"一助一"长期结对服务计划。由一名大学生志愿者或一支大学生志愿者服务队为一个人或一个困难家庭提供经常性服务。二是青年志愿者进社区活动，大学生利用周末和课余时间深入社区，以志愿方式提供多种内容的专业服务。三是以青年志愿者助残行动、"爱心助成长"志愿服务计划等方面为工作重点开展服务。随着城乡社区管理体制改革的不断深化，各地高校的志愿者组织还探索了更多内容丰富、形式多样的志愿服务项目，比如，选拔优秀大学生到社区挂职锻炼、创建社区青年志愿者服务站，等等。[①]

（三）环保志愿服务

环境保护主要围绕植树造林、环境美化、污染治理等主题开展志愿服务活动，如保护母亲河"中国青年志愿者绿色行动营计划"、森林环保青年志愿者行动、可可西里生态环保志愿者活动，等等，在社会上引起了良好的反响，这些活动项目引导了青年志愿者在环保事业中发挥出积极作用，传播环保意识，保护生态环境，促进人与自然和谐发展。高校志愿者工作委员会也在不断创新环保志愿活动形式，开展丰富多彩的活动，在校园中倡导资源节约、环境和谐的环保观念，营造了良好的校园氛围。

（四）大型活动志愿服务

21世纪以来，随着我国经济实力的增强和国际地位的提高，越来越多的大型赛事花落中国，大学生志愿服务也越来越受到重视，组织大学生志愿者

---

① 黄晓辉. 大学生志愿者活动管理创新研究［D］. 福州：福建师范大学，2010：7.

为大型活动提供志愿服务已逐步成为全国通行的做法。在2008年北京奥运会和残奥会、2010年上海世博会、2010年广州亚运会、2011年深圳世界大学生运动会、2014年上海APEC会议、2016年杭州G20峰会等大型活动中先后有数百万大学生志愿者提供了高效优质的服务，向世人展现了当代中国大学生志愿者的崭新形象、蓬勃朝气和良好素质，并在其中积累了丰富的大型赛会服务经验，提升了我国大学生志愿服务在社会和国际上的影响力。

（五）海外志愿服务

2000年12月，中国政府响应联合国大会提出的关于“国际志愿者年”的倡议，与国内外主要志愿服务组织成功举办“中国2001国际志愿者年”启动仪式，发表《2001国际志愿者年北京宣言》，宣扬了志愿服务的理念，弘扬了奉献精神，扩大了中国志愿服务事业的国际影响，使得中国青年志愿者活动逐步走上正规化、组织化、规范化的发展道路。2002年，共青团中央、商务部联合发起实施长期重点项目“中国青年志愿者海外服务计划”，根据受助国的实际需求，选派优秀青年志愿者赴海外志愿服务。2004年，商务部印发《援外青年志愿者选派和管理暂行办法》（商务部令2004年第18号）。2006年，共青团中央办公厅印发《援外青年志愿者招募、培训（暂行）办法》。随后开展的海外服务计划有圭亚那项目、埃塞俄比亚项目、老挝项目、缅甸项目、津巴布韦项目、泰国项目，多名青年志愿者已经或者正在这些国家开展为期6个月到2年的中英教学、计算机培训等志愿服务。大学生志愿者通过国际交流计划，参加由华侨华人慈善文化传播基金联合国际知名公益组织的活动，在国外的非政府组织里工作或者到大公司实习，传播中国文化。2013年寒假，哈尔滨工程大学16位大学生志愿者通过国际经济学商学学生联合会（AIESEC）前往毛里求斯、肯尼亚、俄罗斯、菲律宾等10个国家开展了为期1个多月的海外志愿服务。国际经济学商学学生联合会是全球最大的、由学生独立运作的组织，2010年开始为哈尔滨多所高校提供海外志愿服务机会。截至2013年，中国大陆有来自超过30所重点高校的4 000多名大学生志愿者通过开展大学生海外志愿服务，在海外志愿服务过程中传播着中国文化。①

四、大学生志愿服务的主要特点

从内涵上看，大学生志愿服务符合马克思主义关于人的价值理论，与中华民族传统文化有机契合，在增强高校实践教育和推动社会进步方面发挥着重要作用。它具有以下5个主要特征。

---

① 来佳炳，成竞. 快乐寒假如何过？大学生海外志愿者：跟我走，做公益[EB/OL].（2013-02-08）. http://edu.zjol.com.cn/05edu/system/2013/02/08/019142027.shtml.

（一）自愿性

自愿性是大学生志愿服务的根本特征。新形势下，当代大学生不断强化个人主体意识，注重自我价值的实现，更加崇尚自我完善和自我激励；大学生志愿服务充分尊重个人意愿，通过公开招募、自愿报名、择优录取等程序选拔志愿者；体现了大学生自主参与活动的主体意识，反映了大学生志愿服务社会、奉献他人的综合素质。[①] 大学生是社会主义建设的可靠接班人，应该积极投身志愿服务，弘扬中华民族的传统美德，以马克思列宁主义、毛泽东思想、邓小平理论、“三个代表”重要思想、科学发展观为指导思想，把实现自我价值与构建和谐社会紧密相连，不断贡献自己的力量。

（二）公益性

志愿服务的本质是无私地向社会、他人提供无偿服务。大学生志愿服务是以奉献社会、服务社会为宗旨，内容广泛，小到义务家教、帮助孤老，大到奥运会等国际大型赛会，目标都是无偿地帮助他人和服务社会，构建和谐社会，具有突出的社会公益性。正是因为大学生志愿服务的价值取向是社会公益，所以，它更容易被群众接纳。大学生志愿服务以实际行动向社会乃至全世界展现大学生高尚的道德品质和高度的社会责任感。

（三）教育性

大学生志愿服务作为高校思想政治教育的重要载体，促使大学生在志愿服务过程中增强自我教育，拓展自我的人生体验和社会阅历，提升自我价值，对大学生价值观的形成具有极其深远的教育作用，发挥着理论课堂教学无法比拟的现实效果。大学生在志愿服务实践中学习成长，增强自我认识，提升社会责任意识，培养高度的社会责任感。大学生志愿者服务带动了良好的社会道德风气，同时，这种良好的道德风气又为培养大学生高尚的道德品质营造了良好氛围。[②]

（四）组织性

大学生志愿服务本身是有组织的，采取招募的方式组织志愿者参与。[③] 随着青年志愿服务的发展，我国的大学生志愿服务逐步形成了以共青团组织为基础，依托高校志愿者协会和学生社团发展起来较具规模的组织管理体系。大学生志愿组织由所在高校的团委指导与管理，在实践中不断完善组织

---

① 窦玉光. 完善大学生志愿者活动探析［D］. 天津：天津师范大学，2009：11.

② 兰宇新. 大型活动中大学生志愿服务的机制建设研究［D］. 上海：华东师范大学，2008：11－12.

③ 贠天祥. 大学生志愿者活动育人实效性研究［D］. 北京：北京化工大学，2010：12.

机构、活动章程、组织纪律，确保志愿服务的组织性。因此，大学生志愿服务在开展的过程中虽然可能是由单个志愿者完成的，但是，其行动所代表的依然是志愿者组织的意愿。

（五）创造性

大学生是青年志愿者队伍的中坚力量，他们善于思考，具有创新思维，有激情、活力，更容易接受新鲜事物。随着经济社会的快速发展，国际化合作变得更加密切和广泛，有助于吸取国外的成功经验，促使大学生志愿服务活动内容、形式不断开拓创新，不仅实现服务社会、奉献他人的功能，同时创造自我价值，使得社会、民众、学生个人实现“三赢”。践行志愿服务精神，是社会主义精神文明建设的重要内容，是建设社会主义核心价值体系的生动实践，只有通过不断的创新，不断拓宽大学生志愿服务的领域、内容和形式，才能更好地践行社会主义核心价值。

第二节　国内外大学生志愿服务的发展现状

西方是志愿服务的发源地，无论是志愿服务的实践还是理论都较为成熟，在志愿服务发展程度方面，远高于我国国内的现实发展状况。在经济全球化的背景下，随着中国大学生志愿服务日渐成熟，从区域走向国际是发展的必然趋势，对美国、英国、日本和新加坡的志愿服务发展现状进行梳理，以开放的心态学习和吸收国外成功的志愿服务经验，对我国大学生志愿服务事业的发展具有很好的借鉴作用。

一、美国大学生志愿服务发展概貌

美国的志愿服务历史悠久、覆盖面广、参与人数多，为国家发展和社会文化繁荣贡献了巨大的力量，形成了良好的志愿服务传统和志愿服务文化土壤。美国国家与社区服务机构（CNCS）发布的《美国志愿服务 2012》提到，2011 年有 6 430 万美国人参与志愿服务，约占总人口的 26.8%，服务时间共计 79 亿小时，价值近 1 710 亿美元。美国前总统奥巴马在出席 2011 年国家志愿者周活动时说：“美国历史始于志愿服务。”这表明志愿服务在塑造美国历史和文化的过程中发挥了不可或缺的作用。

（一）政府重视社会资源整合，志愿服务项目制，提供多样化服务

自 20 世纪 60 年代起，美国联邦政府不断以出资人和主办者的身份介入并大力支持志愿服务事业，开展项目制服务，发起主办或资助了为数众多的志愿服务计划，使志愿服务覆盖范围不断扩大。按照志愿服务项目主管部门

划分，可分为两类全国性志愿服务项目：第一类由国家与社区服务机构主管，包括：老年志愿服务计划、美国志愿队计划、学习和服务美国计划。第二类由联邦政府其他部门主管，包括公民服务队计划、为美国骄傲计划、和平队计划、缔造繁荣志愿者计划，等等。同时，政府动员大量社会资源，依托民间组织和社区，丰富公共服务内容，在形式和职能方面更具多样性和灵活性，可满足多样化的社会需求。①

（二）注重激发大学生参与志愿服务的内驱力

高校是青年学生参加志愿服务活动的主要组织载体，美国高校通过宣传动员，制定出台全方位激励措施，营造良好的校园文化氛围等方式，将青年学生参与志愿服务活动有效内化为学生实现成长进步的自我需求。在校园文化建设中，志愿服务活动成为校园文化活动的核心，是学生丰富人生阅历、满足归属需求、实现自身价值的有效载体。

（三）强调责任与发展的志愿服务招募、培训工作机制

美国大学生志愿服务组织以突出责任感教育，注重志愿者个人发展为理念，制定严格的内部规章制度，建立和健全志愿者招募、培训工作机制。在招募志愿者时，强调纪律教育，要求志愿者必须严格遵守志愿服务组织和工作要求，保证志愿服务时间达到服务标准。招募完成后，志愿者必须接受系统培训，包括志愿服务理念、志愿通用知识和服务技能培训，促使志愿者在培训中获得更大的发展与进步，更好地掌握志愿服务的基本技能，更好地融入志愿服务团队，增强他们对志愿服务组织的归属感和对社会的责任心。

（四）法律体系完善，提供法律依据和政策保障

美国自 1973 年制定了第一部《志愿服务法》，历届联邦政府都非常重视志愿服务的法制建设，陆续出台了不同的法律法规，从法律层面不断明确志愿者地位和志愿者服务的发展目标。这些法律法规包括：1989 年《国内志愿服务修正法》、1990 年《国家和社区服务法案》、1993 年《全美服务信任法案》、1997 年《志愿者保障法案》等。2009 年，美国前总统奥巴马签署《爱德华·肯尼迪服务美国法》，提出建立“社会革新基金”，基金用于扶持创新性强、具有社会公益性质的志愿服务项目。《爱德华·肯尼迪服务美国法》的颁布标志着美国联邦志愿服务计划及其管理体系进入一个新的时代。②

---

①② 王民忠，梁碧韬. 美国大学生志愿服务机制及经验借鉴［J］. 北京教育（高教版），2013（Z1）：154－156.

二、英国大学生志愿服务发展概貌

英国是世界上志愿服务萌芽最早、发展最成熟、成效最显著的国家之一。当前，英国的志愿服务开展得十分活跃，拥有广泛的群众基础和良好的社会声誉，已逐渐步入组织化、规范化和系统化的轨道，形成了一套比较完整的运作机制。志愿服务已经成为英国加强对公民的道德教育和维护社会稳定的有效形式。

英国大学生志愿服务主要推动四个方面的工作：一是推动社区服务。英国的“做起来”“千年志愿者”等计划皆以社区为单位，大力提倡大学生积极参与志愿活动，为社区少年儿童提供课业辅导、专业咨询、假期或课后陪伴等活动。二是志愿服务和促进就业结合。例如，“马克社区”（Community Mark）积极推动就业劳工投入到社区志愿服务工作的行列，贡献个人经验与专业，协助解决社区面临的现实问题。三是推动服务弱势群体。部分大学生志愿组织主要以提升少数民族或弱势群体的志愿服务意识为目标，进而改善其志愿服务品质，并且为少数民族或弱势群体提供相关服务资源。四是发展志愿服务文化。大学生志愿者通过从事志愿服务活动，协助公共事务的开展，借此推动并发扬志愿服务文化。①

三、日本大学生志愿服务发展概貌

日本志愿活动最早从 1947 年京都的大学生开展 BBS（Big Brothers and Sisters）活动开始；1967 年，日本青年服务协会成为首个推动青少年志愿活动的全国性中心组织。20 世纪 90 年代以来，日本的大学生志愿者活动在社会福利、环境保护、青少年教育、终身教育及国外援助等领域广泛开展。1995 年，在阪神大地震中，志愿者所发挥的作用和做出的突出贡献，与政府系统的迟滞反应与僵化态度形成鲜明对比。震后 3 个月在灾区活动的志愿者多达 117 万人次，其中，40% 是来自日本各地的大学生。这是标志日本志愿活动领域进入新纪元的里程碑，使得志愿领域得到全社会的热切关注。日本中央和地方政府开始实施一系列支持志愿事业发展的政策，同时，日本大学非常积极支持青年志愿活动，为学生开展志愿活动创造了很多便利条件和鼓励措施。到 1999 年，已有 100 多所大学积极推行将志愿者活动纳入正式课程的教育实践。2001 年，日本改革学校教育法、社会教育法，明文确定志愿体验活动已作为教育行政机关的重要辅助角色而存在；2002 年，文部科学省

① 王左丹. 国外大学生志愿服务发展的经验与启示［J］. 怀化学院学报，2013（7）：95 – 97.

改订学习指导要领，将志愿体验纳入“综合学习时间”中，为志愿服务发展提供相关法律法规保障，使得志愿组织日益完善和普及，并进入阵地化、长期化和制度化的持续性发展轨道。[①]

四、新加坡大学生志愿服务发展概貌

据统计，2012 年新加坡从事志愿服务人员占总人口的 25% 左右，其中基层骨干志愿者达 3 万多人，各类基层社会志愿组织 3 000 多个。新加坡的志愿服务主要以社区服务为载体，全民共同参与帮助弱者、协调关系、服务邻里等志愿服务活动，营造“人人为我、我为人人”的良性社会志愿氛围。

一是政府高度重视，志愿服务被纳入法律体系。在政府的高度关注下，新加坡志愿服务工作形成了一套系统的工作制度，以法律的形式推动志愿服务发展，确定从事志愿服务机构的法律地位，政府在志愿服务活动资金、场所等方面给予政策支持，允许其在社会公开进行公益募捐。二是志愿服务理念与国家核心价值观交织互融。新加坡的《共同价值观白皮书》提出五大共同价值观——“国家至上、社会为先；家庭为根、社会为本；社会关怀、尊重个人；协商共识、避免冲突；种族宽容、宗教和谐”，以推动国内不同种族的真正融合，对新加坡志愿服务理念产生了深刻的影响。[②] 2012 年，新加坡15 ~30 岁的青年志愿者达 70 多万人，占总人口 26% 以上，其中，30% 的人有参与志愿服务的意愿。“做义工奉献社会”已成为新加坡公众生活不可或缺的组成部分，成为实现个人价值的一种荣耀象征。三是民间力量积极推动志愿服务。新加坡的非营利志愿服务组织机构完善，与政府保持着良好合作，有效地组织社会上大量的志愿者，辅助新加坡政府高效地履行社会服务职能。四是激励机制提高志愿服务绩效。新加坡政府构建了完善的志愿服务激励机制，对优秀志愿者提供多层次的精神和物质奖励，同时，在社会服务与福利、就学与就业、职级升迁等方面给予优先考虑。五是教育培训提升志愿服务效能。新加坡制定了系统的志愿服务教育培训体系，根据志愿者不同行业背景、知识结构，参与志愿服务时间的长短等特点，以及志愿服务岗位的不同要求，开展多样化、差异化的服务技能培训。

---

① 王娟，胡希希. 中日大学生志愿服务的异同比较和启示［J］. 日本问题研究，2013（3）：69 – 73.

② 谢雯，刘长春. 社会管理政策法规建设刍议［J］. 经济研究导刊，2013（8）：144 – 145.

五、国内大学生志愿服务发展概貌

相比较国外的志愿服务发展，我国起步较晚，改革开放以来，我国的青年志愿服务得到了迅猛的发展。《中国青年志愿者行动20年报告》的数据显示，截至2013年11月底，全国所有的省（区、市）和市（地、州、盟）、2 763个以上县（市、区、旗），以及2 000多所高校建立了青年志愿者协会，并建立了13万个志愿服务阵地，形成了比较完善的志愿服务组织体系；经过规范注册的青年志愿者达4 043万人。纵观当代我国志愿服务的现状，我们依然存在着不少问题，只有了解我国青年志愿服务的现状，看清志愿服务当中存在的问题，才能促进大学生志愿服务的发展，为我国的社会建设做出更大的贡献。

（一）我国青年志愿者重点工作品牌

大学生志愿服务作为我国青年志愿服务中最活跃、最积极、最有影响力的中坚力量，在共青团中央的领导和指导下，依托共青团网络系统，1993年底启动青年志愿者服务行动以来，全国各高校纷纷成立了青年志愿者服务队，在高校内或走出校园开展形式多样的志愿服务活动。

近年来，顺应时代发展，共青团中央以社会需求为导向，拓展、创新志愿服务项目，深化志愿服务内容，不断深入推进新常态下的青年志愿服务的组织建设、队伍建设、项目建设、文化建设、平台建设和制度建设，着力提升青年志愿者行动的核心竞争力，集中开展了共青团关爱农民工子女志愿服务行动、大学生志愿服务西部计划、大型赛会志愿服务工作、应急救援志愿服务工作、中国青年志愿者海外服务计划等一批重点品牌项目。①

1. 共青团关爱农民工子女志愿服务行动

2010年5月，共青团中央启动实施“共青团关爱农民工子女志愿服务行动”，广泛动员青年志愿者为农民工子女健康成长提供形式多样、切实有效的志愿服务，以“青年志愿者小组（或团队）+农民工子女+接力”的项目实施模式，组织青年志愿者小组（或团队）与农民工子女建立结对关系，并建立接力机制，推行七彩课堂、建立“七彩小屋”，重点围绕学业辅导、感受城市、亲情陪伴、自护教育、爱心捐赠等内容开展志愿服务。②

---

① 李博晶. 中国青年志愿者重点工作品牌［EB/OL］.（2015－07－16）. http://www.zgzyz.org.cn/content/2015－07/16/content_11497406.htm.

② 李立红. 团中央部署实施共青团关爱农民工子女志愿服务行动［J］. 中国社会工作，2010（12）：6.

2. 大学生志愿服务西部计划

大学生志愿服务西部计划是根据国务院常务会议精神，团中央与教育部、财政部、人力资源和社会保障部联合实施的志愿服务项目。每年按照公开招募、自愿报名、组织选拔、集中派遣的方式，招募一定数量的高校应届毕业生，到西部基层开展为期 1～3 年的教育、卫生、农技、扶贫等志愿服务。2011 年，大学生志愿服务西部计划被列入“国家重大人才工程高校毕业生基层培养计划子项目”，确定了基础教育、农业科技、医疗卫生、基层社会管理、基层青年工作、服务新疆、服务西藏等 7 个服务专项，同时，其基础教育专项吸收了由团中央、教育部共同组织的中国青年志愿者研究生支教团。2003 年项目实施以来，大学生志愿服务西部计划累计选派了 24 万多名学子到中西部 22 个省（区、市）及新疆生产建设兵团 2 100 多个县（市、区、旗）的基层服务，其中，有来自全国 180 多所高校的 17 批 1 万余名研究生支教团成员先后赴中西部 19 个省（区、市）近 300 个贫困县 300 多所中小学开展扶贫支教服务。①

3. 中国青年志愿者海外服务计划

中国青年志愿者海外服务计划是由团中央、商务部发起实施的长期重点项目。主要是根据受助国的实际需求，由主办单位与受助国签订合作协议，通过公开招募、自愿报名、集中选拔的方式，在约定的时间派遣优秀的中国青年志愿者赴受助国开展中长期志愿服务。2002 年 5 月，团中央、中国青年志愿者协会实施中国青年志愿者海外服务计划，选派 5 名青年志愿者赴老挝服务，翻开了中国青年志愿者事业崭新的一页。目前，已累计选派了近 700 名青年志愿者分赴亚洲、非洲、拉丁美洲等 23 个发展中国家从事汉语教学、医疗卫生、农业科技、体育教学、计算机培训、职业教育、工业技术、国际救援等方面的志愿服务。海外计划的实施，探索了民间外交和对外援助工作的新途径，有利于树立中国负责任大国的国际形象、促进中外友好与合作，有助于培养具有国际视野的优秀青年人才，是中国青年工作同国际接轨的一个切入点，已成为党和国家对外友好事业的重要组成。②

4. 大型活动志愿服务工作

大型活动志愿服务是指为保障大型活动（主要指规模较大的国内和国际会议、体育赛事、文化类展览会、重要庆典等）的顺利开展，在大型活动落

① 李彦龙. 大学生志愿服务西部计划项目介绍［EB/OL］.（2015－10－15）. http://xibu.youth.cn/xmjs/201510/t20151015_7212132.htm.

② 李博晶. 中国青年志愿者重点工作品牌［EB/OL］.（2015－07－16）. http://www.zgzyz.org.cn/content/2015－07/16/content_11497406.htm.

户的地区策划运行的志愿服务项目，是我国志愿服务的重要组成部分。这些志愿服务的项目受大型活动本身的社会关注程度高、参与范围广、社会影响力大等特点的影响，因此具有影响范围广、社会参与度高、服务要求高等特点，同时满足了青年参与社会、青年个人成长和青年传播时尚文化的需求，促使青年志愿者成为大型活动志愿服务的主力军，发挥积极作用，向世界展示当代中国青年的时代风采。近年来，先后组织了 170 万名志愿者服务北京奥运会、200 多万名志愿者服务上海世博会、60 多万名志愿者服务广州亚运会、95 万名志愿者服务国庆 60 周年、120 万名志愿者服务深圳大运会、32 万名志愿者服务西安世园会等。从发展来看，进一步建立规范大型活动志愿服务的志愿者管理模式、志愿服务体系、长效机制以及大型活动志愿者人才库等等，使大型活动志愿服务朝着规范化、科学化的方向发展，为青年的成长成才提供锻炼的机会和环境，是今后我国志愿服务研究的重要任务之一。①

5. 应急救援志愿服务工作

志愿者是抗震救灾等应急救援的重要辅助力量，其中，青年志愿者更是发挥了生力军的作用。如 2003 年抗击非典，1 200 多万青年志愿者参与了科普宣传、捐赠爱心、热线咨询等志愿活动。2006 年，共青团中央联合有关部委共同实施“中国青年志愿者应急救援平安计划”，与中国地震局联合启动中国青年志愿者地震应急救援志愿服务行动，通过建立开放式参与平台，开展经常性专业化救灾技能培训，逐步建立地震应急救援志愿者队伍和地震应急救援志愿服务体系，使志愿者成为专业地震救援队伍的重要辅助力量。超过 491.4 万名志愿者参加“5・12”汶川大地震，5 900 名青年志愿者参加玉树地震，3 000 名青年志愿者参加舟曲泥石流的紧急救援和灾后重建志愿服务。2008 年，团中央、公安部联合启动了消防志愿者行动。2009 年，在乌鲁木齐市“7・5”打砸抢烧严重暴力犯罪事件发生后，当地团组织迅速组建了心理危机干预志愿服务队伍，开展宣传、慰问、陪护、募捐、心理危机干预等多种形式的志愿服务。②

（二）国内省市志愿服务的先进模式

在志愿服务探索和发展进程中，全国各省（区、市）由于经济发展水平不同，对志愿服务工作的重视程度各异，导致志愿服务的发展存在差异性。借鉴国内外志愿服务先进经验，结合本地特色，探索创新志愿服务的内容和

---

① 张晓红. 浅议青年对大型活动志愿服务的参与［J］. 中国社会工作，2015（7）：51－53.

② 李博晶. 中国青年志愿者重点工作品牌［EB/OL］. http://www.zgzyz.org.cn/content/2015－07/16/content_11497406.htm.

模式，各地形成多样化、特色化的社会志愿服务体系。其中，经济相对发达的省（区、市），如北京、上海、广东、浙江、辽宁等率先改革尝试、积极创新，形成各自独具特色的模式。

1. 行政推广模式——北京

北京由政府主导积极推动志愿服务事业发展，从政治高度、国际大事、社会大局等多维度扩大宣传和推广志愿服务理念。提高对志愿服务的重视、如何发展志愿服务等问题多次被列入市委常委会讨论议题，政府领导多次亲自带队参与志愿服务活动，充分调动市民积极参与志愿服务活动的热情。

北京市文明办是志愿服务发展中的主导机构，发挥牵头作用，统筹协调、整合资源、推动工作融合，把社会各方面的力量充分调动起来。2014 年 5 月，北京成立市志愿服务联合会，由当时北京市委、市委常委、宣传部部长等领导出任会长、副会长等要职，更突显出北京发展志愿服务的决心。

近年来，北京在志愿服务制度化、“邻里守望”活动、党员带头参与志愿服务等方面先行先试，不断推陈出新；北京市政府也积极利用财政手段，为志愿服务提供保障。自 2014 年 6 月起，北京市政府将每年进行财政拨款，为所有实名注册的志愿者购买保险，这成为国内首个由财政出资保障志愿者的保险项目。①

2. 文明影响模式——上海

上海志愿服务事业具有其独特的历史传统，与上海城市文明和社会精神的建设发展具有互相促进、相得益彰的作用。改革开放之后，上海浦东进行大胆创新社会管理模式，积极尝试改革进行志愿服务创新意义的探索，倡导民间组织、宗教组织开展志愿服务活动，积极参与社区志愿服务建设。根据城市发展特色，上海主动吸收西方文明、传统文明的优势，顺应社会主义精神文明建设的发展要求，将志愿服务精神融入城市文明发展的理念，促进志愿服务事业健康发展。1997 年，上海市志愿者协会成立，以“服务他人，奉献社会”为理念，开展丰富的志愿活动，获得群众的广泛认同，促进志愿服务事业与构建和谐社会的有效融合。② 依托上海国际化发展优势，组织国际大型赛会志愿服务活动，为城市志愿服务提供广泛的国际交流与合作机会，吸引更多外籍人士参与志愿服务活动，成立国际化高素质的志愿服务队伍，引领全民积极参与志愿服务，弘扬志愿服务精神，例如上海“世博会”

① 国内外志愿服务研究与江苏借鉴［EB/OL］.（2015－12－10）. http://www.cdtx.org/articlelist/details/225.

② 孙慧民. 志愿服务与社会和谐：上海市志愿活动的现状和面临的挑战［J］. 社会学，2007（1）：31－36.

等。在上海市精神文明建设委员会的关心与指导下，上海志愿者协会以开展大型活动志愿服务、援外志愿服务、“大学生志愿服务西部计划”服务等活动打造青年志愿服务项目品牌；社区志愿服务以其志愿服务体系的精细化、系统化优势广受民众好评；上海慈善义工总队及各分队主要开展具有针对性的个性化志愿服务，增强志愿服务的实效性，引起社会群众的强烈反响。

3. 社会合作模式——广东

广东的沿海城市是改革开放的窗口，其经济自改革开放后得到飞速发展，志愿服务起步较早。广东首先提出区分“志愿服务”与“义务工作”的不同概念，形成国内示范效果。1987 年，国内第一条志愿者服务热线在广州诞生；1990 年，国内第一个注册志愿者社团在深圳成立……各地区纷纷结合本地实情进行自主探索和创新，形成多种分化局面，广州、珠海、中山等倡导“志愿服务”概念，而深圳、南海、顺德倡导“义务工作”理念。①

（1）整合政府、社会资源，共同推动志愿服务发展，构建“一委两会三中心”服务体系，支持和指导各地各级志愿服务组织。第一，广东省发展志愿服务事业指导委员会，负责全省志愿服务指导工作，由省委、省政府统筹领导，省委副书记担任委员会主任，省委常委、副省长担任副主任，各相关厅局部门领导为组织成员，机构办公室在共青团广东省委设立。第二，广东省志愿者联合会，负责联系、协调全省各种志愿组织、社团，整合志愿服务资源，搭建志愿服务合作交流、协同发展的平台。第三，广东省志愿者事业发展基金会，负责为全省志愿服务活动提供资金支持和资源服务，主要由民间组织发起成立，政府给予政策支持和资金扶持。第四，广东省青年志愿者行动指导中心，负责为全省志愿服务组织和活动提供指导、咨询、帮助。第五，广东省青年志愿者协会研究中心，负责志愿服务研究，为志愿服务发展的问题提供解决方案，探索志愿服务的内容与形式创新，研究志愿服务的发展策略。在志愿服务体系的统筹和指导下，建立市、县（区）、镇（街）、村（社区）纵向延伸四级志愿组织网络，促使各级各类志愿服务组织相互合作、共同服务，共同构建广东和谐社会。②

（2）政府资源带动社会资源，整合全社会优势，实现志愿服务“层次化”运作。比如，2007 年，深圳出台了《中共深圳市委、深圳市人民政府关于加强社会工作人才队伍建设推进社会工作发展的意见》（深发〔2007〕18 号），

① 谭建光，凌冲. 中国深圳义务工作发展报告［M］. 广州：广东人民出版社，2005：127－139.

② 谭建光，朱莉玲. 中国社会志愿服务体系分析［J］. 中国青年政治学院学报，2008（3）：19－25.

同时配套推出社会工作的“1＋7”文件，正式推广共青团深圳市委员会率先提出的“社工＋义工”模式。该模式旨在将社工的专业优势和义工的数量优势相结合，通过“社工引领义工服务、义工协助社工服务”的模式，建立社工、义工联动发展的机制，向社会提供更加专业化的志愿服务。经过7年多的实践，该模式以其高质、高效得到广泛的认可。

（3）将志愿服务融入政府职能，增强政府志愿服务功能。2014年以来，“八小时以外”搞志愿服务，让志愿服务“不打烊”，成为广东省各办事大厅、服务窗口开展志愿服务的一大亮点。广东省直属机构各单位从岗位职能出发，开展志愿服务与巩固和扩大党的群众路线教育实践活动成果相结合，力求设立更多的志愿服务岗位，以志愿服务助推政府职能优化。据统计，广东省属机构、中央直属机构、地方驻穗单位的76个服务窗口、办事大厅先后创建了志愿服务岗位，共涉及23个部门，志愿服务开始真正融入了政府职能。

（4）强化志愿服务培训，提升志愿者服务水平。2014年3月，广州发布《志愿服务岗位能力培训教材》。这是我国开展志愿服务20多年以来首套系统性的志愿者专业培训教材，它根据志愿者的服务时数与岗位角色，分层分级，由浅入深，提供了相应的学习内容，促进志愿者培训更加规范。

（5）完善激励机制长效化，促进全民参与志愿服务。2016年12月，广东发布《广东志愿者守信联合激励计划》，率先推行全国首个省级志愿者守信联合激励计划，适用对象覆盖全体注册志愿者，同时与青年信用相结合，引导青年珍视信用、累积信用、放大信用，构建“一网一证一体系”志愿服务模式：以青少年参与度最高的社会实践——志愿服务时数建立正向记录，以志愿服务“一张网”——“广东志愿者”信息管理服务平台（“i志愿”平台）搭建信用载体，以志愿者视觉识别系统——“广东注册志愿者证”开展信用应用，形成“一网、一证”助力加快推进“一体系”——青年信用体系的路径和模式。让广大志愿者享受到更多更好的激励，推动“志愿广东信用南粤”的全面实现（见附录一）。

4. 人文培育模式——浙江

2001年5月，胡锦涛在杭州市下城区天水街道的社区视察时指出：“社区要建立两支队伍：一支是社区工作者队伍，一支是社区志愿者队伍。”[①] 杭州市从此深入拓展志愿服务工作，广泛开展群众性志愿服务活动，创建全国第一个市委市政府主导的“志愿服务工作委员会”，吸引全市各界力量积极

① 杭州市下城区城市社区志愿服务实践与研究课题组. 构建和谐社会的探索：城市社区志愿服务工作实践与研究［M］. 杭州：杭州出版社，2005：1.

参与和支持志愿服务，同时，宁波、温州也积极响应，注重培育志愿服务精神，有效促进社会和谐。近年来，浙江省总结各市实践探索的成功经验，制定了《浙江省志愿服务条例》，由省委省政府主导建立“志愿服务工作委员会”，积极推动全省的志愿事业发展，形成浙江独具特色的志愿服务体系：一是志愿服务与城市发展战略相结合。杭州市“建设生活品质”的城市发展战略，把建设人民幸福生活作为政府工作的重点，而志愿服务体现了人民精神生活的更高追求，志愿者为构建和谐社会和提高人民“生活品质”发挥着重要作用，在常态化的志愿服务中产生深远效果。二是志愿服务与城市人文要素相融合。浙江省具有独特的人文特色，历史传承人与人之间的温情、关怀，形成“江南如春”的特色，具有“文物之邦，旅游之地”的美誉，志愿服务事业积极融合这些人文特色，促使志愿者的服务更加温馨、温暖。三是鼓励全民参与志愿活动，根据志愿服务层次与类型组建多元化服务团队。深入社区服务，根据志愿者兴趣爱好、年龄层次、知识结构等建立个性化的服务小组，针对性地为个性化需求的服务对象提供差异化的志愿服务，提高服务活动的实效性。

5. 优势转换模式——辽宁

辽宁省的志愿事业发展基础较好，但面临产业转型的新形势，对志愿服务的需求巨大且紧迫。一方面，辽宁省积累了开展“学雷锋、做好事”志愿服务活动的典型经验，社会各界人士具有友爱互助、乐于助人的优良传统；另一方面，老工业区面临产业转型，导致大量产业工人面临转岗、失业，但这些工人又缺乏其他工作技能，因此，它迫切需要志愿服务帮助其解决生存的困境。为此，辽宁省积极探索志愿服务研究，组织志愿者深入沈阳等工业城市开展调研，了解志愿服务需求，进行志愿内容、形式探索和创新，结合社会优势资源，开展失业工人技能培训、困难家庭帮扶、困难学生助学、问寒问暖送温暖等志愿服务活动。同时，大连市结合城市转型需要积极探索慈善“义工＋志愿者”模式，弘扬志愿服务精神，倡导全民积极参与志愿服务。再者，依托高校优势，拓展青年志愿服务活动，鼓励大学生志愿者下农村、进工厂、入社区开展志愿服务活动，促进志愿服务活动不断拓展与创新。近年来，辽宁省工业基地的产业转型逐渐取得成功，在逐渐完善的志愿服务体系支持下，庞大的产业工人也逐渐适应市场的需求和社会的发展，重新建设全民幸福生活。志愿组织和志愿者也成为民众心中充分依赖的“好人”“有心人”“高尚的人”。

第三节　国外大学生志愿服务的经验借鉴和启示

国外志愿服务活动以突出的社会效益受到越来越多的国家政府和社会的重视，并逐渐形成自身的特色，具有广泛的群众基础和良好的社会声誉，形成了组织化、规范化和系统化的发展模式，在发展志愿服务方面积累了丰富经验。当前，我们认真总结和借鉴发达国家志愿服务成功经验，对提出我国高校志愿服务发展思路与对策，显得尤为重要。

一、国外大学生志愿服务的经验探析

（一）志愿服务参与全民化

以美国为例，美国志愿服务普及推广非常深入民心。据有关调查显示，美国的志愿者组织超过 100 万个，美国大学有各式各样的志愿服务组织，新生在入学时往往会选择几个符合自己兴趣特长的志愿服务性质的社团。约 1/4的美国人当过志愿者，其中每人平均每周当志愿者的时间为 3.5 小时，从 1992 年开始，每年 10 月的第 4 个星期日是美国志愿者活动日。1997 年参加这一节日的大学生达到 130 万，1999 年则超过了 200 万，这反映出在美国做志愿者是全民普遍的意愿。[①] 在美国大学生看来，参加志愿者活动不仅仅是为社会做贡献，更可以展示自己才能、扩大社会交往，甚至可以积累工作经验、实现理想与抱负和赢得社会尊敬。

（二）志愿服务管理体系化

再以美国为例，美国大学生志愿者组织的规章制度非常严密。例如，对培训的要求，志愿者接受必要的培训并承担相应责任；志愿者不能在活动中利用与他人接触的机会谋取个人利益；志愿者按照既定的工作计划提供服务。志愿者组织会根据工作任务的难易程度，匹配志愿者的能力水平，再进行科学合理的分工，保证志愿服务的质量。[②]

（三）志愿服务运作市场化

以英国为例，英国大学生志愿服务生存发展拥有广泛的社会基础。据统

---

① 冯英，张惠秋，白亮. 外国的志愿者［M］. 北京：中国社会出版社，2008：101.

② 王左丹. 国外大学生志愿服务发展的经验与启示［J］. 怀化学院学报，2013（7）：95－97.

计，在2003年，有27%的公民会每个月参加至少一次志愿工作，包括参加俱乐部、协会或其他组织活动；有39%的公民表示一年最少参加一次志愿工作，其中相当一部分成员是在校大学生。[①] 大学生志愿服务发展模式的突出特点是市场化、公司化运作。在英国，基本上每一个志愿组织都是独立的法人机构，自主经营、自负盈亏，大学生通过加入这些组织实现志愿服务的市场化运作。因为资源（志愿者、社会捐献资金、政府拨款）有限，不同志愿组织之间存在激烈的竞争。所以，参与其中的大学生志愿者往往都有很强的竞争意识，他们会精心设计活动。志愿组织都在探索经营生意、谋求利润，以支持志愿服务的发展。

（四）志愿服务教育课程化

以日本为例，2003年，日本有7.6%的大学引进志愿服务课程，其中26%属于必修课，74%属于选修课，学分从1个到4个不等。学校要求参与课程的学生在社区、医院或其他机构做志愿服务，以具体的实践活动来完成课程。通常，志愿服务项目由学生自己设计方案，由指导教师负责完善，学校的志愿服务中心负责推动落实。学生完成志愿服务规定小时数后，向课程教师递交评估报告，这份报告将成为学生履历的一部分。在1995年的日本阪神大地震中，135万志愿者参与了紧急援助活动，其中志愿者主力是学生，比例高达75%，青年学生志愿者崛起并日益成为抗震救灾的生力军，让日本社会和政府调整了志愿服务政策。此后，日本政府对非营利部门和志愿服务给予积极支持，50%的大学借此机会建立志愿服务中心，大力推进大学志愿精神，以此提高教育机构的声誉。志愿精神教育已经成为日本教育成功的一种体现。[②]

（五）志愿服务保障法制化

志愿服务活动的有效开展，有赖于社会保障和法律的支持。美国、德国等一些发达国家对于志愿服务都已经有了明确的法律规定，借助法律可以将志愿服务工作的使命、志愿者与服务对象间的权利义务关系等加以明确。例如，美国颁布了《志愿服务法》、加拿大出台了《志愿工作法》、德国制定了《奖励志愿社会青年法》，一系列的法律法规为志愿者提供了保险以及法律的支持。当志愿者参与一些危险性比较大的活动时，国家通过制定一系列的法律、法规

---

① 江泽全．英国志愿服务发展及对中国的启示［J］．广东青年干部学院学报，2004（3）：77．

② 江讯清．与世界同行：全球化下的志愿服务［M］．杭州：浙江人民出版社，2005：297．

将志愿服务纳入到社会保障体系中，以保障志愿者的合法权益。①

二、国外大学生志愿服务的成功经验对我国的启示

在全球化志愿服务发展的浪潮中，我国大学生志愿服务经过了多年的探索与发展，已经逐步发展成熟，影响力也越来越大。在新的时代背景下，我们应充分发挥自身优势，扬长避短，积极借鉴国外的先进经验，鼓励学生与时俱进、开拓创新、善于学习，积极开展贴近生活、贴近社会的志愿服务活动，提高志愿服务的针对性和实效性。

（一）扩展内涵，倡导志愿服务新理念

志愿服务组织需更多地关注青年志愿者的个人成长需求，以“我为人人，实现自我”为精神追求，促使奉献自我精神与实现个人价值相结合；以“志愿者既是奉献者又是受益者”为发展理念，把道德教育融合丰富多彩的志愿者活动，帮助志愿者树立科学的目标定位，在完成志愿活动的过程中，在其创造社会价值的同时，给予系统教育指导，帮助志愿者实现自我成长，实现个人发展目的和自我价值。与此同时，要培养青年志愿者的创新意识，尊重其创造精神，实现志愿者的自主意识、自我发展、自我价值实现与志愿服务的科学规范管理达成有机统一。

（二）科学培育，完善志愿服务培训体系

随着社会需求的不断延伸，志愿服务活动的内容和形式不断拓宽，志愿服务发展呈现系统化、专业化、科学化，这要求志愿者需要掌握更全面的志愿服务知识和专业技能。因此，志愿服务体系的完善发展必须建立系统的培训机制，对志愿者进行科学培育，通过理论和实践教育相结合：其一，增强志愿服务理念培育，提高志愿者对志愿服务精神的认识，树立志愿者正确的志愿服务理念，培养志愿者的感恩理念、服务社会理念。其二，强化服务技能培训，以需求为导向，从广度、深度提高对具体活动内容配套的短期培训要求。其三，拓展、创新培训内容和形式，以项目为主体创新设计培训内容与形式，通过交流分享、专家讲座、体验式教学、角色扮演等方式增强培训的效果，增强志愿者的服务技能、组织管理能力和社会沟通能力等。

（三）规范建设，探索创新志愿服务新机制

1．创新管理体制

坚持“宽进严管”原则，实施志愿者组织开放注册管理制度，制定志愿

---

① 王左丹．国外大学生志愿服务发展的经验与启示［J］．怀化学院学报，2013（7）：95－97．

服务登记管理条例、细化分级考核细则和完善激励机制，实现志愿服务的可持续性。

2. 创新运行机制

依托志愿服务项目，建立创设机制、服务推进机制，在志愿活动中了解服务对象的需求和意见，并反馈公众、政府及政策制定者，从而进一步提高志愿服务质量。

3. 创新保障机制

强化立法机制，为志愿者服务提供法律保障；建立资金保障机制，针对志愿服务资金的不同来源采取差异化的资助审定机制，确保资金的募集与使用公正、公开和透明；健全志愿者组织权益保障机制，为志愿者提供更多人性化、多元化、个性化的志愿服务保险，为志愿者的人财物提供更好的保障；完善志愿者组织规范约束机制，规定志愿服务不能随意而为，如未能提供服务，志愿者必须要提前告知志愿服务活动组织或找到接替者等。

（四）完善管理，构建科学发展新模式

1. 构建志愿者资源储备库

根据志愿者的年龄、兴趣、专业、职业、特长分别归类，志愿服务以需求为导向，安排更符合要求的志愿者参加相应的志愿服务，实现志愿服务的个性化、专业化，同时，满足社会志愿服务需求的多样化，促使志愿服务向常态化、规范化发展。

2. 构建科学合理的考核评价体系

系统全面地考核、评价志愿者的志愿服务表现，从而推动大学生志愿服务事业发展科学化、合理化。

3. 拓宽志愿者服务活动的社会化

开展包括社会公益服务、弱势群体服务、扶贫开发服务、环境保护服务、法律维权服务、社会调研服务等，促使志愿服务活动贴近社会需求，提升其社会价值。

4. 增强志愿者组织自主性

坚持在各级团组织的指导和帮助下，保持组织独立性，减少团组织对志愿者组织的干预，促使志愿者组织实现自我管理、自我发展。①

---

① 陈素文．比较与借鉴：中外青年志愿服务现状透视［J］．山西青年管理干部学院学报，2008（3）：5－7．

第三章 大学生社会实践长效机制的建设

第一节 大学生社会实践长效机制的影响因素

社会实践是大学生思想政治教育的重要组成部分，也是大学生认知社会、服务社会的基础，已成为我国大学生接受实践教育的必要途径。面对新形势、新任务、新变化，我们必须在巩固已有工作成果的基础上，正确把握高校社会实践活动的发展趋势，采取更加有力的措施，深入推进大学生社会实践，使之为大学生的健康成长发挥更加积极有效的作用。

一、大学生社会实践教学保障机制的现状

（一）大学生社会实践教学保障机制的重要性

高等学校承担着培养人才、传授知识和服务社会的神圣使命，担负着培养具有良好思想道德素质和较强实践能力的青年人才的重任。而为了完成这一历史任务，除了深化教学改革，加强对学生在校期间书本知识的传授和积累之外，更需要通过组织开展一定的社会实践活动，使大学生经受锻炼，增长才干，实现知识和行动的有机统一。因而，社会实践在大学生的成长过程中发挥着重要的作用，越来越受到人们的广泛重视。

1. 社会实践活动对大学生思想政治教育具有重要的促进作用

社会实践活动将思想政治教育的理论转化为具体生动的实际行动和现实的经验，有利于扩大思想政治教育的受益面和政治理论教育与实践教育的结合。社会实践活动以其丰富的形式能较好地体现思想政治教育的内容，能够更好地让广大学生在深入基层、了解国情、体察民情、分析社会的过程中，发现自身的不足，这比单纯的理论教育效果要更好，也能使广大学生做到理论与实际相结合，从而可以优化思想政治教育的效果。

2. 社会实践活动对大学生综合素质的提高具有重要作用

随着社会的不断发展进步，特别是新历史条件下社会各方面竞争越来越

激烈，对大学生的综合素质也提出了更高的要求，只有综合能力强的人才能在社会的浪潮中博得一席之地。大学生通过社会实践，其实际动手能力可以得到极好的锻炼，同时在团队协作、人际交往、吃苦耐劳、守法诚信等许多方面可得到全面的锻炼与提高，也可以使大学生能够正确对待发展中存在的问题和困难。

3. 社会实践活动对大学生专业技能的提高具有重要作用

每一项社会实践活动都是围绕一定目标展开的，许多实践项目的目标是需要大学生应用其专业知识和技能才能完成。在实践活动中，让大学生把从学校学到的知识和技能应用到实际，在实际操作中发现问题、分析问题、解决问题，做到理论与实践相结合，这对大学生专业技能的提高具有十分重要的意义和作用。

4. 社会实践活动对大学生就业具有重要的推动作用

大学生参加社会实践活动是提高综合素质和专业能力，将理论运用于实践的重要过程。在此过程中，还能使大学生增强成就感和提高学习的紧迫感与自觉性，培养学生艰苦奋斗、克服困难的精神。学生亲身感受基层第一线艰辛的生活，可以更好地了解社会主义市场经济对人才素质的新要求和最新、最实际的就业趋向，为以后的就业做好思想准备，这推动了大学毕业生的就业工作。

理论联系实际是党的优良传统和作风，教育与生产劳动和社会实践相结合是党的教育方针的重要内容，理论教育和实践教育相结合是大学生思想政治教育的根本原则。现代社会要求高等教育与社会的联系越来越直接。高校教师对大学生社会实践教育更加重视，改变了原来只重理论教学的理念，建立理论教育与实践教育相融合、“两手抓两手都要硬”的新的教学理念。也就是说，教师充分意识到大学生实践教育的重要性，给予学生更多关注，也非简单地流于形式。此时，教学的目的不再仅仅局限于传授理论知识，而是着眼于理论知识与实践相结合，提高大学生的实际动手能力和社会化水平，使大学生逐渐锻炼成独立成熟的社会人。

作为新时代的大学生，就自身来说，面对着社会现实带来的压力与挑战，仅学好专业知识显然已经不够，学生开始认识到社会实践的重要性。在学校的引导下，大学生积极扩大自身的阅读范围，在学好专业课之余，多了解新事物的发展方向；在丰富自身知识的同时，主动通过适当的途径提高对社会实践的认识，培养对社会实践工作的兴趣，并以正确的态度面对实践活动，在社会实践中不断找准自己现实的位置和未来的发展方向。

社会实践是大学生迈向社会生活的第一步，大学生社会实践教学必不可少，而大学生社会实践教学的保障机制是大学生社会实践教学顺利实施、发展的保障，它的存在与建设具有重要意义。一方面，它为大学生社会实践教学提供保障，有利于保障社会实践教学的落实与持续；另一方面，保障机制为大学生社会实践教学提供一定的物质基础，促进大学生社会实践的发展进步。

（二）大学生社会实践教学保障机制的发展趋势

随着社会实践参与人数的逐年增加，团队数量的明显上升，社会实践的内容和质量有较大的提高，实践团队的内容范围涵盖更广，覆盖领域进一步扩大。近年来，在新农村建设、和谐社会构建、社会发展可持续性的调查研究等领域成为热点的同时，社会实践也保持了以往的优势与传统项目。作为当代大学生成才成长的有效途径，对于培养青年学生关注和了解社会，心系祖国命运与发展的方式，社会实践所发挥的作用越来越明显。随着社会实践成效的逐步显现，各地各高校和有关部门对社会实践越来越重视，社会实践已经进入新的发展期。

1. 社会实践基地的重要性日益凸现

社会实践基地的重要作用已为经验所证明，主要表现在以下三个方面。

第一，基地是社会实践规范化的前提。实践告诉我们，只有建立了必需的、稳固的社会实践基地，大学生社会实践才能走上相对规范化的轨道。

第二，基地是社会实践科学化的载体。大学生社会实践是一种较高层次的学习和实践活动，是大学生学习理论知识与服务社会的统一。而且这种统一性越高，社会实践的多重作用也就越大。

第三，基地是社会实践社会化的媒介。大学生社会实践活动的深入又反过来要求这一活动的社会化程度也必须更高。正是从这个意义上说，基地是社会实践社会化的媒介。

2. 社会实践内容的课题化位置前移

在新形势下，大学生社会实践是否具有较强的课题化，是衡量其深度的一个重要标准。

所谓课题化，是指要提高大学生社会实践的科技研究的含量，进而提高社会实践的服务性、目的性和效益性。第一，必须发挥高校优势，提高社会实践的服务性。高校的优势主要表现在两个方面：一是高科技人才密集；二是高科技成果密集。新形势下的社会实践必须充分挖掘和运用好这两笔财富，使之服务社会，使社会实践基地受益。这样做，提供的是相互服务，受益的是双方。同时，在这种相互服务中，各自要解决的问题是联结双方的纽带，问题本身就是要研究的课题。第二，必须针对学生的需求，提高社会实践的目的性。对大学生而言，社会实践要解决的主要问题是要切实扩充他们的知识和提高他们的能力。要做到这一点，最重要的就是要根据学生的需求组织好社会实践。组织好社会实践要把握好三个环节：一是要针对普遍关心的特别是社会的、政治的问题，组织好以调查研究为主要形式的社会实践，让学生在深入社会、了解社会的过程中认识社会；二是要针对学生专业发展的需要，组织好以扩充专业知识和提高专业能力为主要目的的社会实践，使学生不断明确专业发展趋势和个人努力方向；三是针对学生个人发展的需要，鼓励学生独立地参加一项社会实践活动。第三，必须加强专业教师的指导，提高社会实践的效益性。现在看来没有专业教师的积极参与和得力指导，大学生社会实践的质量是很难提高的。如果有了专业教师的指导，往往会起到“画龙点睛”“点石成金”的作用。事实上各专业教师一般都有自己的研究课题和联系单位，学生完全可以适当参与，一方面当教师的助手，另一方面成为具体的实践者。

3. 社会实践形式的多样性发展明显

第一，高等教育发展的现代性要求社会实践的形式必须具有多样性。现代社会要求高等教育与社会的联系越来越直接。校企合作模式大概是市场经济条件下理工高等教育发展的一条必由之路。在这种情况下，社会实践的经济性位置前移。作为课堂教育的补充和延伸，它更偏重于运用知识和提高能力，更注意培养高质量的创造性人才。从这个意义上说，大学生社会实践的形式必须是多样性的。

第二，大学生整体发育的全面性要求社会实践的形式必须具有多样性。大学生作为一个社会群体，只有它本身整体发育具有一定的全面性，这个群体对整个社会的要求才表现出相对的适应性。大学生整体发育的全面性不是单一性，全面就是多样性和谐的统一。因此，它必然要求社会实践形式的多样性。

第三，大学生个体成长的多元性要求社会实践的形式必须具有多样性。与市场经济相适应的一个问题就是在大学生个体成长模式和发展方向上越来越呈现出多元性。“千人一面”的培养人才模式将被逐渐淘汰。从近几年情况看，大学生参加社会实践的积极性逐年增加。他们渴望更深入地认识社会，渴望更全面地检验和提高自己。他们已经不满足于“指令式”“齐步走式”的社会实践活动，他们需要更广阔的时空条件，想不断找准自己现实的位置和未来的发展方向。因此，只有使社会实践的形式更具有多样性，才能满足学生个体成长的这种要求。①

---

① 王建伟. 大学生社会实践发展趋势探析［J］. 中国高教研究，1999（6）：42－44.

二、大学生社会实践综合保障机制的现状

近年来，大学生社会实践活动的形式和内容得到空前发展：社会调查、挂职锻炼、创业实践、科技发明、“红色之旅”参观考察等；特别是以文化、科技、卫生“三下乡”和科教、文体、法律、卫生“四进社区”以及“三进三同”活动为品牌项目，活动形式的时代特色越来越鲜明，内容更加突出了“三贴近”的要求，已经成为新形势下大学生参加社会实践综合保障的有效载体。

（一）创新实践平台、社会实践基地的综合应用

随着我国社会主义市场经济体制的发展，创新创业对经济发展的作用越来越受到国家的重视，各地开始重视建立创新创业教育基地，不断加强和培养大学生的创业意识与创业能力。加强和搭建社会实践教学平台与社会实践基地是培养创新能力的基础，没有到社会上和企业里的社会实践教学活动就谈不上学以致用，也就谈不上创新，更谈不上为社会服务。在“双创时代”，将相关创新实践平台、社会实践基地应用到大学生社会实践学习中是时代发展趋势，也是社会实践教育的创新与转型。

1. 实践平台与基地是社会实践规范化的前提

要搞好社会实践，靠打游击的方式是不行的。这是因为我们现在说的社会实践不同于20世纪70年代以前的参加社会劳动，当时主要是参加体力劳动，现在是旨在使学生受到全面锻炼，融脑力劳动和体力劳动为一体的综合型实践活动。由于参加社会实践的对象是受高等教育的专业人才，这种综合型的实践活动，从教育培养人才和为社会服务两个角度讲，都应该有较高的科技含量。这样才能提高大学生社会实践的档次，才能使学生在社会学习的过程中服务社会。为了使大学生社会实践有相对稳定的对象，有相对适宜的内容以及相对应的检验标准，就必须有相对稳固的社会实践平台与基地。这种平台和基地平时能和学校保持多渠道的联系，社会实践活动展开时为学生提供必要的场地、设备和内容。从某种意义上说，它是扩大了的社会化的“实验室”。实践告诉我们，只有建立了必需的、稳固的社会实践基地，大学生社会实践才能走上相对规范化的轨道。

2. 实践平台与基地是社会实践科学化的载体

怎样才能使学习理论知识与服务社会高度统一起来？这就是社会实践科学化要解决的首要问题。统一必须有一个客观的物质条件，必须有一个保证双向多边活动得以展开和深入的载体。这个物质条件（或曰“载体”），就是社会实践基地。学生在基地中或“窥一斑而知全豹”认识社会，或“解剖麻雀”研究社会，或用学到的知识解决一两个实际问题，或从社会的需求

中认识自己的不足。简言之，学生在这些基地中受到多方位、多角度的锻炼，从而为全面发展提供动力。此外，一个单位如果能成为大学生社会实践活动基地，那么就等于同高校建立了更加直接的联系。他们在实际工作中遇到的许多问题，可以借助高校的许多优势加以解决。一方面，基地的建立促进了大学生社会实践的深入；另一方面，大学生社会实践的深入又促进了基地许多问题的解决。这就形成了双向互利的良性循环。

3. 实践平台与基地是社会实践社会化的媒介

用“社会化”是为了说明三个意思：一是社会实践已日益从学校的单向行为转变为和社会多角多边的互动行为。二是社会实践已日益从领导的意愿转变为学生的内在要求。三是社会实践已日益从政治活动转变到经济、科技活动领域。这些转变实际上加速了大学生社会化的过程。同时，大学生社会化过程加快本身，还包含着学生个体多样化发展的趋势。这样就出现一个问题：社会实践基地应该是以点为主、诸点相连的一种网络。也就是说，大学生社会实践活动的深入又反过来要求这一活动的社会化程度也必须越高。正是从这个意义上说，基地是社会实践社会化的媒介。

（二）志愿服务与社会工作相结合的新模式

我国高校志愿服务起步较晚，但发展很快，志愿队伍不断扩大，所发挥的作用越来越重要，高校青年学生已经是志愿者队伍中活动最积极、影响最广泛的一个群体。一方面，由于志愿服务存在显著的对弱势群体的扶助功能、对青年自身的教育功能、对社会发展的人文功能以及对人民群众的凝聚功能，各高校对学生的志愿服务工作越来越重视；另一方面，由于高校的志愿服务在组织制度和运行机制方面的局限性，志愿服务的文化建设与管理水平尚处于低位阶段，志愿服务缺乏专业性与持久性。

在此形势之下，高校志愿服务模式亟待转型。而采用“社工＋志愿者”联动工作模式，由社工介入指导高校志愿服务，正是提升高校志愿服务品质的新模式。社工介入包括社工方法介入和社工理念介入。社工方法介入高校志愿服务是指在高校志愿服务开展之前，社工介入指导，教授志愿者专业社会工作的方法和技巧，帮助志愿者准确判断社区居民的需求，运用专业知识策划和设计服务方案，协助社区志愿者执行方案，并评估成效；社工理念介入是指高校志愿者在培训、服务开展的过程中将社工的价值理念带入到志愿服务的实践中。[①]

---

① 汪彩霞，刘思博，朱莉玲，等.“社工＋志愿者”技能人才教育模式探索：以广东青年职业学院社工专业办学特色为例［J］. 广东青年干部学院学报，2011（2）：8－12.

由于受到中国经济体制的影响，社会工作与高校志愿服务的管理协调受到制约。首先，社会工作归属国家民政部管理，志愿服务归属共青团中央管理，相应的高校志愿服务工作由各高校共青团部门组织实施，部门与机构的分割加深了两者管理的分离，两者之间缺少高屋建瓴的合作发展规划。其次，由于管理体制的掣肘，社会工作与志愿服务的合作缺少信息分享平台，社工组织无法及时查询与服务项目需要相匹配的志愿者组织信息，高校志愿者组织也难以根据服务内容寻找适合的社工组织获取支持，两者的资源特别是高校志愿者的人力资源和社工组织的技术资源无法得到共享。[①] 近几年，党和政府鼓励“社工 + 志愿者”服务模式，各个地方也出台多种制度，采取多种措施鼓励社工与志愿者的积极合作，高校志愿服务管理者认识到社工的专业优势可与高校志愿服务形成优势互补、良性互动的志愿服务模式新格局，因此，许多高校的志愿服务开始尝试与社会团体、社区机构合作，探索“社工 + 志愿者”的高校志愿服务新模式。

提升高校志愿服务品质不仅需要志愿者的广泛参与，还需要社工的专业力量。高校志愿服务模式实行社工与志愿者联动，可以有效整合资源，发扬青年志愿者的引领精神和发挥社会工作者的专业优势，形成社工与志愿者“优势互补，良性互动”的工作新局面，有利于社工理念、志愿服务精神深入大学生内心，也有利于青年人的成长成才。

第二节 大学生社会实践教学机制的构建

随着经济全球化的推进和发展，大学生的创新能力和创新人才的培养已成为社会普遍关注的一个热点。按照教育部对新时期人才培养目标的具体要求，创新精神和实践能力的培养是新时期高等院校人才培养目标的核心。社会实践正是培养学生创新精神和实践能力的有效形式。在社会实践过程中，人的各方面素质，尤其是创新精神和能力会得到充分的发挥和展示，同时又使人的素质得到改造和提高。各地高校在转变观念的基础上进一步探索深化教学改革，充分认识到课程改革与设置是培养创新能力的关键。因此，重视大学生的社会实践活动，积极搭建平台、优化课程设置，完善管理机制，构建学校实践训练模块，培养学生的实践应用和创新能力是当务之急。

---

① 谭建光. 中国社工与志愿者合作的模式［J］. 广东青年职业学院学报，2011（4）：12－18.

一、大学生社会实践教学保障机制

党的十八大报告指出，要进一步深化教育领域综合改革，着力提高教育质量，培养学生社会责任感、创新精神和实践能力。社会实践是大学生思想政治教育的重要环节，对于促进大学生了解国情、奉献社会、锻炼能力、培养品格、增强社会责任感具有不可替代的作用。但是，面对我国经济社会快速发展的新形势、新变化、新特点，大学生社会实践还存在诸如实践的方式不多、长效的运行机制尚未建立等问题，进一步改进和完善大学生社会实践的组织管理与运行机制，是充分发挥大学生社会实践育人功能的应有之义。

（一）社会实践指导机制

现代社会要求大学生不仅要有厚实的理论知识基础，而且还要具有较强的实际工作能力，用人单位也更为关注学生的社会实践能力。而大学生社会实践活动正是解决理论脱离实际、知识远离生活等问题的有效途径。大学生参加社会实践活动的过程，即是知识与社会实际互动的过程，是大学生形成知识与技能，丰富情感、培养个性的过程。高校有关部门和领导应重视大学生社会实践指导体系的创新发展，建立和完善指挥有力、分工明确、实施得力的多方位社会实践教学指导体系。①

1. 学校方面

要设置专门的由学校分管领导在内、有关负责部门组成的大学生社会实践领导机构，加强高校社会实践的对内组织指导和对外联络沟通，建立科学的管理制度，保证社会实践的指导思想、规划等步骤的有序进行。要使社会实践活动深入、持久、广泛和有效地开展，逐步实现“大众实践”，确保全员参与，必须投放更多的实践经费。解决社会实践活动的经费问题，不能单纯依靠高校一方的努力，要从多方面寻求支持，并使实践活动注重实效，服务社会，才能多渠道筹措活动经费，确保社会实践活动的各项任务保质保量地完成。

2. 院系方面

社会实践形成专业化的教学实践活动是培养和造就创新人才的最直接、有效的途径，是直接激发大学生解决生产实际问题，产生创新欲望的爆发点。专业化教学模式的社会实践活动，是培养大学生创新思维和创新能力的落脚点。发挥院系的专业优势，整合社会资源，根据专业特色建立长期稳固

---

① 倪福全，李昌文，等．大学生社会实践教程［M］．北京：中国水利水电出版社，2011：1.

的实践基地，成立由领导和团组织负责人、指导教师组成的社会实践领导小组，成立由指导教师、团队领队、团队各分队长组成的实施指导组，定期召开工作协调会，统筹学生社会实践指导工作，充分考虑不同院系学生自身特点，构建实践指导体系，采取“全程实践—全员参与—竞赛选题—培育辅导—立项选拔—专业辅导—规范开展”的工作思路，全面拓展学生参与社会实践的形式。

（二）社会实践运行机制

1. 构建“两化”运行机制

（1）基地化。

社会实践基地是深入开展社会实践并能取得实效的重要基础，也是建立大学生社会实践长效机制的重要环节。实践基地是大学生社会实践活动运行的重要依托。社会实践只有与专业教育相结合，才能避虚就实，使学生通过系统的实践活动提高专业技能，拓宽知识面，完善知识结构。同时，发挥高校科研和服务的优势，帮助地方解决实际问题，也有利于高校获得来自社会的最新信息，促进教育、教学改革。要充分发挥大学生社会实践活动的育人功能，就必须根据高校的专业特色建立一批长期稳固的社会实践基地，为大学生社会实践活动的经常化、制度化、有效化运行提供基本的保证。

新时期大学生社会实践工作要有成效，必须整合各种资源，夯实基地建设；需要改变传统观念，积极引入市场竞争机制，多渠道宣传社会实践活动的重要意义，努力寻求地方政府和社会的认可和支持。同时，主动与城市社区、乡村城镇、爱国主义教育基地、企事业单位、部队、社会服务机构加强联系，本着“双向受益、互利互惠、共同发展”的原则，从地方建设发展的实际需求和大学生锻炼成长的需要出发，建立各种形式的社会实践基地，明确学校和地方企事业单位在基地建设和运作中所承担的责任和义务。

社会实践将学生与社区双方的需要紧密结合，具有鲜明的平等双赢性，双方是一种平等、互惠的关系。没有社会实践基地就没有社会实践的稳定性，没有社会实践的稳定性就没有社会实践的长期性。除了政府建立的学生社会实践基地外，高校通过校企合作与地方共建等多种形式建立稳定的校外实践基地，为学生成才提供良好的实践机会和条件。通过社会实践基地建设，为学校教学工作形成长期的阵地依托，积极发挥社会实践的桥梁作用，把学校的科技教育的人才资源进一步动员起来，与地方的发展需要结合起来，探索实现社会实践基地与生产实习基地、创新创业基地、就业基地一体化路子。

（2）课程化。

社会实践实现了实践与学术课程的融合，使实践成为学术课程学习的另一途径，而不是外在于学术课程的、单纯的社会服务。在实施社会实践的过程中，可以使其与一门学科的标准相联系或与多门学科的标准相联系，或在超越学科界限的综合课题中运用。借鉴服务学习理念，社会实践应是一门特殊的课程，是学校与社会两个课堂、教师与群众两类老师、书本与实践两种教材的有机结合。社会实践要把有组织、有目的、有要求、有考核的系列实践教育活动，与思想政治理论课相结合，与专业课程相结合。

为确保其正常运行，必须有完整的课程实施体系和一支相对稳定的校内外专兼职相结合的教师队伍，以促进社会实践课程化建设的合理、高效开展。大学生社会实践课程化就是要把社会实践纳入学校教学计划，规定学时学分，对大学生参加社会实践提出时间和任务要求。高校可采取“分类教学、统一指导、个别考核、集中管理”的方式，组织大学生社会实践课程的教学，如专业技能发展型社会实践由各教学系（部）根据理论教学的需要组织开展；养成型社会实践、服务型社会实践则可根据思想政治理论课教学的需要而开展。大学生社会实践课程的教学过程应包括如下四个彼此独立而又相互联系的阶段：一是确定实践活动的主题阶段，二是制定实践活动的计划阶段，三是开展实践活动阶段，四是进行实践总结阶段。然而，为保障社会实践各个阶段的顺利进行，学校应采取如下措施。

首先，设立社会实践课程化建设管理机构。一是成立校级社会实践课程化建设领导小组，全面负责社会实践课程化建设，小组由学校主管领导牵头，相关部门负责人参加，在校团委设立学生社会实践工作办公室，具体负责筹备、宣传、团队立项考核、社会实践经费管理、评比考核等工作；二是成立社会实践专家指导委员会，由学校团委、教务处、学工处等部门负责同志以及相关领域的教师组成，负责社会实践团队立项答辩考核和成绩的最终审核。

其次，制定与之相适应的社会实践管理规定及考核办法。将社会实践课程内容、成绩要求等纳入教育教学总体规划和教学大纲，列入全校每个专业的教学计划中。构建递进式实践体系，即不同年级拟定不同主题。学生必须以组团的形式参加社会实践，该团队必须有教师随团指导，活动形式包括专题调研、服务贡献和就业见习等，学生必须在实践前通过专家指导委员会的立项答辩，实践结束后形成个人实践成果作品。社会实践的考核分为立项考核和成绩考核两个阶段。立项考核阶段主要考核实践团队的筹备情况，确定该团队是否可以立项。成绩考核阶段主要考核学生的实际实践情况（包括活动表现和实践成果），确定该学生的成绩。专家指导委员会综合考虑指导教师鉴定意见、专业教师评审意见和实践地接收单位反馈意见，确定社会实践优秀学生名单予以表彰，并由学校团委将学生的成绩记入社会实践登记表。

最后，完善社会实践课程化的配套措施。教师随团指导学生社会实践的，把社会实践指导教师工作量纳入教师的社会服务工作职责，作为教师考核的依据和内容，与奖教金、职称评定等挂钩。鼓励所有参加社会实践的学生进一步完善实践成果作品，积极参加上级团委组织的社会实践相关评比活动。

2. 构建“四结合”运行机制

高校在指导大学生进行社会实践的过程中，要逐步形成“四结合”的运行机制，即社会实践与思想政治教育相结合，社会实践与专业学习相结合，社会实践与服务社会相结合，社会实践与就业创业相结合。“四结合”是大学生社会实践的灵魂和核心，它指明了社会实践实施和发展的方向。

（1）社会实践与思想政治教育相结合。

社会实践是思想政治教育的有效途径，来自社会实践的教育，其深刻性、丰富性、持久性是校内教育所无法替代的。学校要把社会实践与思想政治教育的目标任务紧密结合，与“两课”教学融会贯通，精心组织社会实践。要结合不同层次学生的思想特点，结合思想政治理论课不同的内容和进度，结合形势的发展和变化，使社会实践教育与学生的思想状况相适应，与思想政治理论课的教学相适应，与培养人才的方向相适应。

社会实践是造就建设未来社会主义事业的组织者和领导者的最好温床，使他们提前接触社会，了解社会需要什么样的人才之后必会把这种需求转化到自身的行动中去，努力提高自己的综合素质，向社会的需求靠拢。社会实践为大学生提供了接触社会、体察民情的机会，使他们在日常实践过程中认识自我、改造自我，树立正确世界观、人生观和价值观。

（2）社会实践与专业学习相结合。

大学教育的目的，是为社会“生产”有用之才，是以社会需要为前提的；而开展社会实践活动，则是大学生认识社会、开阔视野、磨炼意志、拓展素质和锻炼能力的良好契机。大学专业学习及素质拓展的目的也是使大学生能够对自己的大学生活进行合理的规划，以便把自己培养成适应社会发展的有用之才。因此社会实践与大学专业学习及素质拓展的目的还是一致的，我们有必要将大学生生涯设计及素质拓展与社会实践挂钩。①

学校在组织社会实践活动中，在选择活动项目、确定活动的具体内容时

① 陈曦，石新明. 明确工作思路 探索长效机制 推进大学生社会实践持续深入发展［J］. 思想教育研究，2008（4）：41－43.

要注意结合学生的专业特点，开展专业实践活动，使学生能学以致用，将课本知识应用到实践中，在服务社会、服务他人的过程中巩固专业知识，加深对专业理论知识的理解与掌握。

（3）社会实践与服务社会相结合。

社会实践为大学生志愿者提供了接触社会、锻炼自我的舞台，也为大学生志愿者提供了义务奉献的机会；参加社会实践的同学实质是走出校园的大学生青年志愿者，在义务服务上青年志愿者与社会实践的志愿者两者是相通的。因而，社会实践要积极走出去，走出校园，与服务社会相结合，构建社会—校园一体的青年志愿者服务体系。在此意义上，社会实践为高校大学生青年志愿者的发展提供了很好的平台，高校大学生青年志愿者完全可以依托社会实践的舞台尽情发挥自己的作用。

高校具有科技优势，大学生拥有专业知识。学校在开展社会实践活动时应注意突出专业特点和自身优势，倡导学生充分发挥专业特长，切实为地方做贡献、办实事，开展大学生科技服务、文化服务、卫生服务等活动。通过社会实践，大学生可以为当地提供一些专业上的决策参考和咨询，帮助解决一些生产和管理中亟须处理的技术难题；举办各类技术、管理知识培训班，提高干部、工人、农民的技术水平和业务素质；普及环保知识，促进生态环境的优化等。①

（4）社会实践与就业创业相结合。

当今社会，经济发展为第一要务，大学生社会实践也要为地方经济发展贡献力量。科学技术是第一生产力，大学本身就是一个科学研究氛围很浓的地方，作为社会主义接班人的大学生本来就是未来科技创造的主体。如果将大学生的科技创造和地方经济发展相结合，则必将促进大学生科技创新的积极性，也为地方经济的发展带来更强的后劲；地方经济的发展还可以反过来支持大学生的科技创新，两者互利互惠、共同进步。

学校要利用自身的社会资源，有计划、有意识地开辟学生专业实践场所，和企事业单位建立良好的关系，按照“双向受益、互惠互利”的原则，建立一些稳定的专业实践基地，保持长期的合作关系。在假期选派学生去用人单位实习，使用人单位和学生之间能够近距离认识和了解，促进实践单位与学生之间的互动，为学生的就业选择开辟一条道路。学校也要鼓励学生积极参加“挑战杯”大学生创业计划竞赛，规范和促进大学生科技成果转化，鼓励大学生利用假期开展创业实践，提高创业技能。

---

① 刘建佳．大学生社会实践教育体系的构建与探索［J］．纺织服装教育：2009（4）：55－57.

（三）社会实践教学机制

1. 课堂实践教学

《关于进一步加强和改进大学生社会实践的意见》明确指出："要把社会实践纳入学校教学计划，规定学时学分，对大学生参加社会实践提出时间和任务要求。要把大学生社会实践作为对高等学校办学质量和水平评估考核的重要指标，纳入高等学校党的建设和教育教学评估体系。"①

（1）把社会实践提升为必修课程，纳入教学计划。

高等院校要深刻认识到大学生社会实践活动是学校实践教育的重要内容，是深化和检验学校课堂教学效果的有效途径，是培养高素质创新人才的必要环节，是直接为社会服务、展示青年才华的广阔舞台。因此，必须把社会实践活动纳入到学校正规教学计划，把社会实践经费纳入到人才培养成本，把大学生参加社会实践纳入到必修课之中，并且要占一定的学分，对大学生参加社会实践活动制订严密科学的教学实践计划，提出相应的教学大纲要求，明确时间、任务、目的和要求，积极探索大学生参加社会实践实行"学分化"的工作思路。目前，已有一些学校开始探索"学分化"的教学思路，并取得了较好的效果。学校还应规定社会实践不修到一定学分，学生将不能毕业。社会实践课分数进入学生成绩单，不仅促进了学校思想政治理论课和专业课的教学改革，而且还调动了教师和学生参与、创造教育的积极性，起到了真正培养创新人才的作用。②

（2）针对不同对象制订不同的教学计划。

在课程设计上，按大学生所在不同年级侧重相应的教育内容开展活动，要具有针对性。即以一年级学生为第一层次，着重理想信念教育，灌输社会实践意识，开展以社会调查、参观访问等为主要形式的社会实践；以二年级为第二层次，强调社会责任意识教育，以组织大学生挂职锻炼、社会服务等为主要内容；第三层次是三年级以上的学生，结合其专业与就业意向，以专业能力与综合能力发展为主，培养服务社会意识和成才意识，深入实际，服务社会，完善知识结构和能力结构，树立目标，明确今后努力方向。

2. 校园实践学习

在学校内部完成的实践教学环节，即"校内实践教学"，依托学校或学生组织，开展社会实践教育活动。作为大学生社会实践教学体系的一部分，

---

① 中央宣传部，中央文明办，共青团中央，等. 关于进一步加强和改进大学生社会实践的意见［Z］. 2005－02－01.

② 张军. 搭建社会实践教育平台 促进大学生创新人才的培养［J］. 思想政治教育研究，2008（5）：114－116.

校内实践教学环节旨在培养学生的能力、端正心态、完善个性、陶冶情操、提升素质等。

校内的实践教学活动主要通过实验室、课堂、校内各类竞赛活动、勤工助学、校企合作联合培养的途径来完成实践教学任务，如教师可以组织学生制作幻灯片进行课程设计，学生在教师指导下开展各类竞赛活动，在学校相关部门提供的岗位上开展实践活动等。

在“双创时代”可通过如下三个创新实践平台进行校园实践的创新教学，以取得更好的教学效果。

（1）课内实验教学平台。

这一平台结合课程特点，采取课程设计或课程实验形式，综合实验与课程。实践动手能力的提高是培养和提高学生素质教育的必经之路，让学生充分理解上课所学的理论知识，在理解理论知识的同时联系现实环境完成课程创新项目，能打开学生探索和创新的大门。

（2）学科竞赛平台。

在这一平台的创新实践对学有余力的学生提出了更高的要求，多样化学科竞赛是联系课程教学与实践创新的重要纽带，把专业课的理论和实践教学以及科技竞赛、科技创新活动紧密结合起来，将课堂延伸，是提高学生能力的重要载体，是培养创新型人才的有效途径。

（3）科技学术创新活动平台。

积极引导学生参与科技创新实践活动，为学生创新实践提供交流平台，培养学生的创新意识，激发学生创新激情。大学的科研对培养学生至关重要，没有科研实践，不可能培养创新人才。科研训练可以激发学生成才的欲望和创造的热情，鼓励优秀的学生脱颖而出，同时也培养学生科学研究的团队精神、科研方法和追求真理的科学精神。进一步拓展课外学习团体，把科技实践活动品牌做强、做精，拓宽学术讲座的层次与范围，引导学生结合自己所学专业积极参与社会活动中。吸引更多的同学参与实践创新活动，营造良好的创新实践氛围。①

3. *校外实践活动*

（1）组织假期社会实践活动。

在学校学习之余，大学生可在假期参与社会实践活动。学校应把大学生社会实践与思想政治理论教学实践结合起来，鼓励思想政治理论课教师利用假期集中带队进行社会实践。科技、卫生、文化“三下乡”活动，科教、文

---

① 王忠华，李晓锋．高校大学生创新实践平台建设初探［J］．中国电力教育，2012（26）：25－29.

体、法律、卫生“四进社区”活动等日渐成熟，形式更加丰富，如假期实习、社会调查、生产劳动、志愿活动等，为大学生参与社会实践提供了渠道和平台，将课堂知识延伸拓展到社会，让学生既了解书本知识、理论，也了解生产实践的全过程，做到理论贴近实际，学习和生产劳动相结合。

同时，社会实践强调在服务前、中、后都进行反思与评价，具有独特的系统性。社会实践全程化的途径包括：其一就是要倡导全员参与，确保广大同学全面参与社会实践活动。其二就是全面考核、教师指导、全程监控。把参加暑期社会实践活动作为学生评奖、评优、就业推荐的必备条件，并实行一票否决制和重修制；积极推动专业教师参与社会实践，指导教师根据课程教学的需要，对学生的结对实践进行全程监控、全程指导、全方位帮助。其三是反思评价、总结提高。明确阶段性和终结性评价标准，定期对活动情况进行反思、总结、评价，形成由教师与结对双方共同参与的效果评价机制。

（2）搭建社会实践基地，实现校内外联动。

社会实践的开展，要保证校内活动和校外活动相结合。学生多参加校外实践活动，可以增长见识，开阔视野，为他们日后走上社会奠定基础。学校要积极与社会企业建立合作关系，重点投入建立更多与专业相关的教学实践基地，增加社会实践教学时间，构建“大平台 + 专业特色 + 实践训练 + 准就业模块化”的教学课程体系，培养学生可持续发展的创新能力。同时，高校要建立多元化实践教学体系，培养学生的实践应用能力。

社会实践基地为大学生服务社会提供了一个平台。作为一个固定场所，它可以有力地提升社会实践服务社会的深度和广度，可以更好地了解服务需求、拓宽服务领域、创新服务形式，努力构建社会化服务体系。通过这样一个平台，学校可以更好地组织大学生主动投身社会、服务地方经济建设，在服务中培养开放意识和竞争意识，努力实现教育与服务形式的有机结合。

（四）社会实践评价机制

社会实践强调在服务前、中、后安排充分时间进行反思与评价，具有独特的系统性。因此，大学生社会实践应在不同阶段有不同的反思和评价活动，实践前强调对实践目的、服务对象、自身角色等进行了解、思考和认识；实践中注重亲身实践，发现问题、解决问题；实践后强调通过个人总结、小组讨论、研究报告、体会论文等形式，对实践服务过程进行批判性反思，重构自身知识体系。评价除了全面考评、肯定学生的成绩之外，还会特别指出学生的不足。这就将系统的反思与评价贯穿于社会实践全过程，形成学习、实践、反思、再学习、再实践的有效封闭链。

评价是教育发展的重要手段，也是被评价者不断认识自我、发展自我、完善自我的重要途径。开展合理而有效的评价是增强大学生社会实践实效性的重要手段，对于提高实践效果，改进实践方式，促进高校教育教学改革和丰富人才培养模式具有重大的理论和实践意义。

科学合理的评价机制，不仅可以调动大学生参与社会实践的主动性和积极性，也可以调动专业教师、辅导员指导社会实践的主动性和积极性。一方面，高校要通过全方位、多角度的考核，科学认定师生参与社会实践活动的质量和效果，比如到实践基地去实地了解、召开返校后总结交流会等，通过“三比一评”即比成绩、比亮点、比体会和师生互评，获取对每支实践服务队及其队员较为客观公正的认识。评价除了肯定学生的成绩，还要善于指出学生的不足，以促使学生逐步形成学习、实践、反思、再学习、再实践的良性发展过程。另一方面，高校要采取相应的激励措施，比如综合测评社会实践所占分量，以奖学金奖励优秀的社会实践团队及学生，参加社会实践和学分的互换，专业教师和辅导员指导社会实践工作量的核算以及后续的总结表彰，等等。对表现突出的指导教师，高校和地方政府进行褒奖，新闻媒体加以宣传，对他们的工作给予物质和精神上的全面鼓励，充分调动教师参与社会实践的积极性。① 因而，通过构建过程性的评价体系，可以使广大师生在整个实践过程中的主观能动性得以充分发挥，并使得追求社会实践活动效能逐步内化为高校师生的自觉行为。

对个体不同侧面的评价，都有其适合的评价方式，大学生社会实践评价体系的建立，应综合运用各种评价方式，使形成性评价与终结性评价相结合，动态评价与静态评价相结合，定性评价与定量评价相结合，教师评价与自我评价、相互评价相结合。通过综合评价，最大限度地反映出实践活动的真实情况，给予正确的评价认可，体现严肃性与科学性。②

大学生社会实践是一项人才培养模式改革的探索，也是一项广泛渗透和影响到不同学科、不同教育环节之中的系统工程。学生不仅属于学校，更属于社会。在特定的社会与文化环境中，学生个体通过社会的交互作用，发展自己的社会性，成为能够履行社会角色行为的社会人，并在不断地开拓创新中健康成长。大学生社会实践在教育的社会化中承担着重要的媒介作用，只有通过科学的评价，实事求是地制订出切实可行的实践方案和实践规范，建立以评价为中心的大学生社会实践管理体制和社会实践质量监控体系，才能真正提高实践育人、社会育人的效果。

---

① 陈爱民. 论大学生社会实践激励机制的构建［J］. 广西社会科学，2012（3）：180.

② 江卫平. 科学商店：大学生创新能力培养的新模式［J］. 思想理论教育（上半月综合版），2010（12）：80－82.

二、大学生社会实践教学师资保障机制

教师以传道、受业、解惑为重任，是贯穿大学教育中的关键因素。但在当前教育体系中，教学师资保障机制仍不完善，指导教师队伍人员不足。关心、支持和指导学生课外科技创新活动的教师队伍尚不完备，教师教学、科研负担越来越重，很难有足够的精力指导大学生的科技创新活动。同时，学校在指导创新实践活动中对教师的激励机制也不够完善，不能有效调动教师指导创新实践教育的积极性。很多院校没有专门的管理机构，对大学生创新工作缺乏有效的评价。因而，大学生社会实践教学师资保障机制的建设必不可少。这项机制的建设包括教学任务机制与师资培养机制。

（一）教学任务机制

社会实践在创新实践教育中起着至关重要的作用。学生把从课本上学习到的理论知识融汇到现实生活中，将理论和实践相结合，这种转化使得应试教育中的以课本理论为主的教育方式转变为注重理论和现实的融合，提升了学生利用知识解决实际问题的能力。学生从实践中来，到实践中去，他们的兴趣和积极性会大大提高，学生进而发挥巨大的想象力，敢于创新。加强社会实践是提高素质教育的有效途径。这要求教师在教学过程中要鼓励学生发散思维、大胆想象、努力证实。学生到企业中见习，充分了解书本与现实的差距，尝试把理论知识转换为可用的技术，这样的学习过程既充满乐趣又富有挑战，能够很大程度地调动学生学习的积极性。

实施创新实践教学是以“创新”和“实践”为原则制订教学计划、完善教学内容、组织教学过程、选择教学方法并全面实施的全过程。制订教学计划需要转变教师的教学观和学生的学习观，使教学的主体地位由教师转变为学生，使学生成为课堂教学的主角，由“要我学”转变为“我要学”。完善教学内容要求教师在传授知识的过程中不仅要注重课本上知识的浅表性含义，更要注重知识的深层含义。因为深藏其中的隐性知识更容易激发学生的钻研性和创造性，能够使学生通过体验、查找、自省、钻研得到更多书本以外的知识，这样的循序渐进更能促进创新人才的培育。组织教学过程要求教师在教学中注重培养学生的创造性思维，要善于营造宽松、愉悦的教学环境，促使学生大胆地发现问题、提出问题和解决问题。选择行之有效的教学方法也是创新实践教育的关键。现在流行的创新教学法有情感教学法、发现式、讨论式、疑问式、案例式等。

一方面，学校要大力推进校园文化建设，将新的教学理念融入校园文化之中，多方宣扬，形成良好的文化氛围。这样既有利于大学生在成长中做出正确

的选择，也有利于大学生个性的形成与发展。另一方面，学校要整合资源，夯实基础，加强大学生社会实践基地的建设，推进实践教育的物质建设。大学生社会实践基地是顺利开展社会实践活动的基本保障和重要载体。学校要多渠道宣传社会实践活动的重要意义，努力寻求地方政府和社会的认可和支持。力争每个学校、每个院系、每个专业都有相对固定的基地，并长期坚持。

（二）师资培养机制

学校要根据实践教学的长远规划与目标，加强师资队伍的建设，对现有的教师队伍要进行培训，增强实践能力。同时，对实践性很强的课程，学校可以实行“双师型”教师准入制度，鼓励校企合作，吸引社会实践经验丰富的专家、工程师参与学校的实践教学。高校应优化整合教学资源和师资力量，要求专业课教师具备一定的社会实践经历才有资格走上讲台，让教师首先成为“工程师”，有企业生产的经历和知识，这样才能更好地提高授课效果。目前也有一些高校开始实施讲师工程师化。另外，让企业生产技术人员走上大学讲坛，也是扩大和优化教学资源的一个最有效的方式。创立校内外、课堂内外融会贯通的“多维课堂联动”的新型教学模式，把学术讲坛、学生工作室、第二课堂、科技竞赛联为一体，实现学校课堂与社会课堂互动，课内教学与课外训练互补，理论学习和实践活动相结合，以“双向教学”“双向交流”等为手段，构成多维教学空间，推动创新人才在开放性教学实践中脱颖而出。[①]

学校应提高教师对大学生社会实践教育的重视，教师应该改变其只重理论教学的理念，建立理论教育与实践教育相融合“两手抓两手都要硬”的新教学理念。也就是说，教师应充分意识到大学生实践教育的重要性，给予更多关注，而非简单地流于形式。此时，教学的目的不再仅仅局限于传授理论知识，而要着眼于理论知识与实践相结合，提高大学生的实际动手能力和社会化水平，使大学生逐渐锻炼成独立成熟的社会人。

第三节　大学生社会实践的综合保障

社会实践是以学生为主体的、有目的的教育活动。它包含着思想政治、时事政策、自然科学、社会科学、人文科学、行政管理等诸方面的内容，一

---

① 赵鑫，张传辉，刘彦．实践育人［M］．哈尔滨：东北林业大学出版社，2006：42－45．

般包括社会调查、生产劳动、科技咨询、文化服务、军事训练、勤工俭学、社区援助、挂职锻炼、志愿者行动等形式。学生在掌握知识与确立信念的过程中，必须有一定的社会实践活动作为中介的过渡环节，在将一定的信念转化为行为的过程中，也必须有一定的社会实践活动作为中介。社会实践活动对于世界观、人生观、价值观正在形成的青年学生起到至关重要的作用。社会实践对于大学生的成长必不可少。因而，大学生的社会实践教育需要引起广泛关注，需要建设起大学生社会实践保障体系以促进其发展。

一、大学生社会实践保障体系

社会实践活动作为高校一门特殊的教育课程，是大学生进入社会岗位前自我锻炼的重要途径。为此，应着力构建科学、健全的社会实践活动保障机制，以确保社会实践活动的顺利开展，适应人才培养的要求。大学生社会实践的综合保障是指相关部门及社会大众为保障大学生社会实践的顺利进行并取得预期效果而采取的一系列有关措施，包括认识保障、社会实践能力保障体系、组织保障、物质保障、激励制度保障等。

（一）认识保障

学生自主学习和创新意识不强，应试教育影响根深蒂固，我国教育方式的转变不是一朝一夕之事。教师的教学大纲通常局限于应试内容而忽略了对学生创新意识的培养。虽然国家一直提倡从应试教育向素质教育转变，但目前课堂教学还是没有完全脱离书本的约束。学生多为被动学习与知识型学习，较少参与研究型学习，这导致学生不同程度地存在自主学习意识和创新意识不强的问题。当前学生参与课外非学术活动的人数多，而参加科技创新实践活动的人数相对偏少。学生有创新的激情，但钻研精神不足、毅力不够。许多学生参加科技创新活动时热情很高，但对困难的估计不足，在科研过程中容易出现虎头蛇尾、半途而废的情况，往往活动开始时人数很多，但能坚持下去的少；部分同学急功近利、不愿锲而不舍地潜心研究。

从大学生自身来说，作为新时代的大学生，面对着社会现实带来的压力与挑战，仅学好专业知识显然已经不够，学生开始认识到社会实践的重要性。在学校的引导下，大学生在学好专业课之余，扩大阅读范围，多了解新事物的发展方向，在丰富自身知识的同时，主动通过适当的途径提高对社会实践的认识，培养对社会实践工作的兴趣，并以正确的态度面对实践活动，在社会实践中不断找准自己现实的位置和未来的发展方向。

同时，大学生开展社会实践活动需要来自各方面的支持与帮助，这需要各方面提高对大学生社会实践活动的认识来保障大学生社会实践活动的开展，其中包括各级党委和地方政府要提高对大学生社会实践的认识，还包括社会、学校以及学生本身都要提高对大学生社会实践活动的认识，以保障大学生社会实践活动的顺利开展与进行。

（二）社会实践能力保障

大学生要开展社会实践活动，必须要在社会实践能力上达到参与实践应有的水准，要有完成实践能力的保障，必须在实践前做好知识、技术的准备工作，并不断学习提升，具备专业知识，做好咨询、调研的工作准备。大学生应转变自身思想观念，由过去的“学校安排实践”变成“我要参加社会实践”，形成在实践中学习，在实践中培养才干的一种风气。要调动大学生参加社会实践的积极性，必须树立大学生的四种意识。一是主动开展社会调研的意识，大学生要了解社会、企业、专业前沿知识，掌握企业课题攻关信息等。二是运用知识的意识，大学生要能把自己的知识应用到生产实践中去。三是与教师、企业互相交流的意识。大学生只有经过反复的充分讨论、论证，才能找准自己攻关的课题，使自己的实践课题立得住脚，为企业解决一些生产中的关键问题。四是树立一专多能的意识，大学生要确立自己社会实践的主攻方向，尽量在某一方面有深入的钻研。要善于学习，向书本学习、向社会学习，同时要提高自己的协调沟通及合作能力，在导师的指导和企业多方面的帮助下，拿出自己的科技成果来，提升自己的创新能力，使自己成为有用之才。

（三）组织保障

一套完整的组织保障是大学生社会实践顺利展开的前提。高校组织大学生开展社会实践是为了让大学生在社会实践的过程中更好地去领会书本上的知识，同时也能够给予大学生一个提前进入社会的机会，使大学生对社会有一个初步的理解和认识。但是，在这个过程中，大学生对社会的理解还处在一个初级的阶段，大学生能够看到社会上好的一面，同时他们也能够看到社会不好的一面，这就需要学校建立一套完整的组织体系来保障大学生社会实践的开展。学校可以组织教师指导学生开展社会实践活动，让他们能够对于社会形成一套正确的世界观、人生观和价值观，这样才能够达到大学生社会实践的目的。

（四）物质保障

社会实践的物质保障主要包括经费保障、服务器材保障、办公用品保障、宣传用品保障等，其中，最重要的是经费保障。大学生社会实践的开展虽然有多种形式，然而每种形式都需要实践经费来保障活动的顺利开展，有很多好的社会实践构想就因为没有资金作为保障而中途夭折。因此，学校必须设立专项资金来保障社会实践的基本开展需要，以满足参加实践师生的基本生活费用以及必需的实践花费，学校将社会实践专项资金列入经费预算，由各专业控制定额以保证经费的开销，从而保障大学生社会实践的开展。

同时，社会实践基地是大学生认识过程的物质中介，大学生社会实践是一种较高层次的学习和实践活动，是丰富大学生认识过程的重要环节。那么，大学生社会实践活动的开展必须借助一定的物质中介，必须有一个保证双向多边活动得以展开和深入的载体。社会实践基地就是这个物质中介或载体，它的中介作用具体表现在：首先，社会实践基地为大学生认识社会提供了一个窗口。通过这个窗口，大学生可以观察社会、了解社会，从而形成对社会的初步认识，为将来踏入社会做好准备。① 其次，社会实践基地为大学生研究社会开辟了一个渠道。通过社会实践基地，大学生可以透过社会现象发现社会问题，开展相应的分析研究工作，并通过研究提出一些解决实际问题的建议和方案，从而提高他们研究社会的能力。最后，社会实践基地为大学生服务社会提供了一个平台。社会实践基地作为一个固定的场所，可以有力地提升社会实践服务社会的广度和深度，可以更好地了解服务需求、拓宽服务领域、创新服务形式，努力构建社会化服务体系。通过这样一个平台，学校可以更好地组织大学生主动投身社会、服务地方经济建设、在服务中培养开放意识和竞争意识，努力实现教育与服务形式的有机结合。

学校应主动与地方各级政府、企事业单位取得联系，争取地方政府和各企事业单位把接受大学生社会实践作为自身的一项重要工作，集聚社会力量创造条件，建立相应的运作机制。尽最大可能为大学生创造宽松的社会实践环境，争取得到社会各方面的承认和赞同，乐意接受大学生进行社会实践活动。

（五）激励制度保障

完善的制度保障是大学生社会实践活动能够顺利进行的有力保障，有利于对整个社会实践工作进行宏观协调、规范管理。在大学生社会实践过程中建立完善的激励制度并将其分为考评与激励两种方式，可以对大学生社会实践起到量化的作用，可以科学地分析评比大学生社会实践的成果以及开展各种评奖活动，激励大学生开展社会实践。高校要保障大学生社会实践的质量，应针对社会实践活动制订相应的计划，把各种社会实践活动真正纳入教学体系，建立大学生社会实践档案，完善和规范社会评比制度，使大学生在

---

① 王松，邓迎迎，杨秀丽．大学生社会实践运行机制的研究与探索［J］．青少年研究，2006（6）：39－41．

日常的社会实践活动中做到有章可循、有制度可依。此外，高校应将大学生社会实践活动的成绩作为综合考评的重要组成部分，形成有效的奖励和激励机制，尽可能地调动大学生参与社会实践的积极性，保障社会实践持续有效地开展。

二、社会实践保障体系的建设

大学生社会实践是高等学校德育教育的重要内容，是保证大学生健康成长成才的重要途径，近些年来的社会实践使得当代青年学生在努力学习科学文化知识的同时也能摆正心态、正确定位，努力提高自身的综合素质，适应时代的需要，做一个对社会、对人民有用的人。健全的、完善的、制度化、规范化的社会实践保障制度，是把大学生社会实践深入、持久地开展下去的保障。健全大学生参加社会实践的保障制度，需要社会、学校以及大学生等各个方面的支持与完善。

（一）提高对大学生社会实践工作的认识

在大学生社会实践的过程中社会各个阶层应该重视大学生社会实践活动对高校教育体系的重要作用，全力支持大学生社会实践活动的开展。

1. 社会各界应提高对大学生社会实践活动的认识

各级党委和政府的全力支持是大学生社会实践活动取得成功的基本保障，要大力支持大学生社会实践活动，高度重视大学生社会实践活动的开展，为高校组织社会实践活动创造条件、提供便利，协助高校建立大学生社会实践基地、给予具体支持。地方各级政府要动员社会各方面支持大学生社会实践，制定社会各方面支持大学生社会实践的政策和具体办法，调动各方面的积极性，为大学生社会实践创造有利条件。各级党委要鼓励支持社会各方面接纳大学生社会实践，加强对大学生社会实践的宣传，深入宣传报道大学生社会实践，为大学生社会实践营造良好氛围。社会各界应该提高对大学生社会实践活动的认识，以促进大学生社会实践活动的开展，帮助大学生开展社会实践，为大学生解决在社会实践活动中遇到的问题。只有社会各界提高对大学生社会实践的认识，大学生社会实践活动才能够达到最终的目的。

2. 学校应提高对大学生社会实践活动的认识

作为大学生社会实践活动的组织者，学校方面必须正视大学生社会实践活动，为大学生开展社会实践活动提供力所能及的保障，比如资金方面的保障、实践基地方面的保障以及指导教师方面的保障等，为大学生社会实践活动的成功开展打下坚实的基础。

3. 大学生本身应提高对社会实践的认识

作为社会实践主体，大学生在参与社会实践的过程中是收益最大的一个群体，社会实践的开展是为了使大学生能够更好地理解书本知识，更早地接触社会、适应社会，提高自身的人际交往能力。因此，广大学生应该从自身着手，充分意识到社会实践活动的意义。

（1）大学生在意识上要认识到社会实践活动的重要意义。大学生必须意识到在高等教育大众化背景下，只有走向社会、接触社会，才能在社会实践活动中完成从自然人到社会人、从培养对象到使用对象的社会角色转变，加速自己社会化的进程。树立不怕吃苦、乐于奉献、刻苦钻研的精神，改变错误的观念和庸俗的思想，要认识到一个人的奋斗历程是不能脱离社会的，脱离社会的自我奋斗只能是一种自私的行为，并且是行不通的。

（2）大学生在行动上要适应社会。目前，社会招聘越来越多地要求大学生要有社会实践或工作经历，由此增加了大学生就业压力，他们必须提高参加社会实践的主动性和自觉性。在社会实践活动中，大学生必须处于主动地位，激发自身的社会责任感和主人公意识，调动自我教育的积极性。如此，加强大学生的社会责任感，有益于大学生认清自己的社会位置，正确地估计自身的价值，明确自己的历史使命，做好担当社会新角色的思想准备。从而使大学生深刻地认识到社会实践的意义，使得大学生主动参与到社会实践当中，完成社会实践。①

（二）提升大学生参与社会实践活动的能力

大学生是社会实践的主体，在参与社会实践的过程中是收益最大的群体，只有真正地提升了大学生参与社会实践活动的能力才能够达到社会实践的最终目的。

1. 提高大学生社会实践的社会认知能力

社会认知能力是个体对自己以及对他人的心理行为做出预测与判断所具备的某些心理条件。大学生具备较高水平的社会认知能力，也就决定了其健康的社会行为能力，这不仅对大学阶段其接受教化，实现个体社会化起到积极的推进作用，而且为将来个体社会化的不断完善提供了坚实的保障，从而使个体一生受益无穷。

2. 提高大学生社会实践的表达能力

表达能力就是以口头或书面的方式表达自己思想、认识和情感的能力，表达能力主要包括口头表达能力和书面表达能力。表达能力在我们日常生活中显得十分重要，因为人们在日常学习、工作、生活中，要交流思想、讨论

---

① 任贯中. 新时期大学生社会实践载体创新原则与路径［J］. 教育与教学研究，2011（3）：69.

问题、互通情况、阐述观点等，如果不注意表达能力的培养，即使有最好的见解和办法，表达不确切、不清楚，也会直接影响本领的施展。所以，大学生只有掌握这种能力，才能使自己适应社会的需要。

3. 提高大学生社会实践的人际交往能力

以社会认可的方式，妥善处理人与人之间的关系，并与他人和谐共处，共同发展的能力即为人际交往能力。在校大学生接触较多的是老师、同学，这种关系比较简单。一旦步入社会，由于工作、生活关系，大学毕业生会与各色各样的人员进行交往。能否正确有效地处理、协调好工作和生活中的人际关系，不仅影响一个人对环境的适应状况，而且影响工作效能、心理健康和事业成败。因此，大学生要自觉地培养良好的人际交往能力。

4. 提高大学生社会实践的组织管理能力

组织管理能力是多种能力的综合运用，主要包括计划能力、决策能力、组织能力、协调能力。大学生将来无论从事何种工作，都离不开一定的组织管理能力，要把工作开展起来，把计划付诸实施，把他人的积极性调动起来，没有一定的组织工作能力是不行的。因此，大学生应不断增强自己的组织管理能力。

5. 提高大学生在社会实践过程中的应变能力

在大学生参与社会实践活动之前，学校要对参与社会实践的大学生培训，以便大学生迅速地了解在社会实践中应该注意的问题与应该掌握的基本知识。学校应该针对不同的社会实践单位对大学生分别予以指导，对大学生在开展社会实践活动中将会遇到的问题予以针对性的培训，以切实提高大学生在面对困境时解决问题的能力。

（三）完善大学生社会实践的组织保障体系

学校在组织大学生开展社会实践的过程中首先应该完善大学生社会实践的行政组织保障，以减小大学生参加社会实践过程中的阻力。学校可通过完善组织机构，建立纵横交错的一体化组织机制，实现社会实践由学校牵头为主，向学校、学生、实践单位共同牵头为主转变。为广泛争取社会各界的大力支持和参与，实践单位可成立社会实践活动指导委员会，设委员和委员单位，邀请地方领导和企事业单位负责人参加指导、协调社会实践活动的开展，共同研究发展规划。同时，建立社会实践活动基金会，提供有力的服务与保障，签订科技、经济、人才全面合作协议。学校可建立校级社会实践活动领导小组，由团委牵头，以党委宣传部、教务处、学生处、学生会为成员单位，邀请地方领导和企事业单位负责人参加指导、协调社会实践活动的开展，负责社会实践的总体规划和设计。各学院可以成立学院社会实践活动指导小组，由院团委牵头负责社会实践活动的具体指导和实施。班可成立社会实践小分队，小分队由团支部牵头，党支部、班委参加，负责具体开展社会实践活动。任何一项有组织、有计划、有目标的活动，都需要全体人员齐心协力、团结合作，更需要建立一支在其中发挥主要作用的骨干队伍。社会实践是新时期大学生走向社会、锻炼成才的重要途径和有效手段，需要学校的认真组织、大学生的积极参与、教师的认真指导、社会的大力支持。因此，社会实践骨干队伍的组成，应包括学校指导教师骨干队伍、校外指导教师骨干队伍、学生骨干队伍。这样的队伍，将有效确保活动内容的高层次化。

（四）高校应从多方面筹集社会实践活动经费

资金是社会实践进行的基础，由于社会实践与其他教学部分不同，有其独特的方式和要求，缺少费用是长期以来制约高等院校社会实践开展和发展的重要原因。

1．高校应该增加对社会实践的资金投入

高校要深刻认识到社会实践在教学育人中的多重作用，应扩大拨款比例，使实践课时等与经费相符，从而为社会实践的开展提供有力的支持与保障。

2．高校要多方面地筹措社会实践资金

扩大社会交流合作，与企业、公司合作开展互利性质的实践活动，同时加强社会实践成果的转化，取得一定的报酬，如大学生参加社会调查、技术服务、产品宣传等实践活动，企业应予以一部分的资金回报与补偿。

3．高校要大力开展社会服务活动，获得社会资金支持

加强同政府职能部门的联系，以及与社会团体、福利机构、民间组织、非营利组织的联系，协助他们开展社会服务活动，费用由他们承担，学生参与社会服务活动，同时从中受到陶冶和锻炼。

4．社会实践活动要实行项目化运作，引入社会资金

高校在筹集社会实践资金的过程中可以实行项目化运作，承担一些社会公共项目进行社会实践工作，以项目经费作为大学生社会实践活动经费，以解决社会实践经费不足的问题。

5．将学生的实践活动与教师的研究课题相结合

学生参与课题的调查部分或者操作动手部分，费用由项目经费中出。教师和学生各得其所，也解决了经费问题。

6．学生承担一部分的社会实践费用

在现今社会实践资金不多的情况下，最有效的方法是由学生分担一部分社会实践项目的费用，由此来减轻学校的负担。此外，还可以通过选择无费

用或低费用的实践项目来减少经费支出。同时，社会实践也应该坚持有偿与无偿相结合，对于有偿社会实践、社会服务的收入也可以用于补贴实践经费。实现学校支持、社会实践单位和学生个人的多元化投入，投入主体与受益主体的统一。①

（五）高校应加强对实践基地的建设

学校应结合学校培养目标，建立一批融产、学、研于一体的综合育人基地，为学生创造优良的社会课堂，从而弥补高校课堂教育的不足，真正实现青年学生全面成才的育人目标。

1. 高校要建设生产实践基地

高校要注重生产实践基地的建设，生产实践基地的建设对大学生更好地理解专业知识起着重要的作用。生产实践基地是大学生参与社会活动的一个良好途径，同时也是大学生“预就业”的一个良好的实践基地，对于大学生加深对本专业的理解与认识起着重要的作用。

2. 高校要建设爱国主义教育基地

建设爱国主义教育基地是高校对大学生开展爱国主义教育和思想政治教育的主要方式。爱国主义教育基地在提高大学生思想政治修养与爱国情操方面的重要作用显而易见，高校要与高校所在地区的革命纪念馆、烈士陵园、革命遗迹、历史遗址等地方的管理部门联系，建立大量的爱国主义教育基地，以更好地对大学生开展爱国主义教育活动。

3. 学校要建设社区服务基地

在开展大学生社会实践的过程中，高校通过建立社区服务基地，来组织大学生开展社区服务活动，可以使大学生在社会实践中不必盲目地去寻求地点来开展社会实践活动，而可以定期到社区开展活动，这对于社会实践长期稳定地发展有很多好处。②

（六）注重社会实践考评机制建设

社会实践需要学校完善考评激励机制，建立规范的、稳定的、可操作的、可考核的一整套规章制度。高校的社会实践激励机制应该把握当今大学生自我成长、自我发展、自我表现的需求，把社会实践活动与激励机制紧密结合起来。同时，高校还要注意对教师以及各个院系管理部门的激励机制建

---

① 陈爱民，陈剑．构建大学生社会实践经费投入保障机制研究［J］．广西社会科学，2011（12）：143－145．

② 曹银忠，胡树祥．新中国成立以来大学生社会实践活动的回顾与展望［J］．思想理论教育导刊，2010（5）：87－88．

设，使激励机制形成从上到下的完整体系。

1. 建立社会实践考评制度

激励机制建立的关键是要使各项激励措施规范化、制度化，形成文件，保证各个方面按照要求具体执行。激励机制从来不能单独实行，考评制度是激励机制得以实现的保证。学校应制定社会实践评比规则及一系列政策措施，对大学生参加社会实践活动成果及奖励做出具体规定，激励竞争，鼓励社会实践取得的好成绩。对学生而言，学生在校期间的社会实践成果要计入学分，并作为学生德、智、体综合测评成绩标准之一，还可以与评选先进个人和集体挂钩，与团员民主评议、推优入党和推荐免试研究生挂钩。对教师和辅导员而言，根据其所承担课程特点评定社会实践应当完成的工作量、每学期完成的社会实践指导工作量、工作效果与单位和个人经济利益挂钩，与教师工作量和干部业绩的奖惩挂钩。[①] 对此，院系及教研室应制订规划和考核措施。

2. 建立社会实践奖惩制度

针对社会实践活动每年开展各类先进集体和先进个人评比活动，对活动表现突出的个人和集体给予隆重表彰奖励。通过建立完整的激励机制调动大学生、广大教师干部参与社会实践的积极性、主动性，使社会实践形成有机运作、自我驱动、有轨发展的动力机制。[②]

大学生积极参加社会实践是大学生成长成才的重要途径。开展社会实践活动是加强和改进高校思想政治教育的重要途径，是实践育人教育理念的具体落实，对当代大学生坚定理想信念，增强历史使命感和社会责任感具有重要意义。随着社会需求对高等教育人才培养的要求不断提高，大学生参与社会实践的重要意义已获得广泛认可，高校在政策制定、制度保障等方面对大学生社会实践体系也正逐步予以完善。高校通过组织大学生开展社会实践活动，使大学生在社会实践的过程中对社会生活的接触和体验、思想观念得到转变和提高，综合素质得到有效培养，这是社会实践教育服务大学生人才培养目标的重要体现，也是高校拓展创新人才培养模式的重要举措。大学生的社会实践教学及其保障机制是培养创新型人才的重要抓手，是培养创新型高级专门人才必不可少的环节。

高等教育的改革发展有其内在的规律但没有固定的模式和路径。高校学

---

① 黄波，廉永杰. 构建大众化阶段大学生社会实践的长效机制［J］. 教育探索，2006（11）：48－49.

② 张传辉，郑克骞. 浅议大学生社会实践保障体系的建设［J］. 学理论，2008（14）：69－74.

生社会实践组织管理与运行通过近年的探索，工作思路逐步明确，实践内容日趋丰富，但构建大学生社会实践长效机制，更好地激发青年学生在社会实践中的服务意识、创新意识和成才意识，还需要社会、学校、个人等多方互动和努力，共同推动大学生社会实践工作卓有成效地开展。

第四章 大学生社会实践实效性评价体系构建

著名教育家苏霍姆林斯基曾说："学生周围的世界是生动的思想源泉。"大学生置身于社会，在社会实践活动中逐步完善科学的价值观念，开拓全新的思维视域，形成健康的阳光心态，激发向上的进取精神，无疑是绝佳的思想政治教育途径。不仅如此，社会还是问题的发源地、理论的大讲堂、科学的试验田，各学科各专业的学生都能在与社会的互动中汲取营养。高校和社会逐渐意识到，充分发挥社会实践的作用，不仅有助于增强思想政治教育的效果，有利于提高教育质量，培养出人格健全、全面发展的高素质人才，也有利于带动文化传播和科技转化，促进社会和谐、公正、均衡地发展。

近年来，大学生社会实践取得了显著的成绩，其参与人数日渐增多。仅2016年就有来自全国500多所高校近千万的大学生参加社会实践活动。社会实践在以多种多样的形式和广泛的内容多层面、多角度、多方位地深入社会，效果日益凸显，不仅成为推进大学生素质教育的重大措施和不可缺少的环节，成为促进教育与科技、经济相结合的重要形式和途径，也为社会切实创造了可观的经济、文化效益。

但是，在实际的社会实践活动中，由于多方面因素的制约，它还未完全起到应有的作用，还存在着诸如形式化、功利化、盲目化的倾向。如果有一套客观、科学的评价机制，通过不同方式、不同渠道采集大学生社会实践信息，进行定量和定性分析，对社会实践的过程和效果做出一定的价值判断，提出改进与提高的方向和途径，发挥评价的诊断、反馈和指导功能，帮助高校认清现状、总结经验、发现差距、校正方向，一定可以更有效地推进大学生社会实践。

从某种程度上说，评价能够成为行为方式的导向。为了发挥社会实践的育人作用，需要对大学生社会实践的每一个环节进行有效且科学的考核评价。当前，很多国内学者已经认识到实效性评价的重要性，但对社会实践实效性的评价指标体系缺乏深入建设和构建。当前，对社会实践的评价更多地单纯局限于对总结材料的报送、实践成果的简单展示等结果性评价，而对过程性和全程性的评价缺乏考察，没有深入了解和掌握大学生实践的环境和其个体的实际收获。同时，对于参与指导社会实践的教师来说，也缺乏对教师工作量的认定和必要的激励。由于社会实践评价体系的不完善，使得大学生社会实践存在导向不明、认识不清的问题，进而影响大学生社会实践的效能。鉴于此，本章从机理、指标、方法等各维度探究大学生社会实践活动实效性的评价体系，力求建立具有科学依据的总体评价模型及分析框架，进一步挖掘大学生社会实践的潜在优势。

本章从实证调查尤其是某地某高校二十余年来社会实践的一手材料分析入手，通过总结、借鉴国内外大学生社会实践实效性评价的方法与思路，剖析当前我国大学生社会实践效能发挥的障碍及解决办法，归纳当前主客观条件下形成评价体系的优势和劣势，并通过整合资源，建立具有科学依据的总体评价模型及其分析框架。通过数理分析和模型设计，研究大学生社会实践实效性的评价指标、评价机制和评价体系，最后在得出结论和分析结果的基础上，结合试验对象进行结果或成果的论证，对新形势下如何切实增强大学生社会实践的实效性做出系统研究，对如何建立社会实践实效性评价体系提出相关指导思想、原则、指标体系、评价过程及量化方法等，以期对建立大学生社会实践实效性评价体系提供参考。

第一节　大学生社会实践实效性评价研究的背景

习近平在 2013 年 5 月 4 日同各界青年代表座谈时指出：“广大青年要勇敢肩负起时代赋予的重任，志存高远，脚踏实地，努力在实现中华民族伟大复兴中国梦的生动实践中放飞青春梦想。”2016 年 12 月，习近平在全国高校思想政治工作会议上指出：“做好高校思想政治工作，要因事而化、因时而进、因势而新。”做好思想政治教育工作，其中的重要途径就是要广泛开展各类社会实践。组织大学生参加社会实践是中国特色社会主义高等教育的重要组成部分，是推进大学生素质教育的重大措施和不可缺少的环节，也是促进教育与科技、经济相结合的重要形式和途径，社会实践对于大学生全面素质的提高具有突出的作用。

目前，我国大学生社会实践活动已经进入崭新的阶段，无论规模还是效益都得到了长足的发展。但是，对于大学生的实践活动应当怎么评价，各高校还处于探索阶段。我们需要通过不同方式、不同渠道收集大学生的社会实践信息，进行定性和定量分析，对社会实践的实施过程和最终效果进行一定的价值判断，从而帮助各大社会实践队伍总结经验、发现差距，切实推进社会实践发展。如何衡量社会实践各功能的实现效果，发现实践中出现的问题，进而探索原因、研究对策、提出建议，成为一个新的课题。研究大学生社会实践实效性评价问题，建立一套客观、科学的评价机制，切实推进大学生社会实践的实效性。

一、大学生社会实践实效性概述

大学生社会实践实效性问题是社会实践的重要维度。在当前普遍重视大学生社会实践形式的背景下，其效果显得尤为重要。深入研究大学生社会实践的实效性，首先要理清大学生社会实践实效性的相关概念以及实效性评价的重要意义，为构建大学生社会实践实效性评价体系提供必要的基础。

（一）大学生社会实践实效性的概念

"实效"从一般意义上讲，是指实际效果的意思，而且一般是指好的、有益的效果与影响。所谓实效性，是指事物提前设定相关的目标和计划，经过实施过程后，产生的客观结果与预期目标在进行对比后，其所达到的真实有效的程度和状态。实效性也指实物或者活动指向明确、效果显著，并且活动的产出与投入比例大，从而反映活动效果的明显和强大。大学生社会实践实效性，是检验大学生社会实践活动是否达到了实践预先设定的目标。[①] 大学生社会实践的实效性，就是指高校通过科学设计社会实践的内容与形式，加强对大学生社会实践的指导工作，实现提高大学生综合素质和能力、为社会服务的目的。

（二）开展大学生社会实践实效性评价的意义

教育与生产劳动和社会实践相结合是党的教育方针的重要内容，理论教育和实践教育相结合是大学生思想政治教育的根本原则。因此，为了使大学生能够在社会实践活动中真正得到教育与增长才干，必须进一步探索和建立使社会实践活动更加富有生机和更具实效性的内容形式和评价方式，提高社会实践活动的实效性。

第一，保障社会实践的实效性，是提高大学生综合素质，促进健康成长成才的必然选择。开展大学生社会实践活动，就是通过实践活动，提高大学生各方面的能力、素质，使他们更好地成长成才。对大学生社会实践活动进行评价，规范实践活动，提高实效性，能够较好地保障社会实践目标的实现，最终使广大学生从中受益。通过运用科学的评价方法和评价标准，对大学生在社会实践活动中的表现以及对实践活动的目标进行价值评价，可以使

① 汪淑娟．大学生社会实践实效性研究［D］．吉首：吉首大学，2013．

大学生更加自觉地按照标准和要求开展实践活动，并在实践活动中主动地锻炼自己、教育自己，在评价中不断地认识自我和完善自我，帮助他们巩固所学的理论知识，增强动手能力，提高沟通和创新等方面的能力，培养吃苦耐劳、团结合作、乐于奉献的精神。这也有利于帮助大学生树立社会主义核心价值观，提高思想道德水平。增强大学生社会实践活动的实效性，也是实现高等教育思想政治教育和实践育人的重要途径和手段。大学生的综合素质如何，将关系到社会经济发展的各个方面。大学生社会实践既是大学生走出校园、了解国情和学以致用的平台，也是为社会各领域提供储备人才的机会。在社会实践活动中，大学生所学知识得以被社会检验；而社会所反映出来的需求，也通过实践活动为大学生今后的学习指明方向。增强大学生社会实践的实效性，有利于提高大学生的实践能力，同时满足社会对人才的需求。

第二，保障社会实践的实效性，是强化实践育人的功能，实现高等教育的办学宗旨和主要任务。增强大学生社会实践实效性、强化实践育人功能、培养综合性和高质量人才，是实现党和国家赋予高校的主要任务及重要内容。在传统的育人教育中，主要以知识传授为主，大学生接受教育仅限于课堂教师的教授，缺少对知识点的直接感知和体验。但是，社会实践活动则是以学生为主体，把实践作为教育的重要依托，将培养学生的实践创新能力等综合素质作为教育的支撑点，将高校的教育理念与实践育人理念紧密结合。“三下乡”社会实践、志愿服务、创新创业训练、生产实习等各项社会实践项目，形成社会实践与社会观察、专业学习、创新创业紧密结合、机制创新紧密结合的社会实践育人体系，助推学生成长成才。大学生在接受学校课堂理论教育之外，积极参加实践活动，在社会实践中不断补充社会知识、学以致用、以用促学，能够在实践中直接积累和感知各种经验。而高校在发展社会实践活动的过程中，除了使学生将所学知识运用到实践，及时掌握、感知、比照学习理论知识与实践技能外，也能让指导社会实践的教师掌握最新的实践与理论教学之间的差别，将所存在的问题和教学建议及时反馈给学校。学校可以针对这些问题对照学校现有学术理论教育与社会需求及运用之间的不同，寻求学校教育与社会应用两者契合的教学方式，推进高校的教育改革，真正实现提高学生综合素质、立德树人的目的。

第三，保障社会实践的实效性，进一步探索和建立社会实践实效性的内容形式和评价方式，提高大学生社会实践实效性是现实的迫切需要。近年来，大学生社会实践活动在高校中日益受到重视，各大高校也开始对大学生社会实践活动实效性的评价展开探索和尝试，并取得一定的成效。但是，从总体上看，仍存在一些问题。首先，长期以来，对大学生社会实践活动“能不能客观评价”和“怎么评价”等问题认识不够深入，评价过于简单化，认知上对该问题过于强调形式。其次，部分高校设定的实效性评价目标指向较为狭窄。各大高校之间、同一高校不同队伍之间对社会实践活动的评价标准参差不齐。当前，大部分对实践活动实效性的评价主要是针对活动结果的认知性评价，单纯地以完成实践任务及最后的成果为评价标准。然而，实践活动并非单一的智力活动，部分高校对某些非智力活动，特别是高层次的认知能力的评价不够重视。最后，当前大学生社会实践实效性的评价主体较为单一，评价指标较为笼统，评价工作组织较为散漫，没有系统化、科学化的客观评价标准及工作机制。这些问题的存在，较为严重地影响和制约了社会实践实效性评价新标准和机制的发展，更加不利于大学生社会实践的健康发展。

二、实践实效性评价的主要内容

大学生社会实践实效性评价体系，就是从社会实践的实效性出发，总结国内大学生社会实践实效性评价方法，借鉴国外实效性评价思路，通过剖析当前我国大学生社会实践效能发挥的障碍，提出改进路径，并归纳当前主客观条件下形成评价体系的优势和劣势，建立具有科学依据的总体评价模型以及分析框架。

虽然大学生社会实践活动迅猛发展，但是大学生社会实践的实效性却不容乐观，“实效性不强”“实效性缺失”“走形式、走过场”等问题均反映了大学生社会实践活动的实效性急需加强。大学生社会实践活动的实效性不强这一现状已经引起了众多学者的关注，不少学者对此也展开了大量的探索和研究。虽然部分研究取得了一定的效果，但是，从总体上还不尽如人意，大部分研究难以达到增强大学生社会实践活动实效性的目的。部分研究从影响社会实践实效性的因素入手，或者从现实的存在的问题出发，提出现状分析和解决相关的对策。①② 这些研究偏重大学生社会实践活动实效的某一方面内容，缺乏一定的整体性和忽略了构建保障社会实践实效性的体系构建。有的研究围绕一些社会实践活动中实践形式单一、内容缺乏针对性等表面现

① 赵丽霞. 对增强大学生社会实践活动实效性的思考与对策［J］. 漳州师范学院学报（哲学社会科学版），2005（2）：122－124.

② 吕明新. 大学生社会实践效能发挥的影响因素及对策分析［J］. 青少年研究，2005（3）：44－45.

象，得出社会实践活动“流于形式、实效性差”等结论，[①] 虽然在一定程度上反映了问题，但是，由于缺乏科学的评价指标体系，相关的结论缺乏一定的严谨性。从现实的实践活动来看，目前对大学生社会实践实效性的判断，由于缺乏科学合理的评价机制，往往仅从社会影响的大小来评判社会实践成效的大小。这样容易误导社会实践活动的组织，为了追求较好或者较为广泛的社会效应，在具体的实践活动实施过程中，将较多的精力放在社会实践活动的宣传上面；指导教师在具体的指导工作中，也会重宣传而轻实效，在一定程度上忽视了大学生主体的思想政治教育、技能培养和效能的反馈，没有很好地实现大学生社会实践活动的目标，实现实践育人和服务社会的双重优良效果。建设大学生社会实践实效性评价体系是提高大学生社会实践活动实效性的有力保障。

（一）具体内容

1. 大学生社会实践的运行机制

现行社会实践运行机制是实效性评价的基础。它分析社会实践的组织管理与运行机制，探究影响实践实际效能发挥的影响因素，并探寻加强和改进组织管理与运行机制的路径。

2. 当前大学生社会实践实效性评价现状

通过对问卷调查的分析，理清实效性评价指标的权重关系，进一步探究实效性评价体系的构建方法，以提高评价体系的可行性和科学性。

3. 大学生社会实践实效性评价的机理

借鉴“服务学习”评价机理，立足于基本维度、基本原则、指标构建等关键指向，对实效性评价的机理进行理论建构。

4. 构建大学生社会实践实效性评价指标体系

整合分析结论，在确定影响因素的前提下，运用逻辑推理和数理分析，构建具有科学依据的总体评价模型及其分析框架。

5. 运用评价模型的局部试验进行实证分析

应用新建立的评价模型及分析框架，对一例真实的实践活动做出实效性评价，进行结果或成果的论证后，得出在特定区域内具有指导性的实施方案和指导意见。

（二）大学生实践实效性评价体系构建的特色

通过科学的评价内容、运用恰当的评价方法，对大学生在社会实践中的

---

① 赵振华. 大学生社会实践的现状及路径探索［J］. 理论观察，2006（6）：63－64.

发展进行机制判断，可以使学生通过评价，不断认识自我、发展自我、完善自我，使学校根据实际需求，及时调整学科设置、教学安排等，[①] 从而最终实现育人目标；同时，作为重要的教育手段，评价机制如同指挥棒，如果指挥得法，就能促进大学生社会实践方方面面的改善，直接提高大学生社会实践实效性。本次研究从评价的基准和原则、评价的内容、评价的方法、评价的实施等方面系统研究大学生社会实践的评价机制，以促进大学生社会实践的改革，从而提高大学生社会实践的实效性。

特色具体表现为：

一是在研究思路上，运用国外先进的“服务学习”理念，为提高大学生社会实践的实效性提出具有指导意义的实施路径。

二是在研究方法上，通过问卷调查和实证研究，采用 SPSS 软件进行数据统计分析，剖析大学生社会实践中存在的问题。

三是基于社会、学校、个体等三个维度，从宏观、中观、微观，运用逻辑推理和数理分析构建操作性强、易推行的大学生社会实践评价模型。

三、实效性评价体系构建的路径

（一）研究思路

第一，总结国内大学生社会实践实效性评价方法，借鉴国外实效性评价思路。

第二，剖析当前我国大学生社会实践效能发挥的障碍，提出改进路径。

第三，归纳在当前主客观条件下形成的评价体系的优势和劣势。

第四，整合研究结论，建立具有科学依据的总体评价模型以及分析框架。

第五，在得出结论和分析结果的基础上，结合研究对象进行结果或成果的论证。

（二）研究方法

1．提出问题

从正反两方面入手，分析研究当前大学生社会实践在内容形式上存在的问题和面临的机遇。

2．文献研究

分析美国、加拿大、日本、新加坡等国家以及中国台湾、香港等地区实施“服务学习”的基本理念、关键特征、实施效果、评价体系等。通过文献

① 陈立力．大学生社会实践评价机制研究［J］．丽水学院学报，2009（6）：87－90.

研究，总结国内外服务学习评价机制可供借鉴之处。

3. 理论建构

重点分析大学生社会实践的组织管理与运行机制，并探寻加强和改进大学生社会实践组织管理与运行机制的路径。

4. 经验总结

通过梳理G省某高校历年来的社会实践总结材料，总结经验教训，探究影响大学生社会实践实际效能发挥的因素。

5. 模型构建

在确定影响因素的前提下，运用逻辑推理和数理分析构建评价模型。

6. 实证分析

运用评价模型进行局部试验，得出在特定区域内具有指导性的实施方案和指导意见。

第二节 大学生社会实践的运行机制研究

经过多年的发展，大学生的社会实践活动已经日趋完善，并取得一定的效果，甚至有力地推动了国家发展与社会进步，为社会经济发展注入源源不断的动力。不可否认，社会实践是大学生思想政治教育的重要环节，对于促进大学生了解国情、奉献社会、锻炼能力、培养品格、增强社会责任感具有不可替代的作用，但是面对我国经济社会快速发展的新形势、新变化、新特点，大学生社会实践还存在诸如实践的方式不多、长效的运行机制尚未建立等问题。在社会实践的实际运行过程中，存在形式化、功利化、盲目化等不利倾向。这些问题的存在有其根深蒂固的社会原因和机制根源。进一步提高认识、改进和完善大学生社会实践的组织管理与运行机制，提高大学生社会实践的思想性和针对性，保障社会实践的实效，是充分发挥大学生社会实践育人功能的应有之义。

一、当前大学生社会实践活动取得一定的实效

纵观大学生社会实践活动的发展历程，社会实践活动的实效始终与国家发展和社会进步联系在一起。当前，大学生社会实践活动越来越得到各大高校的重视。社会实践活动不断发展壮大，学生参与社会实践的意识和热情也越来越高，组织参与方式不断呈现多样化，高校的实践育人获得不俗的成绩。为了保障学生切实能从社会实践活动中得到锻炼和学习，取得一定的效果，各高校采取各种各样的措施保证社会实践的实效性，也取得进一步的成

效，在推进高等教育发展的过程中有着非同凡响的意义。

（一）大学生社会实践能力逐步提高

社会实践活动的本意就在于提高大学生的实践能力。大学生通过参加生产劳动、科技创新、志愿服务等活动，将理论联系实际，加深对社会的认识，增强社会责任感，塑造自身品格。通过社会实践，大学生逐步修正自己的人生观和价值观，认识自我价值，找到个人在社会上的位置，并明确今后的奋斗目标。同时，大学生在社会实践中能够运用专业知识，在实践中发现自己的短板，促进其调整学习的计划和方向，将自身的发展与实践需求相结合。通过社会实践活动，大学生在实践中学会与他人沟通和相处，学会合作协作，在团队中担任一定的角色，人际关系、团队精神、组织协调能力得到一定的改善。因此，在社会实践中，学生的理论联系实际能力，判断问题、分析问题和解决问题的能力等实践能力均能得到提高。社会实践活动有利于完善大学生在学习过程中的实践能力，弥补学生在课堂教育的短板，促进学生全面发展。

（二）社会效益逐步凸显

大学生的社会实践活动对国家经济社会的发展起着重要的作用。社会实践能让大学生学以致用、观察社会、知行合一，在锻炼自己的同时实现个人价值。社会实践活动是适应社会时代发展需要，符合青年学生成长成才的发展规律，对社会具有深刻意义的教育活动。通过社会实践活动，加深学生对社会的认识，加快学生对社会的融合，加强学生对社会环境的适应，并进一步加速学生向社会化的合理过渡。[①] 大学生结合社会实际需求，参与生产劳动、志愿服务、科技创新、“三下乡”等社会实践活动，将实践活动的足迹遍布社会政治、经济、文化的各个方面，给各领域的发展注入了源源不断的活力。大学生的社会实践活动不仅肩负了培养大学生综合素质的重要作用，而且在服务社会、创造社会价值方面取得了一定的实效，并且不断巩固各项促进社会发展的成效。

二、社会实践运行中的问题

虽然当前大学生社会实践活动取得较大的成效，但客观地分析，在实际的运行过程中，大学生社会实践活动仍存在诸多问题和不利倾向，这主要表现在以下几个方面（如图4－1所示）。

---

① 王英．高校实践育人的意义、现状以及发展对策［J］．山东广播电视大学学报，2014（3）：80－81．

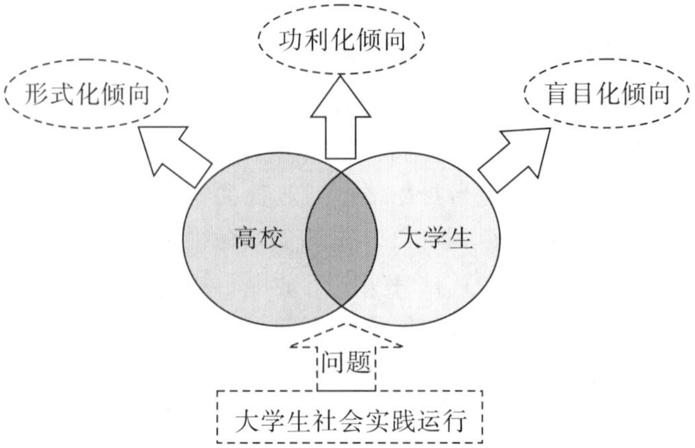

图4－1　大学生社会实践运行中的问题

（一）形式化倾向

当前，大学生社会实践活动存在浮于表面、消极应付的现象，部分高校将社会实践简单片面地归结为课外活动，导致高校对社会实践的支持力度不够。大多数的社会实践组织形式松散，实践服务队的服务点大多靠临时的关系建立，社会实践基地缺乏相对稳定性，致使出现“假期响应号召临时做得热热闹闹，平时不抓不问变得冷冷清清”的两极现象。①此外，社会实践的内容大多是简单的参观、走访、调查等，缺乏针对性的专业指导。调查结果表明，有58.6%的学生认为实践形式过于呆板、内容空洞、流于表面、形式单一、缺乏相应的监督和必要的深度与广度。社会实践活动看似开展得轰轰烈烈，但其实大学生真正的参与面还是比较窄。

（二）功利化倾向

由于经济社会多重因素的影响，在社会实践的过程中，其考核评优成为学生参与实践的导向，使得当前大学生在社会实践组织运行中表现出较为明显的功利化倾向。部分高校从学校管理者到指导教师再到学生，过度关注实践活动在短时间内如何达到符合评优考核指标的标准，注重考核评优指标任务的完成，同时尝试用线上、线下的各种类型宣传来对外展示实践的过程与成果，但缺乏挖掘实践过程的教育意义，也缺乏途径来引导大学生更加深入群众和基层中体会生活、了解民情，缺乏引导学生对实践内容进行反思和提升，导致社会实践对大学生成长成才促进作用有所减弱。

---

① 张育广，王新伟．大学生社会实践的组织管理与运行机制研究［J］．内蒙古师范大学学报（教育科学版），2013（11）：31－33.

（三）盲目化倾向

随着社会实践重要性的凸显及高等教育的改革与发展，社会上越来越多人认同将社会实践贯穿整个教育过程的理念。一般来说，为了提高参与社会实践的质量和效果，在实践活动前，学生应与指导教师充分沟通，做好必备的功课，建立和加入实践团队要先找到自己的兴趣点，并与社会需求结合，避免出现跟风现象。但是，大学生在实际的实践活动选择中，由于缺乏针对性和科学的指导，往往按照自身有限的认知和实践活动的名称来选择实践活动。部分大学生在社会实践中并没有考虑具体的内容和方向，目标不明确，也存在一定的侥幸盲从心理，以至于从中得到的收获和锻炼有限。

三、对社会实践中问题根源的探析

社会实践运行过程中存在形式化、功利化、盲目化等问题和倾向，难以保证大学生参与社会实践活动能真正获得自我教育和实现自我价值，也难以保证实现实践育人、立德树人的最终目标，进而影响大学生社会实践活动的成果和实效。这些问题的出现并非一日之寒，而是有其深刻的社会背景与现实的原因。如图 4－2 所示，大学生社会实践中问题的根源主要有三个。

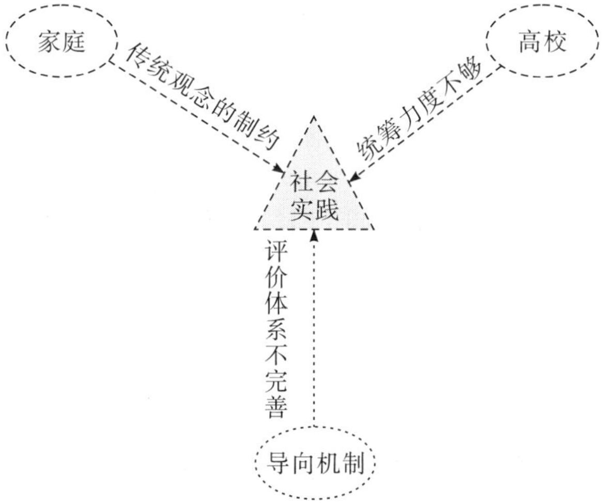

图 4－2　大学生社会实践运行中问题的根源

（一）传统观念与家庭因素的影响与制约

根据有关数据统计，我国高等教育已步入国际公认的大众化发展阶段。[①]但由于精英教育思想和长期的应试教育的诱导，高校的教育教学仍局限于单纯的知识传授，而对学生走出校园，参加各类社会实践、公益活动等，则会因学生安全、经费不能保障等原因而持消极的态度，没有将社会实践融入学校人才培养方案。

大学生本身对社会实践亦存在认识误区，没有将社会实践当作提高自身能力和综合素质的重要途径，而仅仅将社会实践当作一项“好玩”的集体活动，缺乏主动融入和主动创造、创新的意识和观念。部分学生在认知中对社会实践存在偏差，认为实践活动就是吃苦，形成回避的态度。这些现象在“90后”的大学生中尤为明显。他们在成长的过程中受到父母的百般呵护，并没有真正体验过自己独立解决问题、直面困难和挑战的经历，导致其在个人参与社会实践活动的定位上存在认识偏差。[②]

（二）高校对社会实践的统筹力度不够

社会实践是高校人才培养的重要内容之一，需要高校各部门合力实现这一培养目标。另外，也需要高校多方聚集资源，从实践内容、基地建设、经费保障等方面为学生创造参与社会实践的条件。当前，虽然大部分高校已经对教学实践、专业实习等传统的社会实践项目给予了高度的重视，但是对诸如就业实习、科技创新等新领域、新形式的关注较少，没有将多样的社会实践活动纳入到学校的教育管理体系中，没有明确社会实践环节的具体计划安排和实践育人的工作思路。调查结果表明，大学生参与社会实践的机会很少来自社会组织，大部分都是源于学校团学组织。而团学组织提供的实践内容常常与专业特点结合不紧密，这些问题势必使得大学生的实践活动局限于学校设定的狭小范围内，社会实践的内容与领域并不能满足新形势下大学生全面发展的需要。大学生社会实践如果要取得更加实际的效果，必须由高校相关部门沟通与协调，并统筹多方资源。

（三）社会实践评价体系不完善

评价在一定程度上是人们行为方式的导向。大学生社会实践的组织管理与运行是一项系统工程，需要对每一个环节进行科学有效的考核评价，才能

---

① 于海曼. 大众化进程中的高等教育学费制度改革研究［D］. 长沙：长沙理工大学，2010.

② 任贯中. 新时期大学生社会实践载体创新原则与路径［J］. 教育与教学研究，2011（3）：68－70.

充分发挥社会实践的育人作用。当前，社会实践评价更多地局限于单纯总结材料的报送、实践成果的简单展示等结果性的评价而忽视过程性或全程性的评价，没有深入了解、掌握大学生实践的环境和大学生个体的实际收获，同时对参与指导社会实践的教师来说也缺乏相应的工作量认定和必要的激励措施，实践评价体系的不完善使得大学生社会实践存在导向不明、认识不清的问题，进而影响大学生社会实践的效能。调查显示，认为社会实践考核机制较不完善的比例达48.7%，而认为考核机制较完善的仅占15.5%。

四、大学生社会实践的改进路径

当前我国大学生社会实践有四条改进路径，具体如图4－3所示。

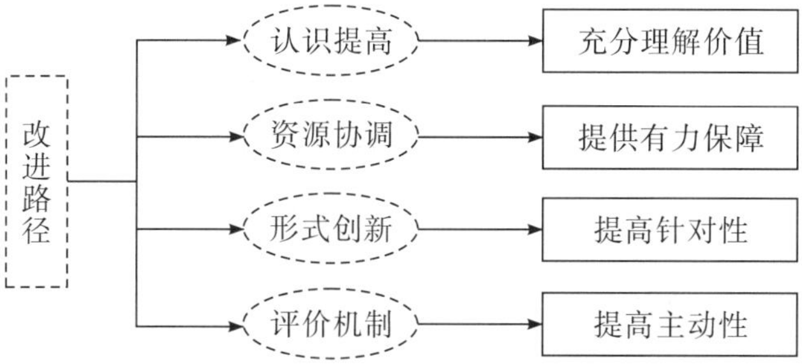

图4－3 大学生社会实践改进路径

（一）提高认识，重视大学生社会实践在个人成长和发展中的作用

社会实践是新时期大学生思想政治教育的有效手段和重要途径，是连接大学生和社会良性互动的纽带，在促进大学生了解社情国情、铸造优良品格、增强社会责任感等过程中发挥着重要作用。当前，部分高校在大学生参与社会实践问题上仍存在资金投入不到位、管理不规范、指导不积极不科学等缺陷，使得不少社会实践活动流于形式，变成“完成任务”“走过场”式的活动，并没有真正起到让青年学生在实践中“受教育、长才干、做贡献”的目的，相反，导致部分学生产生对社会工作内容和方式的错误认识，对大学生诚信教育和学习风气的养成都将产生不良的影响，这严重背离了大学生参与社会实践活动的本意和初衷。因此，高校管理者要充分认识到，社会实践在大学生个人成长和发展中的作用和价值，真正把社会实践作为学生教育和培养完整体系中的重要组成部分，保证社会实践开展的必备力量和条件。同时，高校要教育学生从思想上正确认识社会实践的重要意义，并将该教育贯穿于社会实践组织过程中。另外，要充分认识教育引导大学生参与社会实践，而不是单纯地把学生推出校门参与各项活动。要真正把它当作高校培养

复合型、创新型人才工程的重要组成部分，结合实际的社情民意，让学生参与到社会建设中。在此过程中，高校可以通过树立优秀典型和榜样，评选优秀成果，做好宣传，让大学生交流社会实践过程中的所看、所思、所想，以自我教育的方式扩大社会实践的影响力和覆盖面，逐步转变全社会对大学生社会实践认识上的偏颇，使得有思想、敢行动的广大青年学生在社会大潮中立潮头、展身手，彰显青春风采。

（二）积极协调资源，为大学生参与社会实践提供有力保障

随着社会实践活动的拓展，大学生社会实践适应新形势下经济社会发展的要求，逐步向常态化、社会化和项目化运作的趋势发展。大学生参与社会实践的组织和实施活动所需要的场所和经费等问题，也需要通过“高校—社会”双向互动来解决，这需要高校作为组织者，在资源整合上有更大的作为。在充分认识实践育人重要作用的前提下，高校不仅要加大对社会实践专项资金的划拨力度，而且要积极集聚各项资源，实现实践项目“走出去”，扩大社会交流合作领域；加强社会实践同政府部门、社会团体等机关单位和社会组织的合作，寻找实践活动与社会工作的契合点，实现互利互惠；构建多模式、多生态、立体化的大学生社会实践模式，为学生实践努力创造条件、争取项目，获得更多元的资金支持，逐步实现实践基地由数量向质量、实践经费由“等靠要”向多元化筹集的转变。

与此同时，高等院校作为大学生社会实践活动的组织者和承办者，也应注重内部资源的挖掘与整合，加强大学生实践课程体系构建的理论研究，为逐步丰富社会实践的科学化、规范化运作提供理论支撑。高校要坚持“以生为本”，根据学校有关部门的职责权限，科学分工，建立起运行有效的大学生社会实践协调机制（如图 4 –4 所示）。

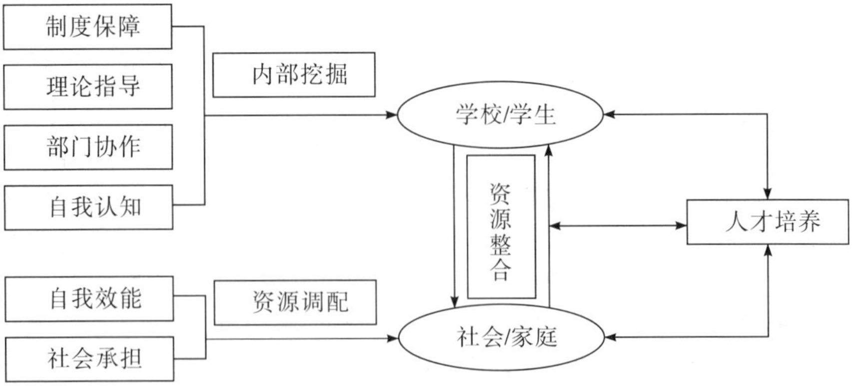

图 4 –4　大学生社会实践协调机制图

（三）创新形式，提高大学生社会实践的思想性和针对性

在当今知识爆炸的信息化时代，青年学生有更加宽广的舞台和机遇参与到服务社会、奉献社会的建设中。大学生社会实践要牢固树立实践育人的思想，遵循大学生成长规律和教育规律，就必须敢于突破常规，结合不同年级学生的特点、不同学生职业发展的需要来制定社会实践的教育目标，不断丰富社会实践的时代内涵。①

一方面，学生所学专业有不同的研究方向，要根据专业的特点，不断创新工作载体和形式，运用最新的科学知识、专业技能和宣传媒介，针对多样化的实践活动开展内容丰富的实践活动，并在相关的社区志愿服务、企业转型升级、新农村建设等关乎社情民意的活动，主动引导大学生结合自身专业特长和优势，在参与实践过程中逐步强化专业知识，强化专业技能。

另一方面，由于不同年级的学生有不一样的身心发展特点，实践活动的开展也应当针对不同年级而有所侧重，最大限度地发挥不同年级学生在实践中发现问题、分析问题和解决问题的能力。同时，社会实践也要结合社会需求和社会热点、难点问题展开，使社会实践能够在一定程度上服务社会的需要，并能让大学生深入到社会最基层去体察人民群众的生活状态，了解国情民情，感受市场竞争，磨炼意志和品质，从而使个人品质和专业素养得到最大限度的升华。

（四）健全评价机制，提升师生参与社会实践的主动性和自觉性

科学合理的评价机制，不仅可以调动大学生参与社会实践的主动性和积极性，也可以调动专业教师、辅导员指导社会实践的主动性和积极性。科学的评价机制包括多角度的考核和全面的激励。一方面，高校要通过全方位、多角度的考核，科学认定与总结师生参与社会实践活动的质量和效果，比如到实践基地去实地了解、召开返校后总结交流会等，通过“三比一评”即比成绩、比亮点、比体会和师生互评，对每支实践服务队及其队员形成较为客观公正的认识。评价不仅可以肯定学生在实践中取得的成绩，还能通过对照评价指标，指出学生的不足，促使学生逐步形成学习、实践、反思、再学习、再实践的良性发展过程。另一方面，高校要采取相应的激励措施，对参与实践的学生与指导实践的教师予以一定的奖励，提升师生参与社会实践的主动性和自觉性。例如，可以在综合测评和奖学金评定中明确规定社会实践所占分量，实行社会实践和学分的互换，对专业教师和辅导员指导社会实践

---

① 陈曦，石新明. 明确工作思路　探索长效机制　推进大学生社会实践持续深入发展［J］. 思想教育研究，2008（4）：41－43.

的工作量予以核算，以及后续对表现突出的队伍进行总结、表彰等。对表现突出的指导教师，高校和地方政府进行褒奖，新闻媒体加以宣传，对他们的工作给予物质和精神上的全面鼓励，充分调动教师参与社会实践的积极性。[①]如此通过构建过程性的评价体系，可以使广大师生在整个实践过程中的主观能动性得以充分发挥，并使得追求社会实践活动的效能逐步内化为高校师生的自觉行为。

然而，高等教育的改革发展虽有其内在的规律但没有固定的模式和路径。通过近年来的探索与建设，高校学生社会实践组织管理与运行的工作思路逐步明确，实践内容也日趋丰富，但是仍需要社会、学校与学生个人等多方互动和努力，才能构建起大学生社会实践长效机制，以更好地激发青年学生在社会实践中的服务意识、创新意识和成才意识。

第三节　学生社会实践评价调查分析

科学合理的社会实践评价机制，不仅可以调动大学生参与社会实践的主动性和积极性，也可以调动专业教师、辅导员指导社会实践的主动性和积极性。近年来，我国教育学界对大学生社会实践的实效性及其评价体系和方法机制进行了探索，探究了当前高校大学生社会实践实效性的影响因素和应对办法。这些研究成果大致可以分为两类：一是从社会实践的实效性意蕴出发，立足于社会实践缺乏实效性的现状与原因，强调塑造社会实践指标评价体系或评价机制的重要性。在此基础上，对评价内容和主要指标进行阐述和分类，进而提出因应的实施办法和步骤。二是立足于大学生社会实践的本质特点和评价标准，对主要的评价指标进行细化，提炼出二级指标。在此基础上，运用数理研究方法计算各项指标的权重，以此建构一套较为合理的评价体系。前者属于一种描述性和规范性的定性研究；而后者则运用数理工具模型等科学方法，为大学生社会实践评价体系赋予“科学性”的定量研究。后者这种研究有助于调整社会实践开展实施的着力点，从而提升其实效性。

本节以 G 省某高校为例，在综合学界现有研究成果的基础上，结合该院校的学科特点、人才培养模式等因素，进一步探究构建大学生社会实践评价体系的方法，以提高这种评价体系的可行性和科学性。

---

① 陈爱民. 论大学生社会实践激励机制的构建［J］. 广西社会科学，2012（3）：179 – 181.

一、问卷调查设计与实施

（一）调查对象的选择

本研究通过抽样调查法，向 G 省某高校社会实践专家组专家、指导教师、参加过社会实践的在校学生以及未参加过社会实践的在校学生发放问卷，广泛了解团委主管领导、一线工作者和学生等对各项指标重要性的认识。利用问卷调查法、层次分析法等实证研究法确定工科院校社会实践各评价指标的权重。

为方便起见，用甲、乙、丙、丁分别代表社会实践专家组专家、指导教师、参加过社会实践的在校学生以及未参加过社会实践的在校学生。为了更好地控制变量，本研究将大二学生作为“参加过社会实践的在校学生”；而将大一学生作为“未参加过社会实践的在校学生”，以此提高调查的信度和效度。

（二）调查问卷情况

本研究主要通过学校团委向各二级学院团委发放调查问卷，由相应调查对象完成问卷调查。本次共发放问卷 1 181 份，回收 1 090 份，有效问卷 1 040份，有效率为 88.06%。其中，专家问卷 12 份，回收 12 份，有效问卷 12 份，有效率为 100%；指导教师问卷 64 份，回收 61 份，有效问卷 56 份，有效率为 87.50%；参加过社会实践的在校学生问卷 560 份，回收 525 份，有效问卷 501 份，有效率为 89.46%；未参加过社会实践的在校学生问卷 545 份，回收 492 份，有效问卷 471 份，有效率为 86.42%。因此，调查结果具有一定的代表性。

（三）调查分析方法

本次研究主要采用 Matlab R2010b 和 Microsoft Office Excel 2007 两个办公软件，对调查数据进行分析和计算。

二、调查结果分析

（一）量化分析方法及模型

目前，评价指标的数量化方法已有很多，常用的方法有排队打分法、两两比较法、连环比率法、主成分分析法和层次分析法等。本文选用的是层次分析法，根据层次分析法的思路，可首先建立层次结构模型。

根据大学生社会实践评价指标，我们可建立如图 4－5 的层次结构示意图。

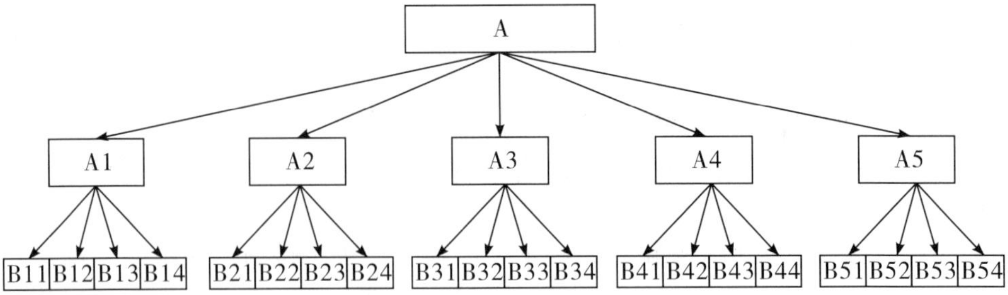

图 4－5　层次结构示意图

其中，A 为目标层，表示大学生社会实践实效性。A1、A2、A3、A4、A5 为准则层，分别表示社会实践主题、社会实践计划、社会实践态度与能力、社会实践成果以及社会实践保障。B11、B12、B13、B14 分别表示选题意义和价值、选题难度与可行性、与社会需求的相关度以及与自身专业相关度；B21、B22、B23、B24 分别表示计划内容的翔实性、计划内容的全面性、计划实施的可行性和团队分工明确性；B31、B32、B33、B34 分别表示实践积极主动性、实践团队协作性、实践交流能力、资源整合能力；B41、B42、B43、B44 分别表示总结报告质量、成果答辩情况、社会反响情况和基地合作和成果推广情况；B51、B52、B53 和 B54 分别表示政府、学校领导重视程度、专业教师指导参与力度、社会各方面力量的支持力度和社会实践定点基地的构建。①

（二）计算调查问卷结果平均分

首先，根据问卷调查的数据，计算其平均数，我们得到实践专家组专家、指导教师、参加过社会实践的在校学生以及未参加过社会实践的在校学生对于各个影响因素重要性的平均评分，其结果如表 4－1 所示：

表 4－1　问卷中各个调查对象的统计结果

一级指标	甲	乙	丙	丁	二级指标	甲	乙	丙	丁
A1	7	6.0893	5.481	5.724	B11	7.3333	6.7321	6.3313	6.673
					B12	5.9167	6.8393	6.1277	6.3015
					B13	6.4167	5.6429	5.1198	5.2059
					B14	6.5	5.6964	5.0699	5.3546

① 张育广，林逢春，郭昌洪. 地方工科院校大学生社会实践评价体系的构建：以广东工业大学为例［J］. 中国青年研究，2014（8）：52－55，91.

续上表

一级指标	甲	乙	丙	丁	二级指标	甲	乙	丙	丁
A2	7. 3333	6. 8929	6. 2595	6. 5456	B21	6	6. 375	6. 1138	6. 3015
					B22	6	6. 2321	6. 0898	6. 3588
					B23	7	7. 5536	6. 9521	7. 2442
					B24	7	7. 3571	6. 3293	6. 9979
A3	7. 9167	7. 4821	7. 0998	7. 3992	B31	7. 8333	7. 6786	6. 8882	7. 3079
					B32	7. 3333	7. 4643	7. 0319	7. 3673
					B33	7. 6667	7. 4643	7. 016	7. 1975
					B34	7. 8333	7. 3571	6. 487	6. 6837
A4	6. 1667	6. 5179	5. 5329	5. 7728	B41	7	7. 1071	5. 5689	5. 8386
					B42	6. 0833	6. 4643	5. 2735	5. 6072
					B43	7	6. 8929	6. 0778	6. 0828
					B44	6. 5833	6. 875	5. 9621	6. 1146
A5	8. 0833	7. 5179	6. 4251	6. 4926	B51	7. 3333	7. 4643	6. 2914	6. 2059
					B52	6. 8333	7. 2321	6. 1597	6. 3163
					B53	7. 4167	7. 2143	6. 3034	6. 5435
					B54	7	7. 1786	6. 014	6. 259

（三）计算指标权重

根据层次分析法的思想，下面我们以实践专家组专家（甲）为例，具体分析如何构造判断矩阵。由表 4 - 1 可以看到 A1 ~ A5 每个指标对社会实践实效性（A）影响的重要程度，于是可建立判断矩阵：

$$M_{甲} = \begin{pmatrix} 1 & \frac{7}{7.3333} & \frac{7}{7.9167} & \frac{7}{6.1667} & \frac{7}{8.0833} \\ \frac{7.3333}{7} & 1 & \frac{7.3333}{7.9167} & \frac{7.3333}{6.1667} & \frac{7.3333}{8.0833} \\ \frac{7.9167}{7} & \frac{7.9167}{7.3333} & 1 & \frac{7.9167}{6.1667} & \frac{7.9167}{8.0833} \\ \frac{6.1667}{7} & \frac{6.1667}{7.3333} & \frac{6.1667}{7.9167} & 1 & \frac{6.1667}{8.0833} \\ \frac{8.0833}{7} & \frac{8.0833}{7.3333} & \frac{8.0833}{7.9167} & \frac{8.0833}{6.1667} & 1 \end{pmatrix}$$

利用 Matlab R2010b 软件，即可求出矩阵 $M_{甲}$ 的最大特征值以及相应的特征向量，即有

$$\omega_{甲} = \{0.19178, 0.20091, 0.2169, 0.16895, 0.22146\}$$

同理可计算得到实践专家组专家、指导教师、参加过社会实践的在校学生以及未参加过社会实践的在校学生对于各个指标的权重，其结果如表 4-2 所示。

表 4-2　各个调查对象关于评价指标的权重

一级指标	甲	乙	丙	丁	二级指标	甲	乙	丙	丁
A1	0. 19178	0. 1765	0. 17796	0. 17924	B11	0. 28025	0. 27025	0. 27954	0. 28354
					B12	0. 22612	0. 27455	0. 27055	0. 26775
					B13	0. 24522	0. 22653	0. 22605	0. 2212
					B14	0. 24841	0. 22867	0. 22385	0. 22752
A2	0. 20091	0. 19979	0. 20324	0. 20497	B21	0. 23077	0. 23167	0. 2399	0. 23424
					B22	0. 23077	0. 22648	0. 23896	0. 23637
					B23	0. 26923	0. 2745	0. 27279	0. 26928
					B24	0. 26923	0. 26736	0. 24835	0. 26012
A3	0. 2169	0. 21687	0. 23053	0. 2317	B31	0. 25543	0. 25626	0. 25118	0. 25591
					B32	0. 23913	0. 24911	0. 25642	0. 25799
					B33	0. 25	0. 24911	0. 25584	0. 25205
					B34	0. 25543	0. 24553	0. 23655	0. 23405
A4	0. 16895	0. 18892	0. 17965	0. 18077	B41	0. 2625	0. 25996	0. 24337	0. 24695
					B42	0. 22812	0. 23645	0. 23046	0. 23716
					B43	0. 2625	0. 25212	0. 26561	0. 25727
					B44	0. 24687	0. 25147	0. 26056	0. 25862
A5	0. 22146	0. 21791	0. 20862	0. 20331	B51	0. 25656	0. 2566	0. 25401	0. 24505
					B52	0. 23907	0. 24862	0. 24869	0. 24941
					B53	0. 25948	0. 24801	0. 25449	0. 25838
					B54	0. 2449	0. 24678	0. 24281	0. 24715

（四）一致性检验

根据层次分析法的思想，可计算由以上方法构造的判断矩阵的一致性比率小于0.1，因此均通过一致性检验，故所得结果是可信的。例如，由专家组的数据可得其一致性比率为：

$$\{CR, CR1, CR2, CR3, CR4, CR5\}$$
$$= \{0, 0.6579 \times 10^{-15}, 0, -0.1645 \times 10^{-15}, 0, 0\}.$$

（五）权重及结果

由于身份、立场和经验视角的差异，实践专家组专家、指导教师、参加过社会实践的在校学生以及未参加过社会实践的在校学生所关注的侧重点也存在一定的差异。从表4－2我们也可以看出，对于同一个因素，四者的意见整体上较为一致，但局部略有差异。因此，为了综合考虑，我们取其加权平均值为最终的权重，即对某一个指标的权重（y），取四类调查对象权重（x_i）的加权平均，即：

$$y = x_1 \cdot \frac{x_1}{x_1 + x_2 + x_3 + x_4} + x_2 \cdot \frac{x_2}{x_1 + x_2 + x_3 + x_4} + x_3 \cdot \frac{x_3}{x_1 + x_2 + x_3 + x_4} + x_4 \cdot \frac{x_4}{x_1 + x_2 + x_3 + x_4}$$

综合评价结果的权重如表4－3所示：

表4－3 最终的综合评价指标权重以及重要度排序

一级指标	加权平均	直接平均	二级指标	加权平均	直接平均	总排序权重	序号
A1	0.18157435	0.18137	B11	0.278482613	0.278395	0.050565	11
			B12	0.261215744	0.2597425	0.04743	12
			B13	0.230116139	0.22975	0.041783	20
			B14	0.232507588	0.2321125	0.042217	18
A2	0.20224756	0.202228	B21	0.234199075	0.234145	0.047351	13
			B22	0.233246093	0.233145	0.047148	14
			B23	0.271469097	0.27145	0.054895	4
			B24	0.261522113	0.261265	0.052835	8

续上表

一级指标	加权平均	直接平均	二级指标	加权平均	直接平均	总排序权重	序号
A3	0. 22422676	0. 224	B31	0. 254711511	0. 254695	0. 057055	1
			B32	0. 250884162	0. 2506625	0. 056198	3
			B33	0. 251776664	0. 25175	0. 056398	2
			B34	0. 243180834	0. 24289	0. 054473	5
A4	0. 17985324	0. 179573	B41	0. 253459499	0. 253195	0. 045514	17
			B42	0. 233111291	0. 2330475	0. 04186	19
			B43	0. 259476886	0. 259375	0. 046595	15
			B44	0. 254498954	0. 25438	0. 045701	16
A5	0. 21307008	0. 212825	B51	0. 253143759	0. 253055	0. 053875	7
			B52	0. 246521504	0. 2464475	0. 052466	9
			B53	0. 255168975	0. 25509	0. 054306	6
			B54	0. 245422148	0. 24541	0. 052232	10

其中，表 4 – 3 的总排序是根据层次分析法的计算步骤，由第一层的一级指标权重分别乘以其下层的各个二级分指标权重得出。

（六）结果分析

由表 4 – 3 得出的数据可以看出，在第一层的影响因素中，社会实践态度与能力所占的比重最高，对社会实践的效果影响最大；其次为社会实践保障、社会实践计划和社会实践主题；排在最后的是社会实践成果。

在分指标即第二层的影响因素中，排在第一位的是实践积极主动性，排名第二和第三的分别是实践交流能力和实践团队协作性。而计划实施的可行性和对资源利用整合能力分列于第四和第五位，说明这几项是对整个社会实践效果影响最大的二级指标。

对于特定的某社会实践小组，则其社会实践的成绩可通过求各二级指标所得分数与相应总排序权重乘积之和来计算。例如，经过打分，某实践小组的成绩分数如表 4 – 4 所示：

表 4-4 某实践小组的成绩分数

一级指标	二级指标	打分	总排序权重
（一）社会实践主题	1. 选题意义和价值	80	0.050565299
	2. 选题难度与可行性	90	0.047430078
	3. 与社会需求的相关度	70	0.041783188
	4. 与自身专业相关度	87	0.042217414
（二）社会实践计划	1. 计划内容的翔实性	68	0.047350558
	2. 计划内容的全面性	87	0.04714833
	3. 计划实施的可行性	75	0.054894655
	4. 团队分工明确性	76	0.052834968
（三）社会实践态度与能力	1. 实践积极主动性	73	0.057055378
	2. 实践团队协作性	75	0.056198052
	3. 实践交流能力	80	0.056397973
	4. 资源整合能力	84	0.054472507
（四）社会实践成果	1. 总结报告质量	90	0.045514356
	2. 成果答辩情况	91	0.041860377
	3. 社会反响情况	88	0.046594913
	4. 基地合作和成果推广情况	70	0.045701013
（五）社会实践保障	1. 政府、学校领导重视程度	80	0.053875321
	2. 专业教师指导参与力度	82	0.052465939
	3. 社会各界的支持力度	85	0.054306337
	4. 社会实践基地的构建	75	0.052231969

那么，计算其成绩的过程为：

$80 \times 0.050565299 + 90 \times 0.047430078 + 70 \times 0.041783188 + 87 \times 0.042217414 + 68 \times 0.047350558 + 87 \times 0.04714833 + 75 \times 0.054894655 + 76 \times 0.052834968 + 73 \times 0.057055378 + 75 \times 0.056198052 + 80 \times 0.056397973 + 84 \times 0.054472507 + 90 \times 0.045514356 + 91 \times 0.041860377 + 88 \times 0.046594913 + 70 \times 0.045701013 + 80 \times 0.053875321 + 82 \times 0.052465939 + 85 \times 0.054306337 + 75 \times 0.052231969 = 80.18407196$

因此，该实践小组最终的实践分数为 80.18 分。按照常规的认定方法，如果成绩超过 80 分，则为优秀，否则为不优秀。针对该实践小组，尽管有些项得分少于 80 分，但其综合成绩为 80.18 分，仍超过 80 分，因此可认定该实践小组优秀。

第四节　实效性评价的机理性研究

积极有效地开展大学生社会实践活动是培养大学生实践能力的主要途径，是大学生由学校走向社会的重要过渡方式。① 然而，目前我国在开展大学生社会实践活动中仍面临实效性不佳等突出问题，学术界普遍认为评价内容、方法的相对单一和不尽完善是制约大学生社会实践效用发挥的重要原因之一。但是，在目前研究中，系统、全面地研究大学生社会实践评价机理的并不多见。构建完善的评价体系是提高大学生社会实践实效性的重要举措之一。评价指标体系是大学生社会实践活动考核的基本内容，对大学生社会实践活动的考核与发展具有直接的指导作用。因此，为了更好地测评大学生社会实践的效果，需要从理论上构建一套科学可行的评价体系。本节尝试以提高大学生社会实践实效性为目标，结合当前评价方法局限性及发展趋势，探索解决相关问题的办法和策略。

一、研究起点

一般来说，评价应当以实效性为“逻辑起点”。在经济学类相关学科中，实效性是指事物或活动指向的明确性与效果的明显性，一般用某一具体事物或活动产出与投入的比率来表示其实效性的大小、高低或强弱，即实效性 = 投入/产出，这个比率值越大，表示某一具体事物或活动的实效性就越大、越高、越强，反之则表示某一具体事物或活动的实效性就越小、越低、越弱。

根据这一逻辑推理，大学生社会实践实效性可解释为活动投入与活动产出的比值。由于大学生社会实践活动的投入比较容易描述和测量，“产出”或“净输出值”便成为衡量“实效性”的主要标准，对结果的量化评价的方式也就成为最主要的评价方式。

在量化评价中最直接、最简易的方式就是成果评价，也称之为终结性评价，是对大学生社会实践的各项内容和指标进行“1 +1”式的评价，对被评

① 高馨. 大学生社会实践的实效性研究［D］. 厦门：厦门大学，2009.

对象做出某种资料、资格证明，得出学生在实践活动中的评价结论。① 量化评价的内容除了实践总结报告、社会调查报告或者学术论文等社会实践活动最直接的物化形式外，还包括实践队员的收获，例如，实践日记、实践感悟等，同时包括实践单位的证明、鉴定，媒体报道情况，活动图片、网络互动分享等。对学校来说，当前使用较为广泛的对大学生社会实践实效性进行鉴定的方式是对实践成果进行评价。但是，采取成果评价的方式存在如何科学实施输出的测量问题。因为许多实际输出的因素难以用量化或者描述的方式表现出来；尽管学生在参与社会实践过程中付出了诸多努力，但受个别意料之外因素的干扰，会导致相关活动陷入困境，从而让实现预期目标变得异常艰巨，甚至不可能达成。

实际效果产生后，有时要经过一段很长的时间才会显现出来；在社会实践活动的许多方面，常有连锁结果以及连带效果，使确定实际输出的工作变得很困难，例如，公益服务等。并且，由于所收集资料的信息量大、内容庞杂，信息的甄别十分困难，甚至是无法予以确认和核实，这容易诱导学生为了实现考核目标，在实践活动过程中重达标而轻实质，出现形式化和功利性问题。

另外，国内学者对“评价”概念没有统一的科学界定。而实际上，“评价”这一概念在公共政策研究中使用得较为广泛，其词源上的含义为“引出和阐发价值”，中文词义有“评价、测评”之意，其英文 evaluation 既可以翻译为评价，也可以翻译成评估。美国学者 N. E. 格朗兰德给“评价”下了一个简洁的定义②：评价 = 量（或质）的记述 + 价值判断。这里的“量（或质）的记述”就是我们常说的事实描述，即对事物现状、属性与规律的客观陈述。所谓“价值判断”就是在事实判断的基础上，根据人的需要和愿望对客观事物做出判断。然而，评估与评价在中文语境中显然有些微妙的差异。因此，有学者认为，评估和评价是两个不同的概念，“评估是对活动方案所做的分析，评价是对活动效果所做的判断，它们是活动运行过程中两个不同的环节”③。从方法上看，通常意义上的评价从一开始就存在两个层面的分野，但我们在实际使用过程中一般不予以区分。也正因如此，在大学生社会实践实效性的评价机制、原则和方法等理论研究上，学术界存在较为激烈的争论，但在实际操作中，“由于大学生社会实践内容广泛、形式多样、时间

---

① 陈立力. 大学生社会实践评价机制研究［J］. 丽水学院学报，2009（6）：87－90.

② 肖远军，李春玲. 政策评价概念探析［J］. 理论探讨，1995（2）：41－44.

③ 陈庆云. 公共政策分析［M］. 北京：中国经济出版社，1996：255.

灵活、空间离散，再加上学校不可能派出大量的教师随队指导”，较为普遍的评价方式仍然为对活动效果的考察。

当前大学生社会实践实效性评价存在的表象性问题主要反映在三个方面，如图4－6所示。

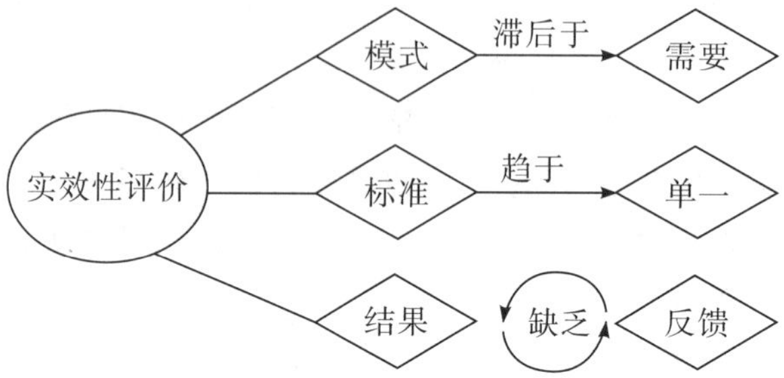

图4－6　当前大学生社会实践实效性评价存在的表象性问题

第一，人才培养模式滞后于社会发展的需要。随着产业结构和运行模式的变革，高校人才培养模式和市场合理接轨的要求越来越迫切。在大学生社会实践中，尽管目前高校对人才培养重要性的认识不断增强，但在很多高校中，社会实践更多是由学校共青团组织实施的，教务处和学生就业指导中心也会结合自身工作实际开展部分工作，这种多部门的管理模式因沟通平台的缺少、信息渠道的不畅通，难以保证学生实践活动的效果。大学生社会实践实效性的评价更多依靠最终的学生实践结束后提交给学校的实践报告，即结果上的评价，缺乏同所学专业课程的融合，这种评价机制重视最终信息的整合，却忽视了社会实践过程中大学生的知识运用情况和创新能力培养，不能从根本上反映出学生社会实践的效果和学生的收获。

第二，缺乏全面的评价标准。一方面，当代大学生多为独生子女，相当一部分学生缺乏公共意识，他们参加公益活动和社会服务的意识较弱，而高校对大学生社会实践实效性的评价目的不明确，导致制定的评价标准因不完善、不贴近实际等原因而出现操作性不强的问题。与此同时，在评价大学生社会实践成果时，简单地以调查报告、实践的鉴定等作为唯一标准，并不具有全面性。大学生社会实践评价标准的不完善也容易导致评价者做出非客观公正的判断，对实践活动的开展造成负面的影响。实践时敷衍了事或搞形式主义，材料准备时却对照评价指标做得完整充分，这在一定程度上就会影响实践实效性评价的公平公正，减弱那些在社会实践活动中非常认真的学生以后参加实践活动的积极性和创造性，同时也并非所有的社会实践成果都可能甚至有必要用量化的方式来表示，如果过度追求量化的指标进行评价，也会给一些学生提供弄虚作假的机会。另一方面，由于指导实践活动教师数量有限，而参与实践活动的数量和需求较多，也会出现教师资源分配不均的问题。大学生社会实践活动如果缺少了教师的专业性指导，实践活动的效果就会大打折扣甚至出现这样或那样的问题。这其中对指导教师针对性的激励和考量，也是亟待解决的问题之一。

第三，评价结果缺乏有效的沟通反馈。大学生社会实践实效性的评价不能提高学生参加实践活动的积极性、主动性和创造性，在某种程度上也会制约学校教育教学改革的发展。当前，学校组织大学生开展社会实践在一定程度上是无序的甚至是盲目的，也缺乏比较完整的规划和预见性。因此，大学生社会实践框架体系和运行机制亟待完善。目前，大学生社会实践活动评价结果缺乏有效的沟通反馈，一般表现在以下两个方面：一方面，仅仅将社会实践活动评价的结果对外公布，学生得到的反馈只是一个分数而没有关于评价结果的解释或说明，在学生对学校评价标准缺乏整体性认识的情况下，他们也无法知道自己还有哪些方面需要改进。另一方面，评价者因为思维方式的固化，没有深入理解大学生社会实践实效性评价的意义，无精力、意识或能力去将评价的结果反馈给学生。

二、国内外“服务学习”评价的机理剖析

“服务学习”一词是 1967 年最初由美国南部地区教育董事会（Southern Regional Education Board）提出，但在美国、韩国等世界各国各级学校的实际操作过程中，也衍生出不同的理解和做法，其中以 1990 年美国《国家和社区服务法案》对“服务学习”的理解最为全面。它认为“服务学习”是一种学习方式，学生在这一过程中主动参与精心组织的服务，进行学习并得到发展，这种服务在社区中发生并满足社区的需要；服务学习与小学、中学、高等教育机构以及社区相协调，有助于形成公民责任感；“服务学习”与学生的学术课程相整合，并为学生规定时间对服务经验进行反思。[①] 如图 4 -7 所示，通过吸收借鉴国内外“服务学习”在评价机制上的有效举措，可以从中寻求科学评价我国大学生参与社会实践效果的工作思路。

① 马彦光. 服务学习及其对我国大学生社会实践的启示［J］. 中国电力教育，2008（19）：144 -146.

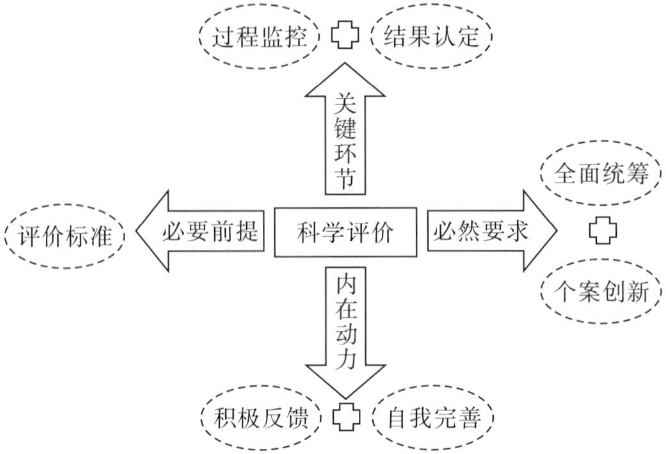

图4－7　“服务学习”评价机制的启示

（一）科学、明确的评价标准是评价有效进行的必要前提

大学生社会实践涉及社会、学校、个人等多方面的因素，因此，制定全面、客观、合理的评价标准尤为重要。在此过程中，首先，要明确大学生社会实践评价的三个维度，一是社会实践活动任务的完成情况，即大学生在社会实践的过程中能否有效地扮演应扮演的角色、尽应尽的责任和承担应承担的任务；二是社会实践活动任务完成的质量，即社会实践活动是否遵守预定的计划和标准进行；三是社会实践活动的价值实现，即社会实践活动是否给个人成长和学校发展带来好的效果，是否切合地方的实际需要。其次，要确保评价标准的严谨和可操作性。在评价标准制定过程中，要尽量切合社会实践活动的内在需要，评价标准要尽可能清晰明确，不能给人随意解读的空间。最后，评价的指标要做到全面和简洁的有机结合。指标过多，极易导致评价工作量的增加，且难以区分各考核指标之间的权重对比；指标过少，也缺乏评价的参考依据。在评价过程中，每一项评价的结果都必须有充分的事实材料作为依据，避免凭主观印象评价和晕轮效应等所产生的问题。

（二）过程监控和结果认定是评价有效进行的关键环节

大学生参与社会实践是在实践中受教育、长才干，各种内外因素不间断地叠加，不断地促进大学生的成长。因此，对大学生社会实践实效性的评价不能只注重结果，同时也应关注整个实践过程中的发展变化，力求从社会实践活动每一个环节进行系统的评价。在此过程中，选择的评价方法一定要有较高的效度和普遍性，能对大学生参加社会实践起到正面引导和激励作用，能比较客观、公正地评价社会实践效果等过程性的影响因素，同时考虑评价应体现组织社会实践的目标，从而根据社会实践的内容进行科学的判断。

对评定结果的认知同样关键，这其中也包含两个方面的参考维度。一是要正确看待考核结果。在社会实践的考核过程中，由于主观和客观因素的影响，会使得大部分学生的考核结果过于集中在一定的区域，缺乏显示度和区分度，相应地也会制约激励措施的实施过程。针对此问题则要由评价小组进行调偏处理，使得评价结果处于科学合理的分布。二是要有效利用评价结果。大学生社会实践中评价是手段，而取得实实在在的效果才是最终的目的。要按评价指标体系的要求建立数据库，健全相关社会实践档案资料，全面收集各种信息，以供评价时采用。社会实践评价结果的有效运用，是鼓励大学生投身社会实践的重要动因，是推动社会实践进入有机运作、自我驱动、有轨发展的良性循环机制。

（三）全面统筹和个案创新是科学评价的必然要求

大学生社会实践涉及的领域较为宽泛，每一次社会实践都会有不同的意义和目的，评价的标准也需要全面统筹和个案创新的有机结合。大学生社会实践实效性的评价不是为了人为制造学生之间的差距，而是实事求是地发现和总结学生在参加社会实践中的经验和教训，从而促使学生加以改进和提高。社会实践的评价要在总体兼顾的基础上尊重学生的价值创造，社会实践评价标准、评价程序的设置也应当有明确的规定并向全体学生公开，以吸引学生参加，而且在评价中要严格遵守这些规定，保证整个考核过程的透明度，这样才能使学生对评价产生信任感，对考评结果持理解、接受的态度。与此同时，也应增强对评价者的培训力度。由于不同的评价者在理解力、观察力、判断力以及个性倾向等方面存在一定的差异，再加上评价的工作量大，在评价的实施过程中，必须对评价者进行有效的培训，促使其深刻了解评价内容和方案。这些培训内容可以包括组织评价者认真学习社会实践评价的内容和各项评价标准、列举典型的评价错误等，从而加深对大学生社会实践有效评价复杂性的认识。

（四）积极反馈和自我完善是科学评价的内在动力

反思是服务学习的核心要素，对大学生社会实践实效而言，能否给参与社会实践的师生及时的信息反馈，也是社会实践后续开展和评价有序进行的原动力。因此，大学生社会实践的评价结果一定要及时反馈给学生，否则就会影响评价的激励、奖惩和教育作用的发挥。反馈方式多样，如座谈、小组讨论等，从中让学生了解自己的成果，明晰个人的优势和不足，找准自身今后努力的方向。在反馈过程中，也应注意沟通的技巧，要做到引导和问题诊断并重，不仅要关注过去，更要面向未来。同时，反馈还可以将学校的期望、目标和价值观传递给学生，增强学生的凝聚力和创造力。[①] 当学生对评价的结果不满或者认为评价标准运用不当时，学校须提供申诉的渠道。在此过程中，要给学生清晰的指引并尊重学生的意见，认真分析学生所提出的问题，找出问题之所在。如果是评价者或评价指标本身的问题，则应针对学生所提出的问题加以改正；如果是学生自己的问题，就应当以事实为依据，以评价标准为导向，对学生进行教育引导。因此，要正确看待学生的申诉，敢于把处理评价申诉作为完善社会实践评价体系的机会。通过一系列的评价实施和反思，可以针对评价过程中不科学、不合理的地方做出相应的修改和完善，从而促使社会实践实效性评价不断向前推进。

开展社会实践活动是加强和改进高校思想政治教育的重要途径，是实践育人教育理念的具体落实，对当代大学坚定理想信念、增强历史使命感和社会责任感具有重要意义。学习借鉴国外服务学习的评价机制，可以找到促进我国大学生社会实践实效性的方向和路径，使得大学生社会实践有着更明确的导向和更清晰的目标，进而推动大学生社会实践广泛而深入地开展。

三、基本维度：与评价理念的聚合

作为一种教育活动，大学生社会实践评价目前在学术界还有一些观念上的纷争：评价的目的是什么？是什么层次的评价？评价什么结果？对这些传统教育评价理念的不同解读仍是引起当前大学生社会实践实效性评价分歧的基本要素。

第一种是着眼于效果，强调通过评价来判断教育目标或教育计划的实现程度。美国教育学家泰勒在其评价理论中指出：“在本质上，教育评价过程乃是一种测量课程和教学方案在多大程度上达到教育目标的过程。”他认为教育评价可以判断教育目标的正确性、可行性、实现的程度，也能控制教育活动。从这一评判角度来看，大学生社会实践评价即为综合判断实践效果或目标实现的程度，评价路线一般包括三个步骤：一是确定大学生社会实践评价内容，主要包括实践主题、实践计划、实践态度、实践能力、实践成果和实践保障措施等几个方面；二是设立大学生社会实践评价指标，即根据实践的要求、目标和专业特点，建立具有可衡量性的指标体系；三是根据专业的

---

① 孙君芳. 大学生社会实践考核机制实效性研究［J］. 济南职业学院学报，2010（1）：55－58.

侧重点、实践目的和实践要求，赋予实践指标权重。

第二种是立足于信息的甄别和选取，把教育评价视为一种为教育决策提供叙述性和判断性信息的过程。社会实践是大学生思想政治教育的重要环节。它对于学生接受思想、政治、实践能力等多方面的实际锻炼，培养学生全面素质尤其是思想政治素质具有极其重要的作用。教育是社会发展的产物，需要与时俱进，不断丰富和完善教育内容和教育方式，只有充分反映社会发展的趋势和学生内在的价值需求，面向大学生的实践教育才能具有适应性和针对性。在大学生社会实践活动中，多层次、多角度的实践活动往往形成大量的文字、数字和图片信息。作为一种效能评价方式，信息的收集不仅有利于评价的科学与公正，同时对改进工作方法、实践形式和教育内容具有重要的借鉴和参考价值。CIPP 模式的创始者斯塔弗尔比姆强调："评价最重要的目的不是证明，而是改进。"这就是说，教育评价更重视评价的形成性功能，其特点是通过揭示存在的问题，反馈有关信息，以改进工作。但是，从目前的情况来看，"信息"在大学生社会实践系统中往往只是效果评价的一种手段。它对于大学生思想政治教育和专业教育的参考价值或反馈作用并不是十分明显，尤其是在教学实践、专业实习之外的实践活动中，"信息"大都作为一种终结性的"成果"而被忽略掉了。

第三种是侧重于整体效果的价值评判。这是一种综合判断的视角，是"系统在收集信息和解释过程，在此基础上做出价值判断，目的在于行动"，强调评价是一种目的在行动的价值判断。[①] 许多学者认为，评价是与行动目标和价值有明确关系的概念，是按照教育目标和价值观对学生的学习成果和教育计划的效果进行测量的过程。因此，评价概念的重点在于以教育目标为标准的价值判断。换句话说，任何一种教育（实践）活动的评价都是对教育活动满足社会和个体需要的程度做出价值判断的过程，其中包括现实的价值和潜在的价值。它所依托的是一种整体性的、长效性的质、量考评相结合的评价体系。目前，在大学生社会实践评价中，我国学者立足于整体效果的价值评价方式依然比较缺乏，许多学者认为其原因在于高校对形式多样的大学生社会实践活动缺少价值分类，以及缺少相应的课程化建设方案，包括客观、科学的大学生社会实践评价考核方法和质量监控体系，课程实施中的成绩评定和记录办法，以及多种类社会实践活动的统一标准和要求等。实际上，目前很多高校已经开始积极有效的改革实践。例如，近年引入的档案袋

---

① 史秋衡，余舰，等. 高等教育评估［M］. 贵阳：贵州教育出版社，2004：5.

评定法和苏格拉底式研讨评定法等。前者的特点在于培养学生的自我评价和反思能力；后者强调在问题讨论中如何才能更多地促进学生间的互动和如何成为真正有效的评定依据等，其根本要求是让学生学会更有成效地思考并为自己的见解提出证据。

从一种理想的角度出发，大学生社会实践的价值评价应当建立起充分有效的评价指标，指标的选取来源于三个方面（如图4－8所示）：一是准备阶段，主要通过对实践目的和计划的检视，判断实践活动的目的是否明确，适用于哪种活动形式，能够巩固学生哪些知识或技能；二是组织与实施阶段，即观察和检验学生相互配合的情况及教育效果；三是实践的效果，社会实践教育效果的好坏最终要体现在学生身上，例如，学生能够发现实践过程中反映出来的问题，能够正确分析造成这些问题的原因，学生提出了多少解决问题的方案以及这些方案是否科学合理等。需要说明的是，由于各类大学生社会实践的活动形式、目的不同（例如专业实习和公益服务），需要在实际过程中予以具体分析，但总体来说，评价机理应当涵盖主体性原则、全面性原则和总体性原则等。

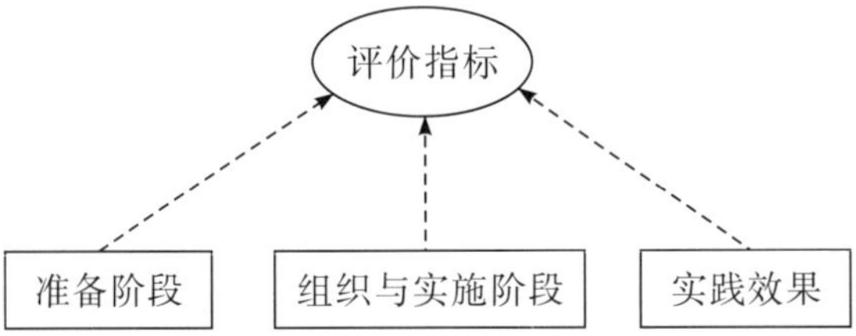

图4－8　评价指标的来源

四、基本原则：以价值导向为尺度

作为开展大学生思想政治教育、实现大学生自身价值的一种重要方式，多种形式的社会实践活动对于促进大学生了解社会、了解国情，增长才干、奉献社会，锻炼毅力、培养品格，增强社会责任感具有不可替代的作用。实践活动的实际参与者是广大在校大学生，因此，大学生社会实践评价应当摒弃各种脱离实际的“他性”的评定方法，应当“以人为本”“以生为本”，以“人”为中心选择和确立各种评价指标和方法。具体来说，评价的原则应当涵盖以下三个方面。

1. 主体性原则

学生是社会实践的主要参与者。因此，社会实践评价的价值取向应当凸显大学生的主体地位。在实践评价中遵循主体性原则，就是将学生的利益和需求放在核心位置，重点考查学生在此过程中思想政治素质的变化发展和运用知识解决实际问题的能力。

同时要坚持学生自评与集体评价相结合的原则，在发挥特定评价主体（学校组织管理者）主导作用的同时，强化评价对象（学生）的主体意识。[①]学生参与评价主要有两种方式：一是学生自我评价，其重要性在于这种评价能够真实反映个体自我发展的意向和为这种意向所做出的努力，使教师从中获得来自学生自我发展的信息，同时有助于学生发现问题，并及时调整行为，促进自我完善；二是学生之间相互评价，这种评价方式虽存在评价主体固定性选择偏好和权威性不强的问题，但仍有一定的可操作性。目前，有学者提出依托网络媒体构建评价方式，其特点在于评价主体的多元性，由于“构成人员广泛、复杂，有时甚至难以区分”，但有利于“将社会实践评价主体、客体紧密联系起来，为每个独立的评价主客体提供一个‘交互式’的评价环境”[②]，有利于体现学生的主体性原则。

2. 全面性与重点性相结合的原则

大学生社会实践是一项系统性的教育培养活动，涉及大学生知、情、行相互结合的过程。因此，对大学生社会实践的评价应当采取系统论的观点和方法，全面考查学生在实践各个环节的思想认知和现实实践情况，综合影响大学生社会实践效果的各因素和实践过程的各环节，形成有机整体，以便有效控制考核评价的稳定性。影响大学生社会实践的因素大概包括“态度”“能力”和“成果”三个方面。“实践态度”可以从“团队合作”“爱岗敬业”“主动性”三个观测点来评价；“实践能力”可以从“沟通能力”“应变抗挫能力”“资源利用能力”“总结归纳能力”四个观测点来评价；“实践成果”可以从“实践总结报告质量”“其他实践物化材料”“成果答辩情况”三个指标来进行衡量。[③]

重点性原则是基于大学生社会实践形式的多样性而在评价中应当坚持的原则。目前，大学生社会实践的形式涵盖教学实践、专业实习、军政训练、社会调查、生产劳动、支援服务、公益活动、科技发明和勤工助学等内容。

---

① 刘红英. 论思想政治理论课学生考评的原则［J］. 思想政治教育研究，2007（4）：94.

② 叶绍灿，刘瑞平. 论大学生网络社会实践评价体系的构建［J］. 合肥工业大学学报（社会科学版），2011（2）：86.

③ 陈立力. 大学生社会实践评价指标体系与评价方法研究［J］. 中国青年政治学院学报，2010（2）：27－32.

由于实践形式不同，实践的主题、意义及其实际效果也千差万别，在评价中不能采取“一刀切”的方法和原则，而应针对不同的实践具体情况，有所侧重，以反映相应实践活动的特色和发展倾向。例如，公益性质的社会实践应当侧重于学生的道德发展和服务效果，而专业实习类的社会实践则应当重点考查学生理论知识储备与实践工作相结合的意识和能力。

3. 总体评价和个体评价相结合的原则

总体评价是相对于个体评价的一种评价方式。它是将大学生社会实践团队整体实践能力作为评价对象，运用科学的评价方法进行的综合性价值评价。它考察的是实践团队突出重点、把握政策、依照既定方案推进工作的能力；同时立足于日常化的跟踪观察，重视形成性评价，着眼于工作的开展，防止形式主义和消极主义，保证实践活动的健康发展。当前，大部分高校对社会实践采取总体性评价，以便于学校及时掌握社会实践的开展情况，及时纠正在实践过程中产生的问题。

但是，多数高校没有针对实践活动建立完善的责任评价机制。在评价过程中，由于缺乏对于个体的评价方式，部分学生对“他评”存在消极对待的情绪，致使评价失去了应有的激励机制。因此，各高校应当建立合理必要和规范的个人考评与激励机制，也可以尝试将社会实践活动纳入教学体系，使大学生实践活动的评价有章可循，形成有效的激励机制。尽可能地调动广大学生参与社会实践的积极性，是保障社会实践实效性的最好手段，[①] 也是进行实效性评价的主要目的。

五、指标构建：评价的有效实现

大学生社会实践实效性评价实际上是对大学生社会实践的过程及其结果做出价值判断，是对管理主体、教育主体和实践（学习）主体等各参与者根据相关的目的要求和所确定的指标，对实践活动的效果进行判断的过程。它不仅包括对高校实践活动的设计、实施等从过程到效果的评价，也包括对大学生实践参与的效果评价。大学生社会实践实效性评价的主要目的是为了科学客观地检测大学生“服务学习”的成效，考察实践全过程，获取改进和需要加强的某些环节、过程和方式，并进一步提高实践质量，为加强社会实践管理和指导提供较为客观有效的参考。

---

① 吕富媛，吕富彪．增强大学生社会实践实效性的路径研究［J］．国家教育行政学院学报，2010（3）：49－51．

（一）大学生社会实践的实践者评价指标构成

开展社会实践的根本目的在于，着力提高实践者的综合素质和思想政治水平。因此，针对大学生这一社会实践者的评价应当全面围绕学生本身的成长和发展而展开。实践者评价指标应体现在以下几个方面：知——对实践方案、动机或目的理解程度，以及对实践对象的了解、知识及信念；情——对实践对象的情绪感觉，包括喜欢讨厌、尊敬轻视、赞成反对等正负面的感觉；意——为实现预期目标所做的自觉努力，以及通过权衡自觉克服困难的心理过程；行——对实践对象的反应倾向，以及由此而形成的过程之中外显的行为。同时，大学生社会实践作为高校思想政治教育的重要载体，其评价体系还应包含对实践行为主体的思想政治素质和道德素质考察，通过考察，参与实践的学生深刻认识到社会发展规律、国家的社情民意，以及当代大学生应当承担的社会责任。它能引导大学生自觉遵守爱国守法、明礼诚信、团结友善、勤俭自强、敬业奉献的基本道德规范，引导大学生勤于学习、善于创造、甘于奉献，促使大学生正确认识自我，完善个人品质，保持良好心态，实现健康“社会化”。

（二）大学生社会实践的指导者评价指标构成

大学生社会实践的指导者一般由高校专业教师和辅导员担任。专业教师和辅导员既是社会实践的评价者，也是大学生社会实践的实施者、指导者。教师在大学生实践中扮演着规范和引导的作用，关系到实践活动能够顺利按照预设目标开展，事关实践活动的成败。因此，大学生社会实践评价体系应当结合指导教师的评价，设置指导者评价指标。但从当前的普遍情况来看，将教师作为指导评价指标纳入大学生实践实效性评价体系中，还缺乏科学有效的联系机制。

国家教育主管部门的政策文件要求“把干部、教师参加和指导大学生社会实践计入工作量，作为考评的重要依据”，但实际上“指导教师的主要任务是做好学生的思想政治工作，同时进行必要的组织指导工作”。由于在国家层面上，对该评价指标并没有实际的评价标准和操作办法，指导教师的作用因而未能得到充分发挥。

也有部分高校开始探索建立针对指导教师的评价办法，归纳起来主要包括综合素质和指导能力两个方面的考察。前者包括教师的思想政治水平和对社会发展的把握能力，主要考察他们思想素质、政治理论和知识结构；后者则涉及指导教师对实践活动的整体规划和对各个实践环节的问题处理能力，例如，在设计与规划环节中，指导教师要善于根据学生的生活经验、已有的知识基础和特定的背景和条件，引导学生选择或自主提出活动主题，并合理地制订活动方案，保证综合实践活动得以顺利有效地实施；在活动实施过程中，指导教师要组织和管理好学生，引导学生组成活动小组，并协调学生活动中与各部门的关系，通过与相关部门或人员的沟通，为学生开展综合实践活动创设宽松的活动时空；在面对突发问题时，指导教师要具备问题探究和应变能力；在总结环节中，教师要指导学生明确获得信息的途径和渠道，学会运用调查、考察、文献检索、测量、实验等不同的方法来收集资料，最终形成系统的实践成果。需要说明的一个问题是，大学生社会实践的主体应当实现多元化，只有保证“学校党政干部和共青团干部、思想政治理论课和社会科学科教师、辅导员和班主任都是大学生社会实践指导者的组成部分”，针对指导教师的评价体系、指标才能切实有效地得到落实。

（三）大学生社会实践的组织者评价指标构成

大学生社会实践的组织主体是多样的，主要包括两个不同的层次。从整体布局上看，它是指地方各级党委、政府，涵盖党委宣传和教育工作部门、教育行政部门和共青团组织等；从高校层面上看，它是指由学校党委分管领导牵头的教务处、人事处、宣传部、科研处、学工部、校团委和院系主要负责人参加的大学生社会实践领导小组，它们负责制定校内有关社会实践的规划、政策、制度等，设立专门的管理机构，配备专门人员，具体负责学生社会实践活动的实施与日常管理。由于参与大学生社会实践组织工作的往往是高校的相关管理部门，这里所说的针对大学生社会实践组织者的评价一般局限于对后者的评价和考量。

组织者是活动的牵头者和重要保障的提供者，也是实践活动发挥教育功能的主要引导者。因此，从总体情况看，大学生社会实践的组织者的评价应当主要包括几个方面：一是把握社会实践的指导思想，重点考察学校领导和管理层能否“从培养社会主义事业建设者和接班人的战略高度予以足够的重视，把社会实践活动列入议事日程，切实加强领导”；二是学校教育管理部门和共青团组织在组织、发动和服务大学生社会实践中的作用，包括实践活动中是否贯穿树立实践育人的思想，是否把握社会实践的针对性、实效性和吸引力、感染力，是否整合集聚资源，调动校内外各方面积极性，努力形成协同支持大学生社会实践的良好局面等；三是是否建立了社会实践完善的保障体系，包括是否切实把社会实践活动列入高等学校的教育计划、多渠道解决社会实践活动经费和精心指导社会实践活动等；四是社会实践指导教师队伍建设情况，主要考察是否建立了一支强有力的社会实践指导教师队伍以及这支队伍的思想建设和组织建设情况，其中包括对社会实践人员的培训、考核等；五是“二次教育”的落实情况，是指学校结合社会实践的实践成果和社会积极影响进行广泛而有效的教育宣传，以及社会实践活动的总结表彰情况等。

需要说明的是，2017 年，中共中央、国务院印发的《关于加强和改进新形势下高校思想政治工作的意见》指出：“要强化社会实践育人，提高实践教学比重，组织师生参加社会实践活动。……要健全高校思想政治工作评价体系，研究制定内容全面、指标合理、方法科学的评价体系，推动高校思想政治工作制度化。”社会实践作为高校思想政治工作的重要途径，大学生社会实践评价机制也是思想政治工作评价体系的重要组成部分。针对实践者、指导者和组织者的评价需要科学化、合理化和系统化，只有针对不同“主体”而非单一“客体”的评价形成合力，才能促进大学生社会实践的健康、有效发展。

第五节 实效性评价的指标体系构建

新时期开展大学生社会实践活动，需要建立一套科学、客观的评价指标体系，通过不同方式、不同渠道采集大学生社会实践信息，进行定量和定性分析，并对实践活动的过程与效果结合实践目的做出一定的价值判断，进而帮助社会实践队伍总结经验、认清差距、校正方向，切实保障大学生社会实践工作的展开与实效。

一方面，高校通过对社会实践活动的评价考核，改正部分实践队伍形式主义等不良浮躁思想，增强社会实践活动的真实价值，对社会实践活动起到一定的监督作用，给社会实践活动的实施者与参与者以警示；并通过一系列的指标考核检验社会实践活动是否真正取得成果，为全面了解大学生社会实践工作情况提供数据与规范，对分析问题与查找问题原因、提出有针对性的改进意见和建议起着积极的作用。另一方面，高校构建系统的社会实践评价指标体系，能够加强对大学生社会实践工作的宏观管理，充分发挥评价的激励作用和管理功能，树立优秀榜样，在学校、师生当中营造健康向上、积极进取的良好氛围，保证大学生社会实践活动的成效与成果转化，推动大学生社会实践活动持续、稳定的发展。因此，只有通过科学的评价，实事求是地制订出切实可行的实践方案与规范，建立以评价为中心的社会实践质量评价监控体系，才能提高各实践队伍与大学生对社会实践教育的认识，真正地提高实践育人的效果。

一、指标体系构建的指导思想

目前，大学生社会实践活动已成为一种切实有效的培养高素质人才的重要途径。深入研究大学生社会实践活动的实效性及其评价体系，对于提升社会实践的实效性、增强其教育社会化功能具有重要的意义和作用。构建合理而有效的实效性评价指标体系，是增强大学生社会实践实效性的重要手段，对于提高实践效果，改进实践方式，促进高校教育教学改革和丰富人才培养模式具有重大的理论和实践意义。而大学生社会实践活动有明确的指向性和目的性，其指标体系的构建也必然遵循与之对应的指导思想。

（一）以学生为核心，体现大学生的主体地位

大学生是社会实践活动的主体，开展社会实践活动的最终目的在于提升大学生的综合能力，为其将来的发展打下基础。因此，在进行评价的过程中，应始终贯穿“以学生为核心”这一思想，充分调动学生的主动性和积极性。[①] 从本质上看，大学生是社会实践活动中受益最大的一个群体。评价体系能够促使学生自主地在实践活动中受教育、主体意识不断强化、自觉能动性和创造性得到充分发挥，也将有利于综合能力的提升。

（二）以实践检验理论，促进大学生知行统一

知行统一是大学生社会实践这一教育方式的显著性特点。大学生社会实践应实现理论学习和实践的有机结合，用实践检验理论和促进理论创新，从而完善知识结构，提高应用和创新能力。[②] 因此，大学生社会实践主题应与人才培养目标相统一，与专业学习、社会需求相结合。通过社会实践活动提升学生知识水平的同时提升实践能力，是评价体系的一个导向性要求。

（三）鼓励特色创新，考虑个体差异性

不同年龄结构、不同专业背景的学生群体之间存在许多不同之处，如果用一成不变的评价原则进行考核，而不考虑学生群体之间的差异性，可能会产生错误的评价结果。在评价过程中，既应有统一的标准，又应注重个体的差异性，在考评中根据学生群体特点选择能够反映其个性特色的指标（或权

---

① 吕富媛，吕富彪. 增强大学生社会实践实效性的路径研究 [J]. 国家教育行政学院学报，2010（3）：49－51.

② 于志强，于书忠，柳青. 提高大学生社会实践实效性的对策 [J]. 教育与职业，2010（35）：181－182.

重），使评价结果能够客观公正地反映问题。[1]

（四）综合运用各种评价方式，体现严肃性与科学性

对个体不同侧面的评价，都有其适合的评价方式。大学生社会实践评价体系的建立，应综合运用各种评价方式，使形成性评价与终结性评价相结合，动态评价与静态评价相结合，定性评价与定量评价相结合，教师评价与自我评价和相互评价相结合。通过综合评价，最大限度地反映出实践活动的真实情况，给予正确的评价认可，这体现了评价的严肃性与科学性。

二、指标体系的构建原则

对大学生社会实践活动进行评价，就是将社会实践的实效性融入规划、实施、总结等各环节，并针对社会实践不同阶段的不同个体或组织制定各有特色的指标。本项目将大学生社会实践活动的评价细分为五个方面，即总体规划、个人提升、高校配套、社会效益和总结反馈。针对学生社会实践实效性的评价，要依据上述五个方面的内容设定指标，科学分析每一环节实效性目标的实现情况，细化对实效性的认识，从而不断提升社会实践的实效性。

（一）全面系统原则

大学生的社会实践活动，不但对自身了解社会、增长才干、培养品格等方面具有重要的意义，也对高校和社会在人才培养、创新管理等方面有重要的推进作用。因此，针对大学生社会实践活动进行的实效性评价，要全面、合理、客观，并且能涵盖和全面反映社会实践活动对学生、高校和社会产生的综合实效。而且，这一评价体系还要围绕着实效性评价的总目标进行分解，形成一个指标数量多、指标层次分明、各指标权重安排得当的评价指标体系。

（二）“硬”指标与“软”指标结合

由于大学生社会实践活动的特殊性，使得与此相关的评价具有多维性，既要进行定量评价，又要进行定性评价。“硬”指标就是指可量化的指标，“软”指标则是指难以具体量化的指标。在对大学生社会实践活动进行评价的过程中，应逐步强化对活动方案指标、实践基地建设指标等“硬”指标的考核，增加对总体规划指标、社会影响指标等“软”指标的考核。

（三）一致性和导向性原则

一致性原则指评价指标体系的构建，必须与社会实践活动的根本出发

---

① 路壮志．增强大学生社会实践实效性的思考［J］．市场周刊（理论研究），2009（4）：102－103.

点相符合，才能反映出实践活动最终的效果。导向性原则是指通过实效性评价，能够为学校和社会提供有效的评价信息，帮助了解某一项实践活动的现状、成绩和问题，反映大学生社会实践活动的特色，突出特点，从而不断总结、改进和提升社会实践活动的教育意义与社会效益。这是实践育人的根本要求所决定的。一方面，大学生社会实践活动的评估，必须坚持马克思主义的指导，符合我党的方针、政策与路线，必须符合社会实践活动的目的与要求。通过与我党教育方针保持一致的社会实践活动，大学生在思想观念、政治立场和道德规范等方面得以塑造，树立社会主义核心价值观，并将其个人理想统一到社会主义共同理想上来。另一方面，大学生社会实践实效性评价应当以有效实施实践活动，培养符合社会进步要求的人才为目标。社会实践实效性评价体系要围绕这一目标设计各项指标，并且将该目标贯穿评价行为的全过程，量化各小指标，从而保证体系设计的科学性和合理性。

（四）指标设计要“以人为本”，体现人性化的特点

大学生在社会实践活动中具有主体性地位，因此，在进行评价的过程中应以提升大学生的各项能力为核心。与社会实践所起到的其他作用相比，大学生个体能力的提高是大学生社会实践实效性的主要体现。[①] 无论是在社会实践活动的前期准备阶段、具体实施阶段，还是后期的总结阶段，活动的顺利开展都需要大学生社会实践能力的发挥，而其各项能力又在此过程中得到锻炼和提升。

三、三级指标体系

针对大学生社会实践进行的评价，可以以实效性为核心，围绕总体规划、个人提升、高校配套、社会效益和总结反馈等 5 个要素进行指标设计。笔者共设计了 5 个一级评价指标、15 个二级评价指标和 46 个三级评价细项。

（一）总体规划

总体规划在社会实践过程中居于基础性的地位，离开统一的指导思想和完备的组织安排，社会实践活动就失去了保障。因此，围绕指导思想和前期安排这两个核心，可确定 3 个二级指标：实践指导思想、实践队伍安排和前期组织协调。具体内容如下：

一是实践指导思想：实践指导思想的建立对于社会实践活动的有序开展

---

① 高惠娟. 大学生社会实践的实效性和发展路径研究［J］. 徐州师范大学学报（哲学社会科学版），2010（6）：134－137.

有重要意义。它主要包括2个三级评价细项：是否将社会实践纳入学校党建和教学体系，是否确定明确的人才培养目标。

二是实践队伍安排：该指标主要反映高校对实践队伍进行专业技术保障的综合情况，共涉及实践队伍的规模，实践队员搭配的科学性，带队教师及专业教师的指导是否恰当等3个评价细项。

三是前期组织协调：社会实践活动的顺利进行离不开前期充分的组织安排。因此，前期组织协调工作是实践活动取得实效的重要保障。该指标包括4个三级评价细项：与实践服务单位是否进行充分有效的沟通；实践活动的内容是否丰富、主题是否鲜明；对队员进行实践活动相关知识培训的效果；服务单位对大学生实践活动重要性的认知度。

（二）个人提升

大学生是社会实践的主体，其个人的提升永远是社会实践实效性的最根本性的体现。基于对大学生各方面能力提高幅度的检测，引申出3个二级指标：个人预期目标的达成、个人的实践成长、个人的能力提升。具体内容如下：

一是个人预期目标的达成：大学生在参加社会实践活动前，都会对实践活动的效果有一个心理预期，活动完成后其预期目标是否达成，往往是衡量该活动成功与否的一个标志。该指标包括3个三级评价细项：个人参与方式的适切度、个人专业与实践主题的一致度、个人对实践活动的认知度。

二是个人的实践成长：社会实践作为一项团队活动，其队员的团队配合能力尤为重要。该指标主要评测大学生在团队配合方面的表现，共涉及与实践团队的配合程度，在实践团队中发挥的作用，社会实践总结报告的完成情况，实践结束后受到的表彰等4个评价细项。

三是个人能力提升：作为社会实践主体的大学生，其最核心的是个人能力的提高，这是社会实践活动实效性最重要的衡量标尺。该指标主要包括分析创新能力的提高、社会交际能力的提高、突发应变能力的提高等3个评价细项。

（三）高校配套

高校配套指标与指导思想指标相辅相成，前者注重在物质保障、教学计划、组织实施等“硬件”方面的准备，后者注重培养目标、师资力量、实践主题等“软件”方面的准备。[①] 该指标包含3个二级指标：统筹安排、实践

---

① 陈立力. 大学生社会实践评价机制研究［J］. 丽水学院学报，2009（6）：87－90.

纳入教学计划、组织实施情况。具体内容如下：

第一，统筹安排：该指标注重对保障实践活动顺利进行的物质、安全条件进行评价，共涉及是否有详细的活动计划和方案、是否有可操作的安全预案、实践经费的落实程度等3项三级评价细项。

第二，实践纳入教学计划：将实践纳入教学计划是高校加强社会实践工作的一个重要标志，需要高校在日常教学、学分安排以及实践辅导方面均有相应的配套措施。为此，本指标主要包括3个三级评价细项：社会实践与日常教学、专业实习、生产劳动、志愿服务、公益活动、科技发明等的结合情况；是否有明确的学分规定；能否编写相应的社会实践指导手册，开展相应的社会实践辅导活动。

第三，组织实施情况：高校作为社会实践活动的最初组织者，其方案策划、组织实施、理论研究以及号召宣传的责任日益凸显，针对此指标，细化为3个三级评价细项：是否成立大学生社会实践领导小组，并由团委或其他部门具体负责组织实施；是否开展相应的社会实践理论研究工作；在校内外对社会实践活动进行宣传的程度。

（四）社会效益

除了对大学生个体的锤炼，社会实践可以产生多大的社会效益无疑是衡量实效性的重要因素。在社会实践是社会与高等教育联系最紧密的媒介这一背景下，其产生的社会效益，也将是教育社会化的一枚推动型因子。[①] 这一指标包含3个二级指标：课题价值、与就业创业的结合、社会影响。

一是课题价值：课题的价值决定了实践的质量，此指标通过社会实践课题的重要性，社会实践主题内容是否有针对性及可实施性，社会实践活动所选课题的社会意义这3个三级评价细项进行细化评价。

二是与就业创业的结合：通过社会实践为学生的就业和创业创造有利条件，是一个具有前瞻性的课题。针对此项要求，该指标共设立3个三级评价细项进行导向性评价：是否建立社会实践与专业学习、服务社会、勤工助学、择业就业、创新创业相结合的管理机制；能否通过实践活动获取就业信息、携引就业导向、促进创新创业；是否通过实践活动与服务单位保持联系，并发展为相对稳定的大学生社会实践基地。

三是社会影响：能否获得积极的评判（包括服务单位的表扬、媒体的正

---

① 崔建霞．提升大学生社会实践实效的探索：以北京理工大学工作为例［J］．学校党建与思想教育，2011（10）：76－77.

面报道、有关单位的表彰），永远是评价一项工作的“硬”指标。针对此特点，本指标共涉及实践服务单位的反馈意见，实践活动能否获得有影响力的媒体的报道，实践活动能否获得国家有关部委的表彰这 3 个三级评价细项。

（五）总结反馈

对社会实践的总结，可以从活动的各个环节中找出经验教训，引出规律性的东西，使以后社会实践活动的开展去掉盲目性，提高实效性。这一指标包含 3 个二级指标：实践价值体现、实践总结报告、对服务单位的反馈。

第一，实践价值体现：客观评价实践活动的完成质量，应将指标尽可能多地细化为可量化的指标，本指标主要包括 4 个三级评价细项，其中 3 个定量指标、1 个定性指标，具体为对个人在实践中的综合表现进行评分汇总、实践团队的工作完成度、人才培养目标的完成度、团队形象价值的提升度。

第二，实践总结报告：实践检验理论的同时，也可创新发展理论，这有赖于对实践的总结，本指标主要衡量实践总结报告的完成质量，包括总结报告的完善性、总结报告所提建议的可行性、总结报告遵守学术规范的程度这 3 个三级评价细项。

第三，对服务单位的反馈：本指标着重考量与服务单位的后期沟通联系，可为实践活动的持续性开展提供支持，主要包括对服务单位进行信息反馈的及时性、对服务单位进行信息反馈的准确度这 2 个三级评价细项。

大学生社会实践评价指标体系内容详见表 4－5。

表 4－5 大学生社会实践评价指标体系

一级指标	二级指标	评价要点或评价细项	性质
总体规划	实践指导思想	是否将社会实践纳入学校党建和教学体系	定性
		是否确定明确的人才培养目标	定性
	实践队伍安排	实践队伍的规模	定量
		实践队员搭配的科学性	定性
		带队教师及专业教师的指导是否恰当	定性
	前期组织协调	与实践服务单位是否进行充分有效的沟通	定性
		实践活动的内容是否丰富、主题是否鲜明	定性
		对队员进行实践活动相关知识培训的效果	定性
		服务单位对大学生实践活动重要性的认知度	定性

续上表

一级指标	二级指标	评价要点或评价细项	性质
个人提升	个人预期目标的达成	个人的参与方式是否恰当	定性
		个人专业与实践主题的一致度	定量
		个人对实践活动的认知度	定性
	个人的实践成长	与实践团队的配合程度	定性
		在实践团队中发挥的作用	定性
		社会实践总结报告的完成情况	定量
		实践结束后受到的表彰	定量
	个人的能力提升	分析创新能力的提高	定性
		社会交际能力的提高	定性
		突发应变能力的提高	定性
高校配套	统筹安排	是否有详细的活动计划和方案	定性
		是否有可操作的安全预案	定性
		实践经费的落实程度	定性
	实践纳入教学计划	社会实践与日常教学、专业实习、生产劳动、志愿服务、公益活动、科技发明等的结合情况	定性
		是否有明确的学分规定	定量
		能否编写相应的社会实践指导手册，开展相应的社会实践辅导活动	定量
		是否成立大学生社会实践领导小组，并由团委或其他部门具体负责组织实施	定量
	组织实施情况	是否开展相应的社会实践理论研究工作	定量
		在校内外对社会实践活动进行宣传的程度	定性

续上表

一级指标	二级指标	评价要点或评价细项	性质
社会效益	课题价值	社会实践课题的重要性	定性
		社会实践主题内容是否有针对性及可实施性	定性
		社会实践活动所选课题的社会意义	定性
	与就业创业的结合	是否建立社会实践与专业学习、服务社会、勤工助学、择业就业、创新创业相结合的管理机制	定性
		能否通过实践活动获取就业信息、携引就业导向、促进创新创业	定性
		是否通过实践活动与服务单位保持联系，并发展为相对稳定的大学生社会实践基地	定量
	社会影响	实践服务单位的反馈意见	定性
		实践活动能否获得有影响力的媒体的报道	定量
		实践活动能否获得国家有关部委的表彰	定量
总结反馈	实践价值体现	对个人在实践中的综合表现进行评分汇总	定量
		实践团队的工作完成度	定量
		人才培养目标的完成度	定量
		团队形象价值的提升度	定性
	实践总结报告	总结报告的完善性	定性
		总结报告所提建议的可行性	定性
		总结报告遵守学术规范的程度	定性
	对服务单位的反馈	对服务单位进行信息反馈的及时性	定量
		对服务单位进行信息反馈的准确度	定性

四、评价行为过程

针对大学生社会实践活动进行的评价并不是一个单一的行为过程，而是包含确定评价目标、阐明评价任务、构建可量化的评价指标和评价标准、划分评价等级、公布评价结果、运用评价结果等环节在内的综合行为系统，如图4－9所示。在这个行为系统中，确定评价目标、进行任务分析是起点和基础，建立一套能够反映实践活动实效性的指标体系、评价标准和计量方法是核心。

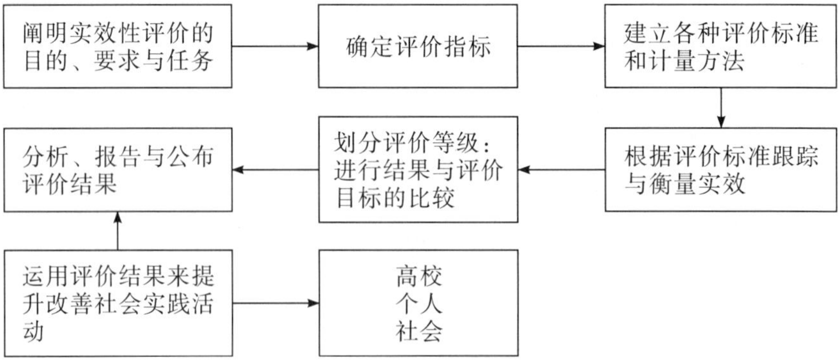

图 4-9　大学生社会实践评价行为过程

五、指标量化方法

大学生社会实践评价工作分为内部评价和外部评价。内部评价是指实践队伍实时将工作完成情况、实践总结报告报高校评价机构，由高校评价机构对全校社会实践情况进行检查和评估。外部评价是指可以通过实践队伍所服务的单位组织、中介机构等，委托第三方咨询机构对实践队伍的社会实践实效性情况进行评估。通过对随机抽取的社会公众代表等开展满意度调查，采集对实践队的评价意见。①

在建立了实效性评价的基本指标后，为了保证评价工作的客观性和可比性，还需要对各个指标的采集和量化方法进行研究。以上文建立的评价指标体系为基础，分别对其中的定量指标和定性指标的量化方法进行研究。

（一）针对定性指标的量化方法

本指标体系包含 31 个定性评价指标。这些指标表述的是被评价对象的特定属性当前处于何种状态类型，无法做到精确的量化。对于这些定性指标的量化方法，目前在信息技术领域普遍采用的是成熟度评价方法，即通过对每个指标的成熟度定义在其可能状态与成熟度刻度值之间建立联系，从而实现量化表示。

成熟度模型最早是由美国卡内基梅隆大学的软件工程研究所针对软件供应商的软件过程能力评估而提出的一套模型，而后在信息管理领域得到广泛

① 岳云强，吕素霞．对增强大学生社会实践实效性的思考［J］．理论学习，2010（3）：45－48.

应用。[①] 其中典型应用就是"IT 治理成熟度模型"。该模型为每一个控制目标设计了 6 个成熟度级别。我们以此为基础，对大学生社会实践的定性评价指标也采用 6 个成熟度级别，即：

0——无序级（不存在阶段）：有关部门没有意识到存在针对某项指标进行考核的必要性，因此缺乏有关信息的交流。

1——初始级（特殊阶段）：有关部门已经意识到某项指标考核的必要性，但是针对指标资料的收集、整理和量化还缺少标准化的指导，只运用了一些初级的管理和评价手段，就事论事。

2——可重复级（可重复的但是直觉的阶段）：有关部门对整个实践活动有一个全面的认识，实效性指标正处于开发阶段。但是，实效性评价方法和技术还未被整个组织所采用。

3——已定义级（已定义的过程）：已经开发出实效性评价指标体系，且能将结果措施和实效驱动联系起来。

4——已管理级（已管理的和可测量的阶段）：为了适应于针对社会实践活动进行的某项指标评价活动，各部门开始进行适应性的调整和规范。

5——优化级（优化阶段）：对某项评价考核指标有了一个高层次的、更具发展眼光的认识，并且能采取有效方式改进某项定性评价指标的发展现状。

根据特定定性指标的状态特征，对照图 4 - 10，我们可以找到对应的级别，从而直接将评价得分作为量化结果。

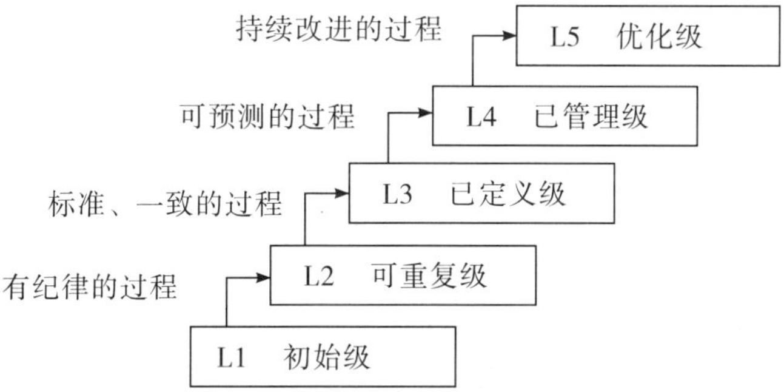

图 4 - 10 成熟度模型

① 王趾成，吴鹤明，李卫卫. 提高大学生社会实践实效性的探讨［J］. 石家庄职业技术学院学报，2010（1）：46 - 47.

（二）针对定量指标的量化方法

在如表 4－5 所示的指标体系中，能够直接定量表示的指标共有 15 个。在采集到定量指标的原始数据后，由于各指标值的实际意义存在较大差异，表现形式也不一样，所以不能直接进行综合评价，而必须进行去量纲化处理，也就是打分。为保证与定性指标所采用的成熟度模型刻度方法的一致性，本体系所有定量指标的评分值域都设定为［0，5］区间。以下我们选择了模糊量化模型，对正指标、负指标和适当指标分别提出了三个量化公式。具体如下：

第一，正指标类模糊量化模型。正指标是其对总目标的贡献率随着评价结果的增大而增大，即数据取值越高，说明整个实效性水平越好。其量化公式为：

$$R_j(x)=\begin{cases}0.5+0.5\sin\left[\dfrac{\pi}{x_{j\max}-x_{j\min}}\left(x_j-\dfrac{x_{j\max}+x_{j\min}}{2}\right)\right] & x_{j\min}<x_j<x_{j\min}\\ 0, & x_j\geqslant x_{j\max}\text{ 或 }x_j\leqslant x_{j\min}\end{cases}$$

其中，$x_{j\min}$代表第 j 个指标的最小取值，$x_{j\max}$代表第 j 个指标的最大取值。

第二，负指标类模糊量化模型。负指标是指对总目标的贡献率随着评价结果的增大而减小的一类指标，即数据取值越高，说明整体实效性水平越低。其具体量化公式为：

$$R_j(x)=\begin{cases}0.5-0.5\sin\left[\dfrac{\pi}{x_{j\max}-x_{j\min}}\left(x_j-\dfrac{x_{j\max}+x_{j\min}}{2}\right)\right] & x_{j\min}<x_j<x_{j\min}\\ 0, & x_j\geqslant x_{j\max}\text{ 或 }x_j\leqslant x_{j\min}\end{cases}$$

其中，$x_{j\min}$代表第 j 个指标的最小取值，$x_{j\max}$代表第 j 个指标的最大取值。

第三，适度指标类模糊量化模型。适度指标是指取值在适中水平下对总目标的贡献率最大的指标，取值过大或过小都会导致整体实效性水平降低。其具体的量化公式为：

$$R_j(x)=\begin{cases}0.5+0.5\sin\left[\dfrac{\pi}{xd-x_{j\min}}\left(x_j-\dfrac{x_{j\max}+x_{j\min}}{2}\right)\right]\\ 0.5-0.5\sin\left[\dfrac{\pi}{x_{j\max}-x_{j\mathrm{mod}}}\left(x_j\dfrac{x_{j\max}+x_{j\mathrm{mod}}}{2}\right)\right]\\ 0,\end{cases}$$

$$x_{j\,\min} < x_j < x_{j\,\mathrm{mod}}$$
$$x_j \geqslant x_{j\,\mathrm{mod}} < x_j < x_{j\,\max}$$
$$x_j \geqslant x_{j\,\max} \text{ 或 } x_j \leqslant x_j \leqslant x_{j\,\min}$$

其中，$x_{j\,\min}$代表第j个指标的最小取值，$x_{j\,\max}$代表第j个指标的最大取值，$x_{j\,\mathrm{mod}}$代表第j个指标的最适当取值。

在上述三个量化公式中可以看到，如果对$x_{j\,\min}$、$x_{j\,\max}$和$x_{j\,\mathrm{mod}}$三个参数的取值进行调整，将会导致评价得分产生很大的差异，这一点对于实效性评价非常重要。因为并不是每一个指标的得分都服从［0，1］区间上的分布，所以，对于具体的应用环境，首先应该根据类型和要求，为各个定量指标指定一个合理的范围，然后再使用公式计算出对应的分值。

此外，对于不要求精确度很高的评价项，对每个指标均采用上述公式进行计算的工作量较大且无必要，因此可以根据大致的区间进行近似打分。具体办法是在指标设定时，根据调研资料或初步分析结果，设定其取值范围，计算出对应0~5分的数值范围并编制定量表，在实际评价时则可以直接对号入座。如果评价人员认为有必要，再根据上述公式进行精确计算。

第六节 评价体系的应用范例

一、范例背景介绍

2013年暑假期间，G省某高校某学院组织义教队赴潮州饶平进行社会实践活动（见图4-11）。本次实践活动围绕“携梦出发，情系新圩”的活动主题，展开为期7天的活动。活动期间，义教队队员开展形式多样的实践活动，除了给山区儿童义教讲授知识外，还向贫困生发放助学金及书籍。

实践过程结束后，为对此次大学生社会实践的实效性做出准确评价，特运用本章所研究建立的实效性评价模型及分析框架进行计算评估，并在得出结论和分析结果的基础上，结合试验对象进行结果的论证。

图 4－11　大学生义教队赴潮州饶平进行社会实践活动

二、评价计算

为了保证评价工作的客观性和可比性，需先对本实践活动建立的各个实效性评价指标进行量化。其中，对 31 个定性评价指标采用成熟度评价方法；对 15 个能够直接定量表示的指标进行去量纲化处理，使所有定量指标的评分值域都设定在［0，5］区间，以与定性指标所采用的成熟度模型刻度方法一致。

经内部评价和外部评价，本次“携梦出发，情系新圩”的义教队实践活动 46 个三级评价细项的量化分值可见表 4－6。

表 4－6　义教队实践活动评价指标量化分值

一级指标	二级指标	评价要点或评价细项	性质	量化分值
总体规划	实践指导思想	是否将社会实践纳入学校党建和教学体系	定性	3
		是否确定明确的人才培养目标	定性	4
	实践队伍安排	实践队伍的规模	定量	4
		实践队员搭配的科学性	定性	4
		带队教师及专业教师的指导是否恰当	定性	5

续上表

一级指标	二级指标	评价要点或评价细项	性质	量化分值
总体规划	前期组织协调	与实践服务单位是否进行充分有效的沟通	定性	4
		实践活动的内容是否丰富、主题是否鲜明	定性	5
		对队员进行实践活动相关知识培训的效果	定性	3
		服务单位对大学生实践活动重要性的认知度	定性	4
个人提升	个人预期目标的达成	个人的参与方式是否恰当	定性	3
		个人专业与实践主题的一致度	定量	3
		个人对实践活动的认知度	定性	4
	个人的实践成长	与实践团队的配合程度	定性	5
		在实践团队中发挥的作用	定性	3
		社会实践总结报告的完成情况	定量	2
		实践结束后受到的表彰	定量	3
	个人的能力提升	分析创新能力的提高	定性	2
		社会交际能力的提高	定性	5
		突发应变能力的提高	定性	3
高校配套	统筹安排	是否有详细的活动计划和方案	定性	4
		是否有可操作性的安全预案	定性	3
		实践经费的落实程度	定性	3
	实践纳入教学计划	社会实践与日常教学、专业实习、生产劳动、志愿服务、公益活动、科技发明等的结合情况	定性	4
		是否有明确的学分规定	定量	3
		能否编写相应的社会实践指导手册，举办相应的社会实践辅导报告	定量	2
	组织实施情况	是否成立大学生社会实践领导小组，并由团委或其他部门具体负责组织实施	定量	3
		是否开展相应的社会实践理论研究工作	定量	3
		在校内外对社会实践活动进行宣传的程度	定性	4

续上表

一级指标	二级指标	评价要点或评价细项	性质	量化分值
社会效益	课题价值	社会实践课题的重要性	定性	4
		社会实践主题内容是否有针对性及可实施性	定性	4
		社会实践活动所选课题的社会意义	定性	4
	与就业创业的结合	是否建立社会实践与专业学习、服务社会、勤工助学、择业就业、创新创业相结合的管理机制	定性	3
		能否通过实践活动获取就业信息、携引就业导向、促进创新创业	定性	2
		是否通过实践活动与服务单位保持联系，并发展为相对稳定的大学生社会实践基地	定量	3
	社会影响	实践服务单位的反馈意见	定性	5
		实践活动能否获得有影响力的媒体的报道	定量	3
		实践活动能否获得国家有关部委的表彰	定量	1
总结反馈	实践价值体现	对个人在实践中的综合表现进行评分汇总	定量	3
		实践团队的工作完成度	定量	4
		人才培养目标的完成度	定量	4
		团队形象价值的提升度	定性	3
	实践总结报告	总结报告的完善性	定性	3
		总结报告所提建议的可行性	定性	4
		总结报告遵守学术规范的程度	定性	3
	对服务单位的反馈	对服务单位进行信息反馈的及时性	定量	4
		对服务单位进行信息反馈的准确度	定性	3

经过对评价模型各指标的数值统计计算，本次大学生社会实践活动的实效性评价量化平均分以及一级指标、二级指标量化平均分统计情况见表4－7、表4－8、表4－9。

表4－7　义教队实践活动实效性评价量化平均分

一级指标数	二级指标数	评价细项数	评价细项总量化得分	评价细项量化平均分
5	15	46	167	3.630 4

表 4－8 义教队实践活动一级指标量化平均分统计

一级指标	评价细项数	评价细项总量化得分	评价细项量化平均分
总体规划	9	37	4. 111 1
个人提升	10	38	3. 800 0
高校配套	9	31	3. 444 4
社会效益	9	29	3. 222 2
总结反馈	9	32	3. 555 6
小计	46	167	3. 630 4

表 4－9 义教队实践活动二级指标量化平均分统计

二级指标	评价细项数	评价细项总量化得分	评价细项量化平均分
实践指导思想	2	7	3. 500 0
实践队伍安排	3	13	4. 333 3
前期组织协调	4	17	4. 250 0
个人预期目标的达成	3	10	3. 333 3
个人的实践成长	4	15	3. 750 0
个人的能力提升	3	13	4. 333 3
统筹安排	3	12	4. 000 0
实践纳入教学计划	3	9	3. 000 0
组织实施情况	3	10	3. 333 3
课题价值	3	12	4. 000 0
与就业创业的结合	3	8	2. 666 7
社会影响	3	9	3. 000 0
实践价值体现	4	14	3. 500 0
实践总结报告	3	10	3. 333 3
对服务单位的反馈	2	8	4. 000 0
小计	46	167	3. 630 4

三、结果分析

本次大学生社会实践活动的实效性评价量化在［0，5］区间内的总平均分为3.630 4分，介于“已定义级”和“可管理级”之间。

同时，为了通过实效性评价为学校和社会提供有效的评估信息，帮助了解本次社会实践活动在各个环节、各个阶段以及不同个体获得的成绩和存在的问题，评价模型还对一级指标、二级指标分别进行了量化平均分的数值统计计算。

一级指标量化平均分排序情况见图4－12。

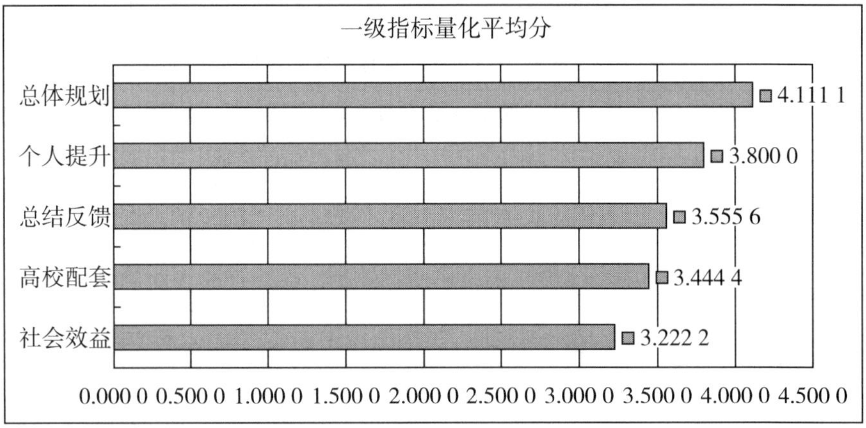

图4－12　一级指标量化平均分排序

从图4－12中可以看出，本次社会实践活动在“总体规划”这项的量化平均分最高，说明实践活动的准备工作较为充分；而在“社会效益”这项的得分最低，说明本次实践活动对产生相应社会效益方面的工作并不完善。

实践结果也证明，正是由于有了统一的指导思想和完备的组织安排，本次社会实践活动的进展非常顺利；而由于缺少对社会影响的重视，虽然义教队的队员们在艰辛的环境里付出了较大的努力，却没有在义教受援地之外取得更大的反响。

二级指标量化平均分排序情况见图4－13。

从图4－13中可以看出，在本次社会实践活动中，“实践队伍安排”和“个人的能力提升”项目的量化平均分最高；而“与就业创业的结合”项目的量化平均分最低。

“实践队伍安排”主要反映高校对实践队伍进行专业技术保障的综合情况；“个人的能力提升”是社会实践活动实效性最重要的衡量标尺之一。这

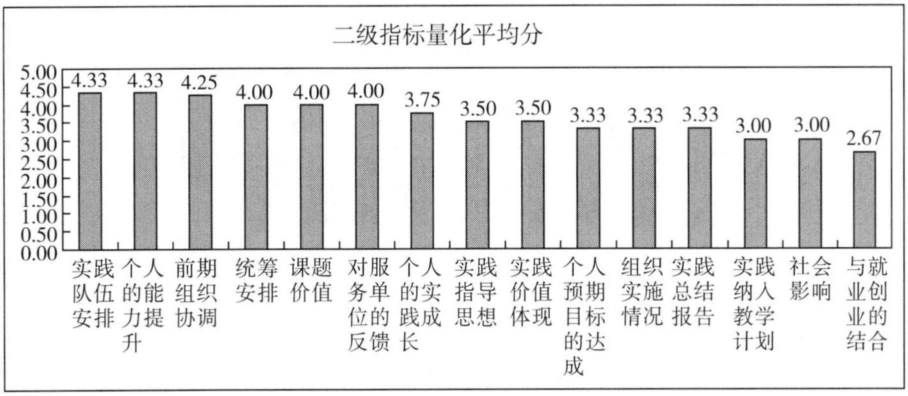

图 4 –13　二级指标量化平均分排序

两项二级指标的高分，一方面说明本次社会实践活动在专业技术配套上的准备充分，另一方面说明本次实践活动对大学生的个体能力提升作用巨大。

“与就业创业的结合”主要考察社会实践能否为学生的就业和创业创造有利条件；“社会影响”针对能否获得积极的社会反响提供判断；“实践纳入教学计划”则检验高校在日常教学、学分安排以及实践辅导方面是否对社会实践有相应的配套措施。这三项二级指标所体现的重要意义，应在此后同类社会实践中予以重视。

第五章　大学生社会实践的资源管理、成果转化

党的十八大报告指出，要进一步深化教育领域综合改革，着力提高教育质量，培养学生社会责任感、创新精神和实践能力。高素质人才的培养不能仅限于学校内部，必须以社会实践活动为依托。①

在国家和社会大力支持社会实践的新形势下，大学生获得越来越多的实践机会，他们可以根据自身知识和锻炼能力的需要，选择更加能够发挥自己特长的社会实践资源。然而，由于社会实践资源的竞相涌现，各类资源纷繁复杂，对于仍处于懵懂状态的大学生来说，一方面，他们很难辨别哪些社会实践内容适合自己，甚至容易在多样的选择中产生从众心理，而忽略了自身能力与实践活动的匹配度；另一方面，社会实践资源虽然在数量上越来越多，但是活动质量参差不齐，部分社会实践活动没有建立常态的培养机制，即使活动内容丰富、意义深远，也没有持续性和普遍推广性，容易演化为“运动式”的活动。因此，要保证大学生社会实践能够取得真正的成效，使大学生能够在社会实践中锻炼能力、培养品质，应当对社会实践的资源采取分类、整合、共享等管理机制，盘活现有社会实践资源，挖掘潜在的、具有持续性教育意义的实践资源，从而培养高素质人才，取得良好的社会实践成果。

社会实践成果，是大学生在参与社会实践活动中得到的成效、成绩和结果。实践成果的转化，就是将社会实践的社会有益性成绩和成果，转化为能够促进社会生产发展和社会进步的有效成果。一个完整的社会实践活动，不仅包括丰富的实践过程，更重要的是，大学生通过社会实践活动，得到能够印证最初参与实践时结合理论知识假设的前提或者提出的命题，从而得出结论，并结合结论，提出对社会管理、生产建设有实质性作用的意见、建议和措施，或者直接将实践的结论转化为推动社会进步、促进生产力发展的有益

① 周彩姣，林寒. 大学生社会实践活动现状调查与完善策略［J］. 高等教育研究，2012（9）：74－79.

动力。因此，社会实践成果转化，是社会实践全过程链条中最有社会价值和意义的一个环节。通过成果转化，能够对大学生在参与社会实践过程中了解、探索的问题现状进行总结，并通过各种社会实践成果转化的方法，研究出解决的途径和措施，从而真正地将理论联系实际，将自身的知识转化为改变社会现状、促进社会进步、奉献社会的能力。

第一节 大学生社会实践资源管理

大学生社会实践资源在强大的实践需求下并不是取之不尽、用之不竭的，而是具有一定的稀缺性。如果不对社会实践资源进行一定的管理，容易导致社会实践资源的挥霍和分配不平衡，不仅影响社会实践的时效性，也会导致不同高校和地区之间社会实践发展的不平衡，从而制约高校社会实践的长效性发展。因此，对大学生社会实践资源进行管理，即统筹规划，有组织和有目的性地将社会实践资源进行合理开发和配置利用，可使社会实践资源利用最大化，推进社会实践的实效性发展，促进高校社会实践的长效发展。

一、实践资源管理概述

（一）实践资源管理的含义

资源，是指能够为开发和利用的物质、能量和信息的总称。资源管理，就是为了提高效率和效益而对资源有计划、有组织地进行协调、决策、实施和控制的过程。社会实践资源，是为广大社会实践队伍所需要并且能够利用、有助于促进社会实践顺利开展的各项信息材料、物资和基本保障。社会实践资源管理，是指对不同种类的资源进行不同层次的利用，通过对实践资源的配置和综合利用，实现社会实践资源利用的最大化。实践资源的管理就是聚合社会和各高校的实践资源，充分运用管理的功能，以最优的投入取得最佳的回报，以实现社会实践的目的。

（二）社会实践资源管理的重要性

1. *统筹社会实践活动，避免资源浪费或过度消费*

管理的目的是使被管理对象实现有序化，使工作能够高效率地实现良性循环，实现效益的最大化。由于大学生社会实践活动组织形式的特性，各大高校之间、高校与地方之间的社会实践资源相对独立和相对分散。分散的社会实践资源，使得大学生在参与社会实践的过程中，难以获得完整的实践保障；在深度和广度方面，实践活动也受到相对比较大的限制。如果缺乏对社会资源的管理和顶层设计的优化配置，容易导致社会实践活动的重复、重叠，造成实践资源的浪费。对社会实践资源进行管理，目的就在于，通过理清社会实践资源，从顶层设计的高度，统筹计划、组织和分配社会实践资源，使社会实践资源能够匹配大学生的特点、达到希望的实践目的以及实际的实践需求，协调不同高校之间、提供社会实践资源的不同单位之间、实践目的与实践效果之间的关系，从而实现社会实践资源最高效的利用，保障资源的科学探寻、开发和分配，避免实践资源的非充分利用或者多消费性使用造成的损失，同时实现大学生参与实践的效益最大化，培育更多的优秀实践成果。

2. 设计社会实践的培养计划，更好地实现社会实践效果

大学生的社会实践，实际上是一堂生动的实践课堂。高等学校要把社会实践纳入学校教育教学总体规划和教学大纲，规定学时和学分，提供必要经费。因此，大学生社会实践是重要的教育教学内容。作为一门“课程”，为了达到一定的教育目的和效果，就需要有相对明确的课程教学环节的设计，按照教学计划有组织、有步骤地进行教学活动。而要实现有序的“教学”，需要将相关的实践信息、资源按照课程和培养计划的需要进行分配，不能随意、分散地利用实践资源，而是要整合现有的社会资源和高校资源，对相应的社会实践资源进行分类、组合，选择适合大学生实践规律的社会资源，这样才能增强社会实践对大学生的教育作用，实现实践人才培养的目的。

3. 保证提供稳定健康的社会实践资源，激发实践积极性

社会实践活动是引导学生走出校门，接触社会，了解国情。然而现阶段，高校社会实践活动大多还是采取“集中 + 分散”相结合的方式开展，即学校组织集体开展实践活动与学生自行组队参加社会实践两种方式并存。对于前一种实践方式，学校可以利用积累的社会资源，以学校的名义与实践单位沟通，并招募学生组建参与实践，使实践场所和经费都能够得到保障，学生获得学校或者实践地资助后开展实践活动会相对容易。但对于学生自行组队参与社会实践的活动来说，从组队到联系实践场所和单位都要自行解决，需要花费大量的时间和精力四处奔波寻找社会实践场所。学校至多提供一份到实习地的介绍信和函件，对于没有任何社会资源和社会经验较少的在校学生来说，他们比较难自行获得符合自己实践需求的实践机会，这样直接影响了学生参与社会实践的积极性和主动性。因此，对社会实践资源进行有效整合，完善社会资源管理，通过合理利用和稳定开发社会实践单位，为学生提供稳定健康的社会实践场地和充足的社会实践资源，而不必靠学生自己花费大量精力寻找实践资源，能够让学生将注意力转向制订详细的实践计划和为实践活动做充分的准备上，从而带动更多的学生参与社会实践，并提高他们

参与活动的积极性，切实加强实践育人的效果。

二、大学生社会实践资源管理存在的问题

当前，部分高校对大学生的社会实践资源有一定的指引性配置和利用，但从总体来说，对社会实践资源的管理并不理想。随着社会实践的发展，大学生的社会实践活动已经不仅仅是某一高校的学生活动，而是牵涉到高校与高校、地方、企业以及科研机构等各社会组织相互联动、相互合作的社会性活动。然而，大学生社会实践资源逐渐由单一的高校提供和发掘，发展为高校、相关地方政府与社会各大组织联合发掘和开发，实现了社会实践资源极大地丰富。但相对落后的社会实践资源管理模式与日益增长的社会实践资源之间存在一定的矛盾。社会实践资源并没有形成体系化管理，容易导致资源分散和流失；社会实践基地等基础设施并不规范，实践资源就难以稳定；缺乏保障机制、课程化体系建设、项目的合理化设计这些都会让社会实践资源难以充分调动起来。因此，应当深度分析社会实践资源管理中存在的问题，以问题为导向，提出有效的社会资源管理的方式与途径。

（一）实践体系不完整，实践资源分散

随着新的社会实践形式不断涌现，以往传统的社会实践格局也逐渐被打破。同一种类的社会实践活动，实践的方式呈现多样化，学校与社会联系越来越密切，各种实践基地纷纷建立。社会中介、用人单位、社区与政府参与社会实践活动的积极性越来越高。社会实践已经从单一的学校组织，向高校、社会、政府等多主体组织的体系转变①，能够提供不同种类的社会实践资源。虽然社会实践资源越来越多，内容越来越丰富，学生的可选择性越来越多，但是目前并没有形成完整的实践体系，实践资源处于比较分散的状态。一方面，体现在各主体自身资源意识比较薄弱，缺少开发资源的积极性；另一方面，各主体之间缺乏资源的整合共享平台，导致部分资源浪费。

高校自身蕴含丰富的科研、人才培养等资源优势，而社会对大学生参与社会实践有实际的需求，这为大学生社会实践提供了广阔的舞台。但是，部分高校的社会实践没有与社会实际相结合，资源意识比较薄弱，缺少开发、利用资源的意识、方法和途径。一方面，既没有发掘自身的潜力和利用本校优势条件，充分发挥自身的资源优势，又忽略了挖掘社会资源这一环节，错过了对社会显性和隐性资源的开发。另一方面，由于没有形成社会实践的资

① 吕明娥. 试论开放式大学生社会实践体系［J］. 中国高教研究，2011（5）：67－68.

源管理体系和管理方法，在项目落实、资源整合等方面不够完善，组织意图不明确，部分社会实践活动不成体系，没有规范化。多数高校社会实践的形式相似，内容也多有重复、缺乏新意，活动涉及面不够广泛、也不够深入，没有为学生提供足够的素质拓展空间，学生能力没有得到足够的锻炼。

主要表现在：第一，高校之间、高校院系之间的资源整合不到位。一些高校以及高校的二级学院，在历年组织本院学生参与社会实践过程中积累了相对丰富的经验，具备了推广实践经验、深化发展的条件。但由于自身条件的限制，部分实践任务无法由二级学院单独完成或者自行独立承担，而院系之间或者校际之间又缺乏资源整合与协作，导致一些优质的社会实践项目不得不因现有条件的限制而被放弃。第二，校际间的资源整合力度不够。通常，社会实践的项目往往需要多学科、不同专业背景的理论知识来支撑，团队中有相互分工、相互学科交叉才能取长补短。但目前由地方牵头或者由高校牵头组建的高校之间、校企之间信息沟通等协调机构还不多或者是不稳定，导致校际间的社会实践资源共享较少，没有形成合力。第三，高校缺乏与校外单位的主动联系，没有积极挖掘利用社会资源。当前的社会实践中，大多数社会实践队伍的组建还是以传统的学生自行组队为主，学校在学生组建队伍对该实践单位进行审核后开具介绍信，然后学生团队到某地或某单位开展社会实践活动；或者个别单位主动寻求高校的科研和人才支援，学校才组织招募学生参与该单位的社会实践。在此过程中，学校的角色大多处于被动的地位，没有很好地起到引导、组织的作用，同时也使很多优质的社会实践资源没有被充分发掘或者造成社会实践资源的流失。

（二）基地建设不够规范，导致实践资源不稳定

大学生社会实践基地是高校整合各方资源建立起来固定的实践单位，是社会实践活动开展的重要场所，也是对学生实施实践教育的重要环境条件。稳定且健康的社会实践基地能够推动社会实践活动规范化、制度化和规模化发展，并且有利于实现实践成果的应用和推广，有利于实践理论的创新和发展、实践经验的总结和积累，推动社会实践成果转化，对构建社会实践的长效机制起着重要的作用。但是，部分高校在社会实践基地建设和管理及关系协调方面都存在诸多的问题。譬如，基地建设的层次感不够明显、数量较少、稳定性不足、使用单一、划分单一，难以满足众多学生的多样需求。学生社会实践多是由学生自己凭关系去找，这样的实践基地分散、临时性较强，督查难度较大，不利于教师及时指导和解决学生在实践中出现的问题；有些实践基地贴合学生实践的范围狭窄，只是单纯的暑期社会实践基地，未

能与专业学习、勤工助学、择业就业和创新创业相结合，[①] 实践活动后的联系、沟通、交流和共建等都缺乏再深入；也有部分地方社会实践基地仅仅只是挂牌成立时积极与高校合作投入，接收大学生到实践基地开展社会实践，后期却由于自身单位工作重点转移，往往不愿意再接纳大学生到该单位开展实践活动，那么，前期投入的大量资源和费用也就浪费了。因此，缺乏规范的基地建设，使得社会实践资源不稳定，也不能保证资源的长期循环利用。

（三）经费投入渠道单一，保障机制有待完善

大学生社会实践涉及面广，不仅需要一定的时间和场地作为保证，更需要充足的经费保证其运转。充足的经费资源是社会实践的重要保证，也是制约社会实践发展的一大难题。目前，大学生社会实践的经费资源原则上是由学校或者实践基地投入，但实际情况是，随着社会实践活动的蓬勃发展和实践队伍的日益增多，学校及实践基地的投入往往是杯水车薪，无法兼顾所有的实践队伍，甚至连实践队伍的一些基本需求也难以保障。学生群体在社会实践中往往还要负担一大部分的实践开销，而学生的承担能力又是有限的，这间接导致学生逐渐失去对社会实践的热情，或者导致实践团队缩小规模、减少调查的要素，使实践总结的可比性和对照性较差。同时，对于某些需要投入大量的时间精力以及经费且极具社会改造意义的社会实践项目，由于经费的短缺，学生也只能中途放弃，最终没有达到预期的社会实践效果。久而久之，社会实践对学生的吸引力下降，社会实践的生命力容易衰竭，也浪费了部分的社会资源。

除了经费投入，大学生社会实践活动的顺利开展还需要有效的保障机制。大学生社会实践活动的保障资源主要由两个方面构成：一是校内大学生社会实践保障资源，包括教学保障资源、行政保障资源和学生保障资源；二是校外大学生社会实践保障资源。[②] 然而，当前并没有形成有效的保障体制，社会实践的方式、途径还不多，新的体制与机制没有建立起来，全社会共同支持大学生社会实践的局面尚未形成。一方面，校内缺乏行政等保障资源。大学生的实践活动需要高校职能工作部门在党委的领导下规划好宏观的实践目标，统筹协调好各部门资源。但是，目前高校职能部门在具体的工作中对大学生社会实践的指导和投入仍不足，没有积极发展业务部门对社会实践活

---

① 曹雪亚，牟威．大学生暑期社会实践长效机制的探索：以嘉兴学院为例［J］．淮海工学院学报（人文社会科学版），2011（6）：122－124．

② 李燮．试论大学生社会实践保障资源的管理方法［J］．中国成人教育，2013（20）：28－29．

动的联络工作，缺乏合理的规划和指导。另一方面，校外资源没有充分发掘，社会实践服务对象并没有在实践活动中与实践的大学生形成互动，为实践活动给予一定的回报与补偿。地方政府特别是基层政府、街道办事处对大学生的实践活动，哪怕是服务当地社会的活动也抱可有可无的态度，甚至部分地方基层政府“多一事不如少一事”，不愿意接受实践队伍到当地开展实践活动。总之，政策性保障的缺乏，导致大学生的社会实践活动很难正常开展。

（四）社会实践欠缺课程化体系，难以调动教学资源

目前，社会实践活动虽然在各大高校如火如荼地开展，但真正能够参加实践活动并从中有所收获的学生并不多。社会实践更多的是通过高校共青团组织发动，学生自愿报名参加，集中组队的规模不大、数量不多，能够涵盖和辐射的学生群体有限。学校拨给社会实践活动的专项经费有限，只重视重点团队建设，部分由学生自行组队或者二级学院组建的实践团队往往获得较少甚至几乎没有学校的有效支持。另外，教师参与指导人数少，规范化和制度化不足，难以使暑期社会实践活动成为有组织、有要求、有考核、有奖励的实践教学活动。出现以上现象最主要的原因在于，社会实践没有形成课程化的体系，实践活动没有纳入作为学校教育主体的学科课程中，其所发挥的育人功能没有得到足够的重视。

随着社会实践活动的发展，虽然很多高校也逐步把社会实践纳入学校的整体教学计划中，不断扩大社会实践的领域和规模，如把军事训练、专业实习等列入必修课，但是并没有将社会实践建设成体系化、独立、完整的理论课程。这样就无法集全校各部门资源对社会实践进行投入，无法调动其他部门参与社会实践指导的积极性。同时，由于缺乏类似课堂教授的环节，缺乏理论的科学指导，学生在社会实践过程中常常处于迷茫的状态，在实践中“惯性”地完成任务，或者只是简单地复制上一学年其他实践队伍在该实践基地的实践活动，并没有实现实践的创新。在社会发展日新月异的形势下，社会实践活动只有通过不断更新理论知识的指导、创新社会实践的内容，才能适应社会实践的需求。如果学生社会实践的内容无法与社会发展同步，就难以与社会接轨，无法满足社会需求，进而无法得到社会的支持和社会资源的资助。

（五）项目设计不够合理，项目运行机制不顺畅

项目管理是一种以项目为对象的管理方式。① 社会实践项目化管理是近

① 王务均．大学生社会实践项目化管理的运行机制研究［J］．学校党建与思想教育，2012（4）：62－63．

年来大学生社会实践活动中推行的运行机制，是实现社会实践资源有效管理的一种运作方式。项目管理的理念是在有限资源的条件下，运用系统理论和方法，对项目设计的全部工作和环节进行管理，以实现项目的特定目标。项目的领导方式和管理机构要充分调动项目以及项目团队的积极性，实现最优化的管理。[①] 采用项目化管理的社会实践模式，能够充分整合各项资源、降低管理成本、规范管理行为，并强化大学生参与社会实践的自主性，是实现社会实践资源有效管理的一种方式。在社会实践中采用项目化运作和管理，通过极具逻辑性和过程化的管理活动，能够整合社会实践资源、减轻组织者的工作量、落实项目承担者的责任、增强社会实践的实效性。而项目管理中各个活动的有机联系和结合，为社会实践项目的成功提供了有力的保障。具体地说，社会实践采用项目化运作，能够将高校的项目资源、人才资源和活动资源统一于社会实践中；通过对人才资源的开发，发掘高校人才服务社会发展、参与社会管理的潜能；通过社会实践的有效手段，培养大学生的价值观和劳动态度。

目前，项目化运作成为高校社会实践中越来越流行的一种方式。一些高校将项目管理理论引入大学生社会实践活动，虽然收到了一定的效果，但是理论研究仍缺乏系统性和持久性，[②] 在实际运作过程中，也存在项目设计不够合理、运行机制并不顺畅等问题。在项目设计时，学生对实践活动和项目目标的认识比较陈旧，没有与时俱进，与实践基地的需要不相适应。由于项目设计定位不够准确，实践项目在实践过程中容易流于表面现象，没有解决实践问题。另外，项目在实施过程中，执行过程存在“缩水”现象。学生通过实践发现实际需求与最初的实践理论设想存在差距，因而存在畏难情绪，不愿意及时调整工作方法和工作计划，这导致项目完成的质量不高。再者，社会实践项目缺乏完整的评价体系，对实践效果的评估不佳，这也就导致项目化运行结果不尽如人意，资源整合分配的效果也难以实现。

（六）实践资源缺乏深度挖掘，对社会问题缺乏稳定关注度

大学生参与社会实践的时间周期相对较短，类似寒假与暑假这样能够连续进行的模块实践比较少。同时，人员流动比较大，往往每一年到同一个社会实践地开展实践活动的学生几乎都不相同。因此，无论是实践基地还是组织社会实践各高校，往往将关注点放在实践的广度和形式上，而常常忽略了

---

① 王务均．大学生社会实践项目化管理的运行机制研究［J］．学校党建与思想教育，2012（4）：62－63．

② 王树田，毛勇，陈蕾．欧美高校社会实践项目化管理比较研究［J］．扬州大学学报（高教研究版），2012（3）：19－23．

对实践资源或者某一具体的社会需求的深度挖掘及长期稳定的追踪关注。以“三下乡”社会实践活动为例，高校组织不同实践队伍分别到某几个贫困程度不同的偏远山区进行小学支教，派出去的实践队伍数量不少，但实践队伍在实践过程中采用的活动内容可能是相类似的，进行社会调查和社会研究的命题和内容很有可能也是相类似的。一方面，没有结合当地实际需求，提供相应的实践服务，最终的实践成果可能与当地社会需求并不匹配；另一方面，高校每年组织到相对稳定的同一实践基地的队伍各不相同，社会调查的课题和命题也年年不同，缺乏对某一个与实践地发展息息相关、影响重大的重要社会命题的深度探索和研究，容易导致社会实践的成果较为肤浅，对实践基地的政策贡献不大，实践效果只能停留在完成任务的阶段。

三、社会实践资源管理的方式与途径

大学生社会实践应适应新形势下经济社会发展的要求，紧扣国家方针政策和社会发展的需要。① 当前，随着社会实践活动范围的拓展，大学生社会实践正逐步向常态化、社会化和项目化运作的趋势发展，大学生参加社会实践的组织和实施所需的场所、经费等也亟待通过“高校—社会”双向互动来解决，这就需要高校在资源整合上有更大作为。高校在充分认识社会实践在育人中的重要作用的同时，要加大对社会实践专项资金的划拨力度；要积极集聚资源，实施“走出去”战略，扩大社会交流合作领域，加强同政府部门、社会团体等的合作，寻找互利互惠性质工作的契合点，努力构建多模式、多生态、立体化的大学生社会实践模式，积极创造条件为学生争取项目、资金支持，逐步实现实践基地由数量向质量的转变、实践经费由“等、靠、要”向多元化筹集的转变。② 与此同时，作为大学生社会实践活动组织者和承办者的高等院校，也应注重内部资源的挖掘与整合，加强对大学生实践课程体系构建的理论研究，为逐步丰富社会实践的科学化、规范化运作提供理论支撑。高校要坚持“以生为本”，根据学校有关部门的职责权限，科学分工，建立起运行有效的大学生社会实践协调机制。相关部门要积极参与社会实践思路的谋划、活动的组织和问题的解决，使社会实践得以有序进行。具体可以做到以下几点。

---

① 张育广，王新伟. 大学生社会实践的组织管理与运行机制研究［J］. 内蒙古师范大学学报（教育科学版），2013（11）：31－33.

② 罗嘉文，张光宇，张育广，等. 基于SNM理论的工科大学生创新实践现状分析［J］. 学校党建与思想教育，2014（16）：46－47，57.

（一）建设合理完善的资源保障机制

合理完善的社会实践资源保障机制，对调动各方积极性、加强和推进大学生的社会实践具有重要意义。而要管理好大学生社会实践保障资源，关键在于明确各保障主体之间的管理程序和内容，同时形成联动机制，形成有序的保障体系。

对于校内的保障资源来说，各高校党群部门要高度重视社会实践活动，统筹好各部门资源，协调好各部门工作，通过整合党委组织宣传和学生工作部门及共青团组织等各部门资源，实现资源保障。第一，发挥业务部门的优势，加强大学生社会实践组织的对外联络工作，充分利用校友资源和校际之间的资源共享，推动高校与地方、高校与企业、高校与高校之间的合作，努力创造大学生社会实践平台。第二，发挥教职工和学生党员的战斗堡垒作用，提高指导教师的认识，做好社会实践的指导工作；以学生党组织为基础，开展有党员特色的社会实践活动，动员党员和非党员积极参与到社会实践中，为社会实践活动提供智力支持和组织保障。第三，学生工作部门和共青团组织加强联动合作，着力打造建设学生实践平台，在策划组织、制度建设、经费分配等方面加强交流、综合考虑，降低管理的成本。同时，双方分工协作，学生工作部门加强对实践平台的管理，共青团组织加强实践的政治动员和组织领导，合理规划和指导学生参与社会实践。

社会实践活动原本就是让大学生能够走出校园、接触社会、了解国情和民情，使理论与实践相结合的综合性活动。大学生开展实践活动的重点实际上也在校外或者与校外合作的相关部门上。例如，为了确保奥运会和世博会的顺利进行，当年政府面向社会公开招收大学生志愿者，协助开展各项工作，[①] 学生也能在各项大赛赛事服务过程当中锻炼自己，并且开阔眼界。因此，能否为大学生的社会实践活动提供充足的校外保障资源是社会实践能否顺利开展必须要解决的关键问题之一。校外的社会实践资源主要包括政策性保障资源和社会性保障资源。政策性保障资源一般是地方政府根据当地社会发展需要，为大学生的社会实践活动提供相关的政策保障。社会性保障资源则是社会能够为大学生社会实践提供的实践基地、活动经费和智力保障等资源。对于校外的保障资源来说，要落实好相关的政策，协调和分配各方面的资源。高校要充分与地方政府、相关合作企业进行联动协调，挖掘各项社会资源，寻求政府的政策性支持；同时利用校友会等组织，联系热心校友，发

---

① 吕明娥. 试论开放式大学生社会实践体系［J］. 中国高教研究，2011（5）：67－68.

掘好校友资源，为学生社会实践提供实践岗位或者实践指导，扩大社会交流合作，在为大学生社会实践提供资金支持和社会融资渠道的同时，为学生的社会实践提供专业理论、应用实践和人际交往等方面的力量支持，加强社会实践成果的转化。对于大学生开展的一些社会服务实践活动，所服务的对象和企业可以给予大学生一定的回报与补偿以及物质上的保障，激发大学生实践的动力。

（二）建立稳定健康的社会实践基地

社会实践基地是顺利开展大学生社会实践活动的有效载体和有力保证，也是进行社会实践资源管理的重要媒介。建立稳定而长久的实习基地，是大学生社会实践实现可持续发展的重要条件，也是整合和树立现有实践资源的重要契机。通过稳固健康的实践基地，能够确保实践活动稳定、可持续发展，实现实践资源的有效管理配置。

一方面，在建立社会实践基地前，高校需要从实际需要出发，分析现有大学生社会实践的方向和目标，明确当前社会实践的内容，进一步梳理推进社会实践发展的条件和计划，从而制订深化发展方案。学校要充分利用校内外资源和社会协调网络，在条件成熟的地方和单位，建立长期而稳定的社会实践综合基地，开展长期双赢的合作。通过建立实践条件充分和有安全保障的实践基地以及配套相对完善的场所，实现社会资源和学校资源的有效结合，创造学校和实践地、社会企业之间的产学研协作共赢的发展纽带。

另一方面，通过社会实践基地，社会资源能够通过基地作为集合点，源源不断地补充到社会实践当中，丰富社会实践的内容，并进一步拓宽社会实践的服务层面。社会实践基地的建设为学校教学工作提供长期的阵地依托。学校积极把社会实践的作用发挥出来，进一步动员校内科技人才资源。社会实践与地方的发展需要结合起来，将社会实践基地只与学校教学实习基地、科研基地和创新创业基地等相结合的初级层面，提升到基地建设这一高级层面，探索出社会实践基地与生产实习基地、创新创业基地、就业基地一体化的路子，注重共建合作和深度实践，盘活各种基地的资源，完善各类基地资源共享机制，扩大社会实践的服务面。注重发挥典型基地的模范作用，以点带面，逐步建立起多层次的基地网络。① 只有在共赢的原则下，高校、政府和企业才能真正地拿出自身的优势资源，明确各方的社会责任，建立起优势互补、稳定发展的社会实践模式。

---

① 任秀洁. 构建多元化渠道促进大学生社会实践长效机制的建立［J］. 潍坊学院学报，2013（6）：57－59.

（三）建立起运行有效的大学生社会实践协调机制

大学生社会实践并不仅仅是高校团委和二级学院组织开展的活动，而应当是高校各部门共同参与、协调合作，促进社会实践有效运行。

第一，高校要建立完善的制度保障。出台相关的文件，保证社会实践的有序开展。教务管理部门制定统一的实践教育规划、协调课程安排，为社会实践提供教育保障。第二，加强社会实践理论指导。重点加强社会实践的思想政治教育，引导学生树立实践法制思想，培育崇高的使命感和责任感；另外，加强学生社会实践专业技能教育，提高学生专业实践能力。第三，各部门协作指导。高校各党群工作部门在学校党委的领导下，认识到社会实践不仅仅是共青团及学生工作，而是将其作为一项重要的学校工作联动协作指导。因此，各部门应当规划好宏观的社会实践目标，制定全局性的社会实践意见，督促和监督意见的实施与执行，统筹好各部门资源，协调行政部门的工作，为社会实践提供有力的运行条件。第四，加强学生的自我管理和自我教育。学生的自我管理和自我教育是影响社会实践资源利用率的重要因素。加强自我教育要求大学生为了实现自身的全面发展，而提高自我认知能力，自觉学习掌握社会实践的知识，利用自己所具备的能力自主地挖掘社会实践资源。大学生应当在所掌握的各方面资源中，综合分析实践需求和自身能力，合理安排好社会实践的内容，防止出现“眼高手低”的情况。

（四）利用学校及专业特色盘活资源

打造社会实践的专业特色或者学校特色，能够充分利用高校丰富的科技、人才、设施等条件，发挥专业优势，突破闭门造车的局限，实现优势资源的互补，达成资源重组，形成合力，最终推进社会实践精细化、专业化发展。

对于大学生来说，社会实践为他们提供了发挥专业特长和优势，把自己在校所学的知识应用到生活中的机会，加深了学生对所学专业的社会价值的认识，巩固专业思想，为他们增加了学好专业知识的动力。同时，根据社会的需要，发现自身知识结构的盲点，明确努力方向，促进学生能力提高和全面素质发展。因此，对于社会实践的组织者来说，在整合探索社会实践资源时，应当充分考虑学生的学历层次和专业特色，突出专业特色，分层次、分专业地整理实践资源，把各类专业技术人才纳入社会实践的管理中，让博士、硕士、本科生等各种水平的学生在实践活动中发挥各自的特长。

对于高校来说，各高校在自身传统的优势专业基础上打造社会实践项目，能够不断地开拓创新、进行系统内部优化，使具有专业优势的社会实践项目形成品牌。同时，进行内部机制改革，加强与其他高校的优势互补功能，注重系统内接轨，在人才培养建设、基地建设、实践项目申报等方面注重资源的组合，强强联手，逐步形成校际协调指导机构，有利于社会服务项目按专业优势分配给高校。通过高校间的协同攻关，实现专业互补，资源共享，从而组织大规模、专业化、高质量和成本优化的社会实践活动，使社会实践活动发挥最大的合力，更有效地服务社会，发挥其最大的社会功能。例如，2016 年，中国农业大学“百名博士白银行”联合南京农业大学、华中农业大学、北京农业大学、海南大学等 10 所高校 101 名博士、硕士研究生奔赴甘肃省白银市开展科技服务活动。① 学生不仅在特色农业的信息化推广、农产品技术加工等方面发挥专业所长精准服务，同时也能够利用机会认真调研，开展学科交流和研究。

（五）利用“互联网 +”建立线上资源共享平台

“互联网 +”是创新 2.0 下的互联网发展的新业态，为了深化社会实践的育人成效，增加实践成效的匹配信息通道，深入推进社会实践工作，应当在现有资源的基础上，利用互联网平台，建立信息化的高校实践管理系统，充分借助网络社区和新媒体资源，建立社会实践资源整合与共享平台。该平台的主要作用在于，第一，相关部门在同一平台及时整合发布社会实践的相关资源，使得零散的实践信息资源能够归整，在一个系统上展示，节省资源分类和资源发布的时间和成本，学校和学生都能按照自身需求，及时在平台上寻求实践资源，提高实践资源利用的匹配度。第二，建立起覆盖实践全过程的深度互动机制，利用网络，将相关类型的社会实践培训资料，按类别进行分享。学生能够随时随地通过下载学习培训资料，掌握一定的实践技能和调研活动技巧，提高学习的实效性。学生可以在信息系统上及时发布自身实践动态，与指导教师保持联系，部分没有随队指导的教师可以通过平台查看学生的实践动态，及时予以专业性的实践建议，并形成一定的监督机制，督促学生按照事前制订的实践计划和目标完成实践任务。同时，通过加强不同院系和年级学生的信息共享，推动学生之间、学生与指导教师之间的深度交流，提高学生在参与社会实践过程中的社交能力和团队意识，从而为实践的开展和施行奠定良好的团队基础。第四，通过资源共享平台，建立学生社会实践信息库和数据库，完善各项实践的数据统计，并保留实践的原始数据，为以后的各项研究提供第一手材料。例如，2016 年，广东“青年之声”互动社交平台展示了广东各高校暑期社会实践活动成果，参与暑期社会实践的

---

① 欧阳永志．百名博士老区行：2016 年“百名博士白银行”科技服务活动启动［EB/OL］．（2016－07－08）．http://news.cau.edu.cn/art/2016/7/8/art_8769_456703.html.

各实践队伍可以注册平台账号，并在平台上发布实践日志。通过“青年之声”平台，实践队伍能够通过问题内容板块描述详细的工作情况，以上传图片等方式，展示自己的实践活动风采。同时，实践队伍和队员能够向专家、教师即时提问，解决任何在实践过程中遇到的疑难问题。在资源共享、信息互动的平台中，能够盘活一切有生命力的实践资源，激发实践活动的活力。

（六）实践资源的拓展与准入机制建设

为大学生参与社会实践提供有力保障，必须积极协调资源，拓展社会实践资源，优化资源配置，引入各方合作机制。开展社会实践之前，高校相关部门可以邀请某一课题或者某一项目领域的专家举行选题论证会，以对实践团队和项目的选题科学性、可实施性及现实性等问题进行评定。并结合有层次、有计划的课堂培训活动，加深学生对所选定主题的认识，明确实践的方向，掌握更好的调研方法，提高社会实践资源的利用率。例如，同济大学“新型城镇化研究”2014 年暑期研究生实践活动，引入合作机制，同济大学农村发展研究院及智能城镇化协同创新中心提供技术支持，协助开展了课堂培训；通过邀请新型城镇化研究领域的 6 位专家学者，从“新型城镇化与绿色建筑”“中国新型城镇化发展动力”等不同的角度，分享在新型城镇化研究中的经验。专家们在实践主题、调研方面给予殷切指导和有效建议，进一步提升了实践团队的调研能力和工作水平，为取得最好的实践成果奠定了坚实的基础。① 在合作框架下的社会实践资源配置中，实践团队能够最大化地提升实践能力，提高探索和调研的能力，能够将自身学科知识和实践课题结合起来，积极实践，服务实践基地的发展。

高校对社会实践资源的筛选，应当设计一定的准入机制，对社会实践资源进行一定的审核和挑选，为学生提供优质且丰富的实践资源。当前，实践资源随着社会发展也不断地丰富，特别是越来越多的地方政府和企业主动为高校学生提供实践的场所，但是各类的实践资源质量存在参差不齐的现象。资源内容较单薄的实践活动，对活动的开展、实践实效的影响较大。因此，高校应当针对社会实践资源设计一套切实可行的准入评判机制。对实践资源定期进行动态的评估，即对该实践资源能否提供优质、有意义的实践场地和教育进行评估。对于优质的实践资源，应当深入挖掘社会实践的深度；对于较为薄弱或者根据社会发展已经不适合学生参与的实践资源，应当及时进行整合或者淘汰，从而实现实践资源优质供给。

---

① 李俊卫. 关注大学生暑期社会实践：每一个队员都有收获［EB/OL］.（2014－09－01）. http://www.jyb.cn/high/gdjyxw/201409/t20140901_596134.html.

（七）加强实践项目的管理与维护

实施社会实践的项目化运作，是对高校社会实践资源优化整合的一种系统管理方法。社会实践项目化是规范管理的措施，是注重实效的体现。

一方面，在项目设计上，要坚持与时代需要相结合，结合知识更新、技术革新的时代主题，更好地发挥青年人才在服务地方的作用；要坚持与地方需要结合，按照“按需设项、按项组团、双向受益”的原则，切实针对地方经济发展的实际需要开展活动，着力为地方解决一些实际问题，使各项服务活动富有实效；要坚持与专业特点结合，依托和利用专业优势，确定一批重点服务项目，组织学生运用专业知识解决技术问题、开展社会调研，从而激发青年学生的主动性、积极性和创造性。①

另一方面，在项目的实际运行过程中，学校成立一个有别于传统组织的新管理组织，使它能同时迅速地从纵向、横向协调解决贯穿于各组织部门发生的种种问题，负责把社会实践的活动主题和内容优化整合，进行项目罗列，细化实践项目落实。社会实践的项目团队成立后，项目负责人会议定期召开，明确提出实践项目的重要性和目标效果，要求各项目团队制订详细的项目实施计划，在团队内部进行人员分工，统筹好分工和协作工作。项目化管理组织负责制订项目化的具体方案，制作并落实实践项目申报书、项目指导专家或教师、项目评审办法等。在项目实施过程中，团队要严格控制实施过程。按照社会实践项目计划方案和目标要求，团队要对项目中的进度、成本等方面进行控制，定期组织相关专家分析项目报告、评估进度、运作社会实践、审核经费等。最后，由项目化管理组织负责社会实践项目的评审工作，分析和评价实践项目取得的成果，从而规范项目管理行为、完善考核评价体系。

（八）社会实践经费投入的多元化建设

社会实践经费的多元化建设，就是通过多元化的方式筹措社会实践资金，多渠道整合大学生社会实践长效运行的项目经费，切实保障实践资金的投入。大学生社会实践活动的重要性不言而喻，该活动不仅仅是高校的学生活动，更是大学生运用自身的聪明才智参与社会改造的重要方式。因此，大学生的社会实践的经费保障，不仅仅需要高校的支持，也应当吸收多元化的资金投入，以保障实践活动的顺利开展。在当前社会主义市场经济的形势下，要充分利用社会各项经济资源，实现社会实践经费投入的多元化发展。

---

① 张育广，秦卫民，陈未娴. 加强和改进新时期高校暑期社会实践的思考［J］. 新疆职业大学学报，2006（1）：65－67.

一方面，高校及主管单位可尝试以市场为杠杆，通过签订合同和协议的形式，确定社会实践活动各个项目的利益分配，引入社会资金，协调推进社会实践活动的发展，形成社会实践与企业发展双赢的运作机制，更好地调动学校和企业的积极性，推动社会实践与经济建设资源的有机结合。另一方面，学校可以主动与地方充分沟通，明确社会实践活动对当地服务的价值，争取地方政策的支持，吸引地方政府对社会实践的投入，有效解决经费不足的问题，让大学生更加积极地参加社会实践活动。

（九）加强社会实践的课程化建设

社会实践是一门特殊的课程。美国许多高校将社会服务等作为学生必须学习的科目，赋予相应的学分。① 社会实践课程化是合理部署实践资源的需要。加强社会实践课程化建设，把社会实践纳入教学目标进行管理，按照培养创造性人才的要求制定社会实践的教学大纲，确定实践总体目标，能够有效整合高校各部门资源。课程教学在校内涉及教务处、学生工作部、共青团、科技处、财务处等众多部门，如果将社会实践建成课程化体系，就要在教学中研究社会实践的协调发展，在制度层面合理划分社会实践各部门之间的人、财、物等资源的分布，统筹安排、分清职责，保证社会实践在时间上有安排、组织上有落实、经费上有保证，能够优化社会实践资源的结构，产生整体优于部分之和的协同效应，从而实现人才培养的目标。另外，将社会实践与专业教学相结合以及相适应，让大学生在检验专业知识的同时，获得社会认同感，提升自身的综合素养，能够产生良性的互动效应。具体来说，加强和改进社会实践活动课程化就是要把社会实践纳入高校教育体系和教育改革轨迹，列入教学计划，真正把大学生参加寒暑期社会实践活动作为一门必修课，纳入学生学籍管理和德智体能综合测评体系。作为课程，社会实践应当设立明确的课程目标，做好缜密的课程计划，丰富课程内容，进而在实践中实施相应的课程。在完成社会实践活动后，要有后续的课程质量评估，从而保证实现预定的育人目标。同时，社会实践课程应当将理论环节教学与实践环节教学紧密结合，设置一支相对稳定的校内外专职或者兼职的指导教师队伍，建设一支由党政干部、两课教师、辅导员、班主任为主体，专业教师、社会各界有关人士广泛参加的社会实践课程师资队伍②，对学生的社会实践活动进行理论指导和质量考核，不断提高社会实践的教育水平和质量。

---

① 查吉德. 美国研究型大学的社会服务功能及实现策略［J］. 南京航空航天大学学报（社会科学版），2002（2）：50－54.

② 赵伟锋. 社会实践课程化中存在的问题及解决措施［J］. 学理论，2011（1）：270－272.

这样，才能加强社会实践的课程化建设，发挥理论体系的指导作用，充分调动和盘活社会实践资源。

第二节　大学生社会实践成果转化

提高社会实践的效益，巩固和发展社会实践的成果，是影响社会实践活动健康发展的一大因素，也是社会实践活动保持生命力必须要解决的问题。实践成果只有进行总结宣传、共同分享，才能产生最大的教育效应和社会效应。社会实践是高校素质教育的关键手段，也是加速大学生社会化的重要途径。[①] 在其他条件不变的情况下，社会实践成果转化对社会实践最后一个环节——总结升华起着重要作用。在以往的社会实践活动中，实践活动总结后，学生写完报告就等于完成了任务。学校组织一次表彰大会结束后，一个年度的整个社会实践活动也宣告终结。在这种情况下，学校往往忽略了对实践体验的内化和升华，将实践的体验转化为示范性的案例。为了发挥优秀实践事迹的示范作用，使少部分人能够影响大部分人，一方面，将学生的实践体验上升为内在的知识，也能够巩固实践成果和成效；另一方面，也使学生在实践中获得的成果得以从个人的体会转化为大众的知识。完整的社会实践活动链条，不仅应当包括丰富的实践过程，更重要的是，大学生应当通过社会实践活动，印证社会实践前结合理论知识假设的前提或者提出的命题，并结合结论，提出对社会管理、生产建设有实质性作用的意见、建议和措施，或者直接将实践的结论转化为推动社会进步、促进生产力发展的有益动力。因此，社会实践成果转化，也是社会实践全过程链条中最有社会价值和意义的一个环节。社会实践主体和组织者应当高度重视社会实践的总结宣传，利用报刊、电视网络等多媒体，进行广泛的宣传报道；组织实践团队撰写调研论文，将调研成果理论化，出版调研成果，并将成果反馈给地方，服务地方社会发展；组织召开成果报告会，对实践活动进行评价分析和沟通交流；召开总结表彰大会，表彰和宣传实践活动中表现优秀的团队和优秀作品，进一步扩大社会实践的影响力和覆盖面，使实践的效果和成果真正显现出来，倒推社会实践的良性发展。对于科技创新实践，学生的创新成果转化对于提高学生参与创新活动的积极性，培养高校创新型人才，校企合作和发展地方经济都有重要的实际意义。因此，转化实践成果，能够有力地推动知识向现实生产力转化，并且推动地方经济和社会发展。

---

① 赵振华. 大学生社会实践的现状及路径探析［J］. 教育探索，2007（4）：63－64.

一、实践成果转化的必然性

大学生参与社会实践活动，不仅能够走出校园、了解社会，而且能够主动参与到改造社会的活动中。一方面，社会实践的顺利开展依赖高校与社会各项资源的投入，从资源投入与产出的角度来说，社会实践资源的投入必然需要相应成果的产出才能相互促进和发展。另一方面，实践成果的转化是保证社会实践实效性的有力证明，也是通过社会实践解决社会现实问题的需要。因此，大学生参与社会实践并促成实践成果转化是社会实践活动的必然结果。

（一）提高社会实践的实效性

社会实践是高校组织大学生进行有目的、有计划地深入社会，参加具体生产实践和社会生活的重要活动。从近年的实践活动来看，实践活动的实效性仍有待进一步提高。保障实现社会实践的实效性是系统工程。完整的大学生社会实践实效性的评价体系，不仅应当注重准备环节、着眼实施过程，而且应当突出实践成果。社会实践活动的开展，最终都会产生一定的精神及物质实践成果。一方面，学生通过开展社会实践活动，产生主要的事迹和贡献，对个人、学校、社会等能够产生积极的意义和良好作用；另一方面，实践活动结束后，学生通过撰写调查报告、完成科技创新成果、召开成果展示会等对物化成果进行评价，这些都从不同角度、不同层面反映学生开展社会实践的实际情况，也在不同程度上展示社会实践的效果。这些实践成果的产出和转化，不仅实现了实践目的，验证了社会实践前期的假设，并且以实质性的成果证明了社会实践活动的重要意义和实施价值，为高校和地方深化开展某一领域的课题研究和科学研究奠定了相应的调研基础或技术基础，为下一阶段社会实践的开展提供了可参考的实践数据和更加广阔的视野。

（二）解决社会实际问题的需要

社会实践是大学生提高自身素质、了解社会民情的重要途径。大学生参加社会实践的过程中，不仅是提高自己分析和解决问题的能力，更是深入了解社会现状，把握时代发展脉搏、为社会发展服务的重要契机。国家重视并积极开展大学生社会实践活动，除了对促进大学生成长成才有重要意义，更对推进社会发展具有重要意义。而社会实践活动推进社会发展的重要体现，就是将实践成果经过理论知识的加工和分析；或者将实践得出的科技创新成果，转化为能够为地方经济和社会发展提供建设性意见的调研报告和政策建议报告；或者能够将科技创新成果，转化推动某一领域生产力发展的重要创新技术，改进原有生产技术的不足，提高生产效率。现有的大学生社会实践活动，已经有许多实践成果促进经济社会发展的先例。例如，郑州大学旅游管理学院关于淮阳旅游的实践活动成果转化是实践活动成果与解决实际问题相结合的典型。2007 年暑假期间，郑州大学旅游管理学院成立社会实践队伍，分成 5 个组，分别结合专业特色开展实践活动，如淮阳旅游现状分析、营销分析、5 大景区分析、竞争对手分析、媒体分析等。实践队伍的学生通过市场调查搜集大量的资料，并对资料进行整理、分析，最后形成《淮阳旅游资源整合营销方案》。该方案根据当地的市场定位和开发，提出了淮阳旅游业的详细市场营销手段、营销策略以及传播方案，同时为淮阳旅游业发展提出了一系列操作性很强的建设性意见，获得当地政府以及旅游局等部门的认可和赞赏。该县有关部门与实践队伍所在学院达成意向，表示愿意遵循市场经济的原则，出资 10 万元购买方案，采纳相关的建议和方案，发展当地旅游业。而参与本次实践活动的学生，由于后来无偿将方案赠予当地政府，则被淮阳县政府评为“声誉市民”。①② 郑州大学旅游管理学院这次实践成果的成功转化，展现了实践活动成果强大的生命力以及潜在的社会效益与经济效益，并且说明了优秀的实践成果能够解决社会发展的瓶颈问题。成果的顺利转化也鼓舞了参与社会实践的学生，激励了更多的学生参与到社会实践中，为社会实践的发展注入了源源不断的动力。

二、成果转化的方式与途径

大学生社会实践的方式丰富多样，既有理论宣讲、社会调查、学习参观、社会服务等形式，也有科技发明、挂职锻炼、就业实习等方式。因此，社会实践的成果有多种方式呈现，成果转化的方式与途径也有多种形式。实践成果既可以通过凝结为精神文化成果的形式展示，以文化的形式感染人，也可以以书面报告和科技创新成果等实物的形式展现出来。下文主要介绍成果展示宣讲会、调研报告、政策建议报告、科技成果四种相对常见的成果转化方式与途径。

（一）成果展示宣讲会

成果展示宣讲会是实践活动书面报告的拓展和知识的普及。宣讲报告会不仅能够督促学生做好实践调研报告，也可以把实践者的经验教训分享给更

---

① 聂娴．郑大学生《旅游营销方案》无偿赠淮阳［EB/OL］．（2007 - 09 - 14）．http://www.henan.gov.cn/zwgk/system/2007/09/14/010041317.shtml.

② 王晖．郑大 12 名学生为淮阳发展尽力，谢绝 10 万元酬谢［EB/OL］．（2007 - 09 - 14）．http://www.dahe.cn/xwzx/shx/t20070914_1143882.htm.

多的学生，扩大社会实践的影响力，将成果转化为具有影响力的成果。实践的体验只有经过内化，上升到理性认识的高度，其作用才会是持续的。[①] 虽然如今各高校每年参与社会实践活动的队伍日渐增多，但是能够直接参与社会实践活动的学生人数相比在校的学生来说还是相对较少的。实际上，并不是全部在校大学生都有机会直接参与社会实践活动，大部分学生了解社会实践活动是通过参与过社会实践学生的体验分享或者学校关于实践活动的介绍宣传。因此，成果展示宣讲会或者展示会为未参与相关活动的学生提供了了解活动和开阔视野的平台，激发更多的学生对社会实践活动的兴趣，吸引更多的学生参与到实践活动中，为实践活动提供更多的智力支持。此外，实践活动的类型丰富多样，内容也不尽相同。不同的队伍参与的实践活动，即使采用一样的实践活动方法或者在同一实践地参与活动，其实践活动的内容和成果都是不一样的。成果展示宣讲会和展示会为不同实践队伍的成果展示和转化提供了交流与合作的平台。高校可以通过举办宣讲会、报告会、展示会，让参加社会实践的骨干或者优秀的参与者与其他学生交流经验，发挥先进个人和团队的示范与激励作用，实现实践育人的效果。

（二）调研报告

调研报告是对实践活动中某种现象、问题经过深入细致的调查后，将实践过程中收集的第一手材料与数据加以系统整理和分析，为今后工作的开展和决策的制定提供依据和参考的文书。调研报告是经过思考沉淀下来的。在实践活动的过程中，学生能够接触许多新的事物，但是这些事物往往是杂乱无章的，只有通过仔细分析、梳理，落实到文字上，才能形成实践者内化的思想和知识。在实践活动中，实践队伍如果能够通过实践完成一份高质量的调研报告，对社会科学的发展能够起到极大的推动作用。因为在实践过程中，学生调查的数据、图像和事例等材料都是从客观存在的生活中提取的，是对客观事实的真实反映，能够突出社会问题。在社会实践中，调研报告是具有重要现实意义的实践成果。一是调研报告能够发现实践过程中的典型案例，总结现有经验，指导实际社会工作；二是能够针对工作中突出存在、具有较强普遍性、受到广泛关注的问题和情况，通过实践调查研究，了解掌握现实生活的第一手资料和数据，能为解决各种矛盾和问题带来针对性、实效性较强的思路和举措，为决策者提供决策的依据和参考。在调研报告形成之前，实践队伍成员需要经过资料收集、问卷调查、访谈、数据分析等环节，

---

① 纪树青，马振远. 巩固和发展大学生社会实践的成果［J］. 河北财经学院学报，1991（2）：87－88.

并且通过分析对比、了解选题的发展态势、弄清事情真相、吸取教训，制定正确的方针政策。因此，调研报告是社会实践成果转化的重要形式之一。

（三）政策建议报告

政策建议报告是调研报告进一步的延伸和深化，是社会调查类实践活动最具社会实践意义的成果转化方式之一。一般的社会调查类实践活动，实践的关注点在于实践基地存在的某些社会公共问题，以问题为导向，通过实践活动寻求问题的解决方法和对策，告知实践基地的社会管理者或者决策者“应当怎么做”——包括意义和风险等。一方面，地方政府制定的公共政策必须以当地实际情况为依据，而当地实际情况不仅仅通过地方政府工作人员和地方智库的调查与了解，在现阶段，地方政府也逐渐将高校社会科学研究成果和大学生社会实践的调查研究成果作为重要的政策参考依据，并且欢迎、支持能够对地方现存实际问题展开调查研究的实践队伍加入，对相关问题进行细致的研究，作为制定科学合理政策的参考，同时节省地方政府基层调查的各项成本，提高公共性政策制定的效率。另一方面，社会实践队伍结合地方实际需求，以问题为导向，在实践活动开展过程中，实践队员明确调研目的和计划，并深入基层群众。同时，在带队教师的专业指导下，学生结合理论知识最后得出的实践成果能够相对科学、客观、真实并具有针对性。通过广泛、深入的调查研究，社会实践队伍结合实践者的亲身经历和调查访谈结果，总结汇总实践报告结论，明确提出解决公共问题的对策，设计改进方案，探究利弊与评价，进而形成相关的政策建议，能够为地方政府提供做出正确决策的参考，促进决策的科学性与合理性，解决公共事务。因此，政策建议报告不仅能够将实践活动的成果转化为具有实质参考意义的对策，而且能够发挥实践活动最大的社会意义，解决社会公共问题。

（四）科技成果转化

科技发明是大学生社会实践活动的重要形式之一。社会实践是促进大学生科技创新的重要途径。科技创新与社会实践是有机统一的整体。社会实践能够将高校的高新技术研发和科学研究与实际的生产实践结合起来，促进社会科技的发展。大学生参与科技创新社会实践活动也是我国培养创新型人才的重要方式。鼓励学生自主创新，推动创新成果转化，是在“万众创新”的新态势下，打造科技创新生力军的关键环节。大学生科技成果的转化是大学生在科技创新类社会实践活动中能够带来经济效益和社会效益的部分。学生参与各项的科技创新实践，利用寒暑假和课余时间开展科学研究，能够将所学到的科学理论知识学以致用，将研究成果以科学研究论文、科技成果，或者发明专利等形式呈现，并通过学校以及校企合作等相关方式，将科研成果及发明专利投入到生产环节，转化为促进经济和社会发展的生产力。因此，科研实践活动中的成果转化也是促进知识创新、技术革新的重要途径。

三、成果转化的主体

（一）高校

高校是社会实践活动最主要的组织主体，也是社会实践成果转化最主要的主体。大部分高校将社会实践纳入学校的教育管理中，设有专项的经费投入。高校通过校级课题立项等方式，向经过评审确认为优秀实践项目的课题发放资金资助，让学生结合实际开展社会调查，根据社会需求进行创新研究；部分高校设立学生创新实践研究基金，给予学生一定的项目资助，使学生拥有一定的经费开展进一步的研究，并且支持技术创新研究成果的转化。有的高校也与企业合作，连同企业发布科研需求信息，利用高校学生的实践活动，征集创新成果，实现以成果转化为导向的实践模式。另外，在实践活动结束后，学校组织召开实践总结大会、优秀成果表彰大会、成果展示会、成果转化交流会等，在提高社会实践活动实效性的同时，将社会实践的物质成果转化为能够广为传播和影响学生精神品格的内在素养。

（二）学生

参与社会实践的高校学生是社会实践成果转化中的能动主体。学生是社会实践活动的直接参与者，为实践成果的提炼与转化提供了最基本的材料、素材与研究基础。通过实践活动，学生凝练总结实践活动的过程、社会调研活动结果，以及提炼科研实践创新成果，将实践成果转化为政策建议、调研报告、创新作品等对实践有指导意义或者能够应用于实际的成果。实际上，实践活动成果能否得到转化，完全取决于学生的实践活动过程能否获得第一手真实、丰富的材料和基础研究，能否利用实践活动的机会调查或者研究相关的社会课题及科研项目，通过实践活动是否取得实质性的成果。在此过程中，学生的能动性起决定性的作用。因此，学生是实践活动成果转化的基本主体。

（三）政府

政府是实践成果转化的重要主体之一，也是推动成果转化的重要导向主体。社会实践活动成果转化与地方政府的支持是相互促进的。地方政府为社会实践活动提供长期合作的实践基地，解决实践队伍对接实践基地的问题，能够切实为学生实践提供便利与支持，保障实践队伍能够顺利在基层开展实践活动和调研等工作。政府可以通过增强与高校之间的联系，提供实践场所和课题，并予以接收队伍一定的物质支持，能够使实践队伍抛开顾虑，扎根开展实践活动；另外，为实践成果制订推广计划，制定相应的政策、法规予以扶持，设立相应机构等，拓宽大学生社会实践成果转化的渠道，有助于优秀的社会实践主题项目和成果的转化，让资源和项目从社会中来，成果又能够运用到社会中去，真正地服务社会。

政府也是实践活动成果转化的政策导向主体。每一个社会实践活动都有实践的主题和目的，实践接收地是否接收实践队伍到当地开展社会实践活动并予以一定的物质支持，主要在于该社会实践团队的实践活动能否对当地的一些现象或者问题展开研究，并为当地政府提供较高质量的社会调查报告和政策建议。实践成果的转化是否具有意义，取决于该成果是否是现实生活需要的或者能否解决社会问题。因此，实践成果的转化也不是盲目的，而是有一定的目的性和导向性的。政府通过对接收队伍的审查、对接，对调查研究的支持等，为社会实践的成果转化提供了强大的推动力和引导力。

（四）企业

企业是创新实践成果转化和推广的重要主体。企业能够建立多种形式的资金融通体系，为实用性强的实践成果及实践项目提供运作基金和经费支持；并且在校企合作的机制下，设立创新创业实践指导课程，为创新创业实践活动提供指导。因此，企业不仅能够将实践的创新成果转化为产品投入到商业运作过程中，促进项目成果专利化和产业化，而且能够在创新实践成果转化过程中实现对学生的创新创业教育，为实践育人及实践活动的社会延伸提供全方位的服务和保障。在现阶段，随着校企合作的深入，虽然部分企业与学校共同开展创新实践成果展示会、成果推介会等活动，但由于大型企业一般都有专门的研发基金和内部的技术人员，对学生实践的创新成果的需求较少；而参加成果展示会和推荐会的中小企业规模比较小，对创新成果的吸收能力比较薄弱，项目对接成功率比较低。以企业促进实践成果转化这一方式，还有待进一步完善。

四、成果转化存在的问题

大学生社会实践活动成果能够由各大主体推动转化，然而在实际操作中，有社会影响力的社会实践活动成果却并不多见，主要原因还在于当前社会实践活动的成果转化过程存在一定的障碍和困难。

（一）实践成果多，但整体质量不高

近年来，虽然社会实践成果的呈现形式越来越多样化，但是质量和深度并没有随着手段和形式的创新而提高，有价值和高质量的成果几乎凤毛麟角。在实践过程中，教师、学生对实践活动的认识不到位，实践环节存在短板，社会支持体系不完善等，造成社会实践总体质量不高、形式大于内容、

成效大打折扣。在实践中，学生偏重前期启动和中期活动过程，对后期成果总结和成果转化的处理较少。以调研实践为例，学生通过实践获得第一手的基层经验，活动过程也能够运用各项调研方法取得数据。但是，在后期的总结过程中，学生往往存在“反正活动已结束，写了总结就行”的心态，以为能够将调研报告上交进行评比就好，而忽略了社会实践中最具社会价值的一个环节——将调研报告凝练成能够解决社会问题的最有效对策，或者为实践问题的解决提出具有普遍意义的方法。一项完整的社会实践活动应当包括从启动到总结及得到成果转化的全过程。如果缺少任一过程，社会实践活动就难以发挥其应有的效应，也无法为提供实践资源的社会主体提供成果回馈。

（二）社会实践活动成果与社会实际发展脱节

社会实践成果应当对社会现状或者存在的社会问题提出一定的措施建议，或者创新地提出相关的政策建议。但目前大部分的实践活动成果并不能很好地解决实际问题，更不用说实现成果的转化。

一方面，部分的实践活动仍停留在政策宣传、参观访问、生产劳动等环节和阶段，并没有很好地体现学生专业特点和知识结构特点，使得实践活动不能充分发挥专业特长，这样往往导致学生的实践活动大多为机械活动，学生只是简单重复相关工作，不能利用自身的专业知识在实践中创新创造，失去了实践活动的科技含量，这样也难以得出具有创新性的成果。

另一方面，社会发展日新月异，部分学生社会实践内容和形式却相对滞后，创新后劲不足，无法适应地方社会发展的实际需要，不能跟上社会发展的步伐，更难以与地方发展的一些重点项目接轨，无法得到地方政府和相关企业的关注和重视。这导致社会实践活动相对缺乏地方政府的支持和社会资源的资助，难以通过实践活动取得对地方社会发展有参考价值的实践成果，更不用说促进实践成果转化，服务当地经济社会发展或者提高企业生产能力了。

（三）成果转化动力不足

高校社会实践活动往往重过程轻成果转化，其主要原因在于，学生能在社会实践过程中获得实质性的体会和经历，但是在实践接近尾声时，队伍成员忙于总结个人的经历成果，忽略团队集体成果的凝结和转化。一方面，成果转化需要高度的凝练和耗费较多的时间，转化过程比实践过程要抽象及枯燥；另一方面，团队成果转化没有一定的奖励作为激励措施，对于实践团队来说，实践成果转化与不转化对个人或者团队的影响并不是很大，完成实践活动后就能拿到社会实践时长，成果得到转化只是锦上添花，因此，成果转化缺乏有效的动力支持。另外，长期以来，学校对学生社会实践考评机制并不完善，对学生参与实践活动虽然有一定的培养要求，但是没有一套完善、成体系化的考核办法。学校传统对学生实践的综合测评机制，大部分只停留在是否完成实践活动的过程、时长和实践报告，学生参与社会实践活动，获得实践成果虽然会影响到综合测评和奖学金等评比，但是团队成果质量、成果是否转化并没有纳入到考核办法中，实践成果是否转化和如何转化并未完全得到学校的重视。同时，在学生成果转化过程中，无论是资金支持还是信息提供等方面，高校给予的支持力度不大，甚至部分高校没有相关支持成果转化的政策和措施，从未关注学生成果转化的问题，没有对学生成果转化予以应有的重视。学生的成果转化，需要一定的技术和专业理论的支持，而担任学生实践团队的指导教师大多为辅导员，专业背景可能与团队实践内容不一致，这就导致指导教师给予学生成果转化的指导并不专业，成果转化效果有限。

（四）成果转化服务缺位

实践活动成果的转化，不仅仅需要学生的兴趣和努力，还需要充足的实践成果转化理论指导和技术指导。实际上，一般高校能够提供一定的实践理论指导，但是在成果转化为实用性技术或者政策建议的过程中缺乏针对性指导。另外，一般来说，无论是人文实践成果还是科技成果的转化都需要一定的政策支持和明确的转化程序作为操作依据。但是，大部分高校并没有相关具有指引性的成果转化流程，也没有成立相关的实践成果转化服务平台。如果有个别实践队伍的成果已经在社会产生影响力，才会将该成果作为个案进行成果转化处理，负责该成果转化的工作也往往由实践队伍指导教师或者所在二级学院和部门负责，学校成果转化的服务工作并不到位。同时，虽然部分学校通过成果展示将科技实践成果与企业对接并推广成果，但更多的时候需要学生自己探索成果转化的流程、注意事项等。部分学校没有为社会实践成果转化专门提供服务和指导，也没有专门的成果转化机构以及建立成果转化机制，这样也导致社会实践成果转化率较低，难以实现大学生社会实践成果转化为能够推动社会发展和科技创新的动力。

五、成果转化的建议

提高社会实践成果的转化率，保证社会实践的实效性，关键在于提高社会实践成果的质量，建设社会实践成果转化的激励机制，鼓励更多高质量的成果转化为社会生产力或者具有现实价值和意义的政策建议报告；同时完善社会实践成果转化的系统设计，建设成果转化服务平台等。

（一）建立激励机制促进优质成果转化

成果产生和转化需要动力机制来保障。合理有效的激励能够调动人的积极性和创造性，使实践成员积极完成实践任务，实现个人目标和组织目标。为了保证社会实践能获得优质的转化成果，各高校应当建立相应的实践活动成果转化机制。一方面，建立实践活动成果激励机制，将实践活动纳入整理教育计划中，对社会实践的目标要求、形式内容、方法途径、成绩考评、工作量计算、奖励办法等做出明确规定，积极推动专业教师参与社会实践，计算教师工作量，并以此作为教师职务（称）晋升、年终考核的重要条件，为社会实践获得成果提供强有力的制度保证。根据社会实践发展的需求，及时更新奖励措施，不断加以修订，使奖励的力度贴近实践活动发展实际，切实激发各方主体加强成果孵化和成果转化的积极性。同时，可以将学院、有关部（处）开展并推动实践活动成果转化的工作情况作为年度考核指标，激励各部门参与实践成果转化工作。另一方面，将实践成果作为学生评奖、评优、保研和就业推荐的重要条件。在学生的综合素质测评过程中，要将学生参与社会实践作为评奖、评优的必要条件，也要将学生通过实践获得实践成果以及实现成果转化作为衡量学生全面发展的重要指标。例如，大学奖学金评定是高校对学生全面考核及评价的制度，对大学生的学习成长有重要的激励作用，也是反映高校人才培养目标和规格的一个质量标准体系。[①] 在奖学金评定中，把大学生社会实践成果作为重要指标，不仅能够丰富奖学金的评价体系，完善评价标准，树立实践育人的评价导向，而且能够引导学生更加重视实践能力和创新精神的培养，激发学生通过实践创新实践成果，促进实践成果转化。

（二）重视产学研结合推动科技成果转化

对于创新创业的实践活动，企业是推动创新创业成果转化的重要动力。企业可以依托高校的创新创业基地，通过企业与社会广泛的外部联系，组成包括科技园、风险投资中心、创业培训机构、小企业开发中心等高校、企业、地方良性互动式的创新创业教育生态系统，有效地开发整个社会各类资源，为学生的创新创业实践提供帮助。

学校也可以根据自身的实际情况，设立相应的实践成果转化机构，由专人、专门的机构负责学生的实践成果转化、成果推广及校企、学校与地方政府联系与合作等事宜，提供针对性的指导，以提高实践成果的转化程度。

（三）实现社会实践活动项目的课题化

在社会实践中，结合课题研究是高校社会实践研究的热点，也是社会实

---

① 田欣. 大学生社会实践成果融入高校奖学金评定体系［J］. 保定学院学报，2015（6）：99－105.

践服务社会、提高实效性的重要方式。推行以课题化为导向的实践模式，开展高水平的实践调研活动，对实践活动有指导性和现实意义，能够提高实践活动的成果质量。发展社会实践活动的课题化，一方面，可以将高校教师手头现有需要基层数据的课题研究分成若干个子项目，由参与实践活动的学生密切结合课题内容，通过实践获得第一手数据，既促进教师参与社会实践活动指导的积极性，又为学生提供明确的活动方向，催生高质量的实践成果；另一方面，通过申报课题立项、答辩、审批、执行等程序，经过选拔和挑选，对有社会现实意义的实践项目予以大力支持，使更多优秀的项目能够脱颖而出，为获得优秀的实践成果奠定良好的基础。

（四）提高实践活动内容的专业化程度

一方面，为了得到更高质量的实践成果，提高实践成果的转化率，在开展社会实践活动中，应当立足专业特点，与专业相结合，提高学生社会实践的技术含量。开展好社会实践活动的首要原则，是要将抽象的理论知识转化为学生解决实际问题的各项能力，而社会实践活动要得到社会的认同和服务对象的认可，获得具有社会价值的成果，关键是学生解决的实际问题是专业且有实效的。因此，提高社会实践的实效性和促进成果转化，应当根据不同专业、不同年级学生的特点，有针对性地挑选活动项目，设计活动计划和内容。从单纯的调查访问、课程实习、志愿服务等活动，转向结合专业特色，发挥大学生智力资源的优势，开展有技术含量、科教推广、创新技术和社会问题调研等多种形式的社会实践。高校应当加强组织引导，搭建创新创业类的实践活动平台。相关部门加强对高校教师的科技成果推广应用的力度，引导学生参与教师科研项目，并结合现有成果进行创新。开放专业实验室，建立学生与实验室沟通渠道，充分利用学校资源，为学生提供专业化实践活动平台，在切实加深学生对学科的认识、运用专业知识解决实际问题的同时，推进实践成果的转化和应用。

另一方面，为了进一步推进社会实践成果的转化，提高成果转化的质量，应当组建校内、校外导师团队，强化社会实践的专业性，并在社会实践过程中，为实践团队提供更加有针对性的建议以及智力支持。具体来说，校内导师与校外导师团队应当各有侧重，一是校外导师团可以以行业内的专家、地方党政领导以及在本实践研究领域有所建树的社会人士为主体；二是校内导师团可以以高校知名学者或者在某一社会科学研究及工程科学创新研究有成果的专家学者、高校中青年教师以及博士研究生等为主体。导师团可以指导实践队伍优化选题，及时讲解实践背景，讲授相关学科理论，帮助学生掌握实践调研方法和沟通技巧，为实践活动夯实基础。同时，通过导师团的前期指导和讲授，明确实践队伍的实践目标，在实践过程中不断积累有益于得出实践成果的信息和技术，提高实践成果转化率。

（五）实现社会实践活动社会化

社会实践是在校大学生认识世界、改造世界的一个过程。提炼社会实践成果，促进成果转化，是改造世界的重要体现。而能够改造世界、改变社会的重大实践成果，必然是首先得到社会认可的。社会实践成果要得到社会认可，转化为促进社会发展的生产力或者指导社会生产发展的重要理论，就要积极与地方社会发展需求相对接，主动寻求并挖掘实践地存在的问题和亟待改善的地方，以社会问题为导向，开展实践活动。高校应当在组织社会实践活动前，与实践基地或者实践地方相关部门对接联系，获取实践基地当前需要解决的问题清单，并以此为导向，组织指导教师对相关问题分类处理，整理出适合大学生参与实践的课题，并供学生在组建实践队伍时参考。同时，高校可以邀请或者聘请基层政府领导、企事业单位负责人担任实践队伍的校外指导教师或者实践顾问，协调并协助社会实践的开展，也可以聘请校外相关单位的专业技术人员与学校指导教师一起组成“双导师”制，为学生的实践中遇到的技术问题提供必要支持和指导。另外，实践队伍也可以承担部分与所学专业相关、企事业单位在攻坚克难过程中遇到的课题，从而获得企事业单位经费支持，结合自身专业知识开展实践活动，在为企事业单位解决发展问题、促进校企双赢的同时，取得高质量的成果，并将成果直接转化为指导企事业科学发展的理论依据。

（六）加强社会实践的成果转化系统设计

高校应做好社会实践成果转化的系统设计、跟踪支持和成果提炼宣传的系列工作，保证好的实践经验的提炼、总结和传承，深入挖掘社会实践活动的实际成效。

第一，以宣传工作为抓手，做好实践活动的总结宣传工作，鼓励多元化的成果展示。结合目前实践成果形式多样化的特点，注重线上线下的成果展示活动；并利用网络媒体的传播特点，对于适合在线上展示的实践成果，应当为其提供相应的网络平台，扩大成果的影响力。第二，结合实践中形成的理论成果开展主题思想教育，将实践的成果扩散到没有参加该实践活动的学生群体中，将理论成果内化为能够武装学生头脑的思想，促进实践育人的深层化。第三，促进实践成果的多样化、精品化发展。从每年的实践成果来看，实践成果较多，但是整体质量不高。为了提高实践成果的转化率，应当促进实践成果的多样化发展，鼓励学生在原有实践成果的形式上，创新实践成果呈现形式，利用媒体技术，将传统的文字成果转化为数字媒体成果，以更加形象的方式反映实践成果。另外，还应当注重打造精品成果，在原有实践定位的基础上，深挖实践内涵，以问题为导向，促进对现实改造有实际意义的成果转化。

社会实践活动的实施是较为复杂的过程，耗费较多的人力、物力和财力，如果要促进社会实践活动规范有序地开展，促进成果转化，还必须建立健全实践活动的评估考核机制，以完善的评估体制约束规范实践队伍的实践过程，对实践运行的各个环节、取得的实际效果进行全面的总结、评估和考核。

第六章 大学生社会实践的地方经验

随着高校对实践育人工作的不断重视，大学生社会实践的影响力不断提升。其中，因地理位置毗邻港澳，一直受到中国香港、澳门地区高校重视大学生参与社会管理与社会服务的影响，广东省高度重视省内高校的大学生社会实践工作。尤其是在2017年国家提出建设粤港澳大湾区城市群规划以来，广东省在全国各高校大学生社会实践工作中崭露头角，特别是大学生参与各类志愿服务成为全国高校实践育人工作中的新亮点。广东工业大学作为省属重点院校，一直以来都非常重视实践育人工作。学校根据自身实际情况，构建政府、企业和社会共同参与的实践育人体系，育人效果显著。本章内容将概括性地介绍广东省在大学生志愿服务领域的各项制度设计、政策法规制定等方面的优秀经验，并重点介绍广州、深圳结合本土特点发展起来的志愿服务品牌，以及广东工业大学的优秀经验与典型案例。

第一节 广东省的实践经验

作为中国志愿服务的发源地之一，广东省志愿服务曾获得多项全国第一：全国首条义工热线、全国第一个正式注册登记的志愿服务社团、全国第一部志愿服务地方性法规……从30年前的激情起步到现在的公众普遍参与志愿服务，广东省已在全国率先建立起覆盖全社会、与政府服务和市场服务相衔接的社会志愿服务体系。截至2017年5月，广东省超850万个注册志愿者活跃在4万多个志愿者服务团体中，是全国实名注册志愿者人数最多的省份。“粤志愿，粤幸福”“一起来，更精彩”“有时间做志愿者，有困难找志愿者”等志愿服务理念已经深入人心，丛飞、赵广军、李森等一批全国志愿服务代表性人物成为人们的精神偶像。

一、省内顶层设计：打造制度化、专业化、社会化的大学生志愿服务体系

（一）制度化——提供良性生态土壤

随着改革开放的不断深入，人民不断参与到社会管理、社会服务中来。基于省内草根公益力量星火燎原的状况，广东省抓住机遇，各部门积极合作、优势互补，形成了有利于广东省志愿服务发展的一系列顶层设计。

20 世纪 80 年代，中国第一条义工热线在广东省问世；1990 年，全国第一个正式注册登记的志愿服务社团——深圳市义工联合会成立；1999 年，全国第一部志愿服务地方性法规在广东省诞生；2007 年，全国首家省级志愿服务公募基金会广东省志愿者事业发展基金设立；2008 年，全国第一个省级志愿者联合会在广东省成立。顺应各项重大事件的发展，2009 年，中共广东省委、广东省人民政府又适时出台《关于进一步发展志愿服务事业的意见》，明确提出在全国率先建立起覆盖全社会、与政府服务和市场服务相衔接的社会志愿服务体系。

2011 年，中共广东省委、广东省人民政府再次出台的《关于加强社会建设的决定》要求充分发挥志愿者组织在创新社会治理中的重要作用，提出“十二五”期末广东省注册志愿者占常住人口 10% 以上，将“注册志愿者占常住人口比重”和“注册志愿者年人均志愿服务时数”纳入考核地方党政的社会建设指标，并设立全国首个志愿服务政府奖——南粤志愿服务“红棉奖”。随后，各地也出台了发展志愿服务事业的高标准文件。其中，广州、深圳市委书记亲自挂帅建设“志愿者之城”。

2014 年，广东省出台全国首个省级《广东省星级志愿者资质认证管理办法》《广东省志愿服务金银铜奖评选表彰实施办法（试行）》并修订出台《广东省青年志愿者注册管理办法（试行）》，完善志愿者资质认证、表彰激励的制度化体系。

近两年，随着微信等新媒体的不断发展，广东省适应形势发展需要，搭建规范统一的广东省志愿者信息管理服务平台，实施将“广东志愿者”网作为志愿服务信息网、建设全省“一张网”的战略。“广东志愿者”信息管理服务平台覆盖广东省各地、各行业、各领域，致力实现广东省志愿者及组织信息、志愿服务项目、志愿服务时数、志愿服务需求的实时互联、互通、互认。

（二）专业化——提供针对性志愿服务

2012 年，广东省文明委制定出台《关于发展广东行业志愿服务工作的意

见》，在医疗卫生、扶老助老、扶残助残等方面率先建立行业志愿服务运行机制。2013 年，广东省民政厅等联合出台《关于推进社会工作者与志愿者联动工作的实施意见》，探索建立社工和志愿者优势互补、良性互动的长效机制。2014 年，以省志愿者联合会换届为契机，将进一步推进专业化建设，建立各专门领域志愿服务联盟，重点推进社区矫治、扶老助残、应急救援、医疗卫生等关系群众切身需求的行业志愿者队伍建设。

在一系列政策措施的扶持鼓励下，广东省志愿服务项目呈现出专业化、品牌化特点。截至 2014 年 12 月，以“志愿助残阳光行动”为统揽，带动各类助残志愿者组织每年为超过 10 万残疾人提供切实有效的帮扶；以“朝阳行动”为统揽，志愿服务覆盖 2 550 所异地务工人员子女较集中的学校和 131 万异地务工人员子女；以“稻草人计划”为统揽，带动社区居民为超过 10 万名社区少年儿童提供安全守护；以“健康直通车”为统揽，3 年来组织千支志愿服务队伍、动员万名青年医疗志愿者、筹集价值 4 000 万元的药品，为广东省 3 409 个贫困村的 66 万贫困户义诊体检；以西部（山区）计划为统揽，2004—2014 年，广东省共选派 2 297 名大学生志愿者奔赴新疆、广西、四川、甘肃、贵州、西藏以及广东省贫困山区，提供人力、智力和财力支持。

（三）社会化——提供多方联动的社会资源

2001 年，广东省青年医疗卫生志愿者“健康直通车”计划开始实施，从 2005 年开始主要向缺医少药和条件艰苦的西部地区倾斜。志愿服务队坚持 10 年的免费义诊和巡诊的背后，是发动社会力量共同参与的力量在起作用。政府拿出基本的活动经费，按照 1∶5 的比例，向社会募集药品、设备等，并开展医务交流培训，有力促进了西藏、新疆医疗卫生事业的发展。

省财政每年安排 500 万元作为省志愿者事业发展基金会种子基金，基金会 6 年来募资逾 5 700 万元，资助超过 1 300 项志愿服务项目，带动各级财政每年对志愿服务常规性投入超过 2 000 万元。

另外，每年 12 月 5 日，广东省都会举办志愿者服务广州交流会（以下简称“志交会”），运用市场机制实现志愿者、项目、资源等要素的有效对接，2011—2013 年，为 1 774 个志愿服务项目筹资 3 275 万元。截至 2014 年 12 月，以“好社会·亲青汇”广东青年社会组织培育发展计划为总揽，联系凝聚青年社会组织 5 000 多家，筹集 2 715 万元建设基金，推动青年社会组织“抢接政府订单”近 1 亿元。定期举办志愿骨干训练营和南方公益志愿大讲堂等，培育孵化 76 个重点培育社会组织，培训近 500 个公益志愿组织和 3 000多名志愿者骨干。在社区、乡村和公共场所建立各类规范性志愿服务阵地 2 125 个。

二、广州：借势而为，让志愿服务在后亚（残）运会时代蓬勃发展

广州作为广东省的省会，自 1987 年“微笑在广州”活动开始之后，特别是从 2010 年成功举办第十六届亚运会、第十届亚残运会以来，志愿服务事业蓬勃发展，亚（残）运会志愿服务的遗产——“志愿时”志愿者管理系统、“西关小屋”城市志愿服务等平台和阵地建设成为全国优秀案例。

（一）“西关小屋”——让阵地建设常态化

亚（残）运会期间，广州在街头、公园、社区、购物广场周边建立了 150 个志愿驿站，这些驿站被称作“西关小屋”，是 2010 年广州亚（残）运会期间志愿者的服务站点，主要分布在旅游景区、商业中心、特色居民社区等地。亚（残）运会结束后，广州充分利用亚（残）运会遗产，将这些“西关小屋”重新定位，形成具有城市文明形象的推广中心、政府公共服务的便民窗口、市民奉献爱心的集散平台、青年社会参与的实践基地。在这批驿站服务的除了热心市民，绝大多数是附近大中专院校的学生。大学生更热心、更有朝气、时间更充裕等特点，让他们成为广州形象的最佳代言人。

截至 2016 年，广州共设有 179 个“志愿在康园”康园工疗站、约 50 个社区应急救援志愿服务站等常态化阵地，与志愿驿站“遥相呼应”。这进一步拓宽了广大市民便捷参与体验志愿活动、享受志愿服务的通道。

（二）“志愿时”系统——让管理系统科学化

广州将亚（残）运会期间的“志愿时”系统转型升级，打造成志愿服务综合管理平台，实现了对志愿服务招募、培训、运行、管理、交流、研讨、维系、激励、督查、保障、物资、物流等信息化管理。自 2014 年 10 月起，它运用互联网思维和技术，实现志愿服务全生态开放、扁平化运行，通过对接线上线下社会网络，使志愿服务进入百姓的生产消费、工作生活、婚恋交友等方方面面，“志愿时”系统现已逐渐发展成了首个全国性的“横向到边，纵向到底”的公益社交平台。截至 2016 年 5 月，“志愿时”系统（全网）注册人数已超过 743 万人，平台年均发布项目近万个，累计记录服务时间达 1 亿小时，在志愿服务领域发挥着巨大作用。2017 年以来，广州“志愿时”又积极与全国“志愿云”系统对接，进一步拓展志愿服务的边界。

（三）志交会——让平台建设协同化

自 2011 年起连续 6 年，在国际志愿者日前后，广州都举办志交会。志交会运用市场机理，搭建志愿者、志愿服务项目、社会资源等要素的对接平

台。2014 年，志交会与首届中国青年志愿服务项目大赛同步举办，并正式上升为全国性赛会，此届大赛共吸引来自全国各地的 897 个志愿服务项目参赛参展。至今，志交会已举办 6 届，共筹集社会资金超过 4 500 万元，资助近 2 000 个优秀志愿服务项目，为全国志愿服务工作探索了新路径、创造了新经验。2016 年的第六届志交会，采用“互联网 +”技术，实现线上线下同步进行。

此外，广州还依托广州青年社会服务项目交易所，做好每年一届的志交会项目资助、评估、跟踪等常态化服务工作，完善公益项目创投工作机制，鼓励各区根据实际情况开展区级公益项目创投活动。同时，加强企业志愿服务联盟建设，发挥市内企业资源运作和整合的作用，促进企业志愿服务联盟及相应机制建立，开展企业志愿服务培训，完善行业交流平台，推动企业志愿服务领域理论研究，促进企业形成科学化、合理化的志愿服务运作规范。

（四）志愿者学院——让服务运行模式专业化

为了让志愿服务更贴近生活、贴近群众，2010 年 10 月，广州成立了广州志愿者学院。广州志愿者学院是全国唯一一所以政府立项和主办投资的方式筹办的志愿者学院。目前，国际上也没有类似的机构。

广州志愿者学院在探索办学之路和培训方式上彰显了岭南文化，在亚运志愿服务培训中，培训理念、培训方法非常新颖、灵活。它的五大功能是：对志愿者进行组织、管理、培训、研究和交流。这五大功能中最重要的功能就是“培训”和“研究”。

2010 年以来，广州依托志愿者学院、行业志愿者培训讲堂、基层志愿服务培训课堂等平台，举办志愿者骨干培训班 132 期，举办各种专业志愿服务培训班 56 000 多场次，培训志愿者超过 100 多万人次。培训班以扶贫济困、应急救助、安全生产、环境保护、赛会组织等志愿服务的程序方法作为志愿者业务培训的主要内容，传授服务基层群众的技能、技巧，组建覆盖交通、应急、文化、教育、卫生、科技、环保等 20 个行业近 600 个专业志愿队伍。近年来，广州积极研究建立志愿服务岗位能力认证体系，并出版《志愿服务岗位能力培训教材》等专业教材书籍。

（五）建章立制——让保障体系规范化

广州率先健全层级联动的统筹协调机制，建立由党政部门分工负责、社会各方积极参与的志愿服务领导体制，形成了市、区、街（镇）、社区（村）四级志愿服务组织协同联动，各类团体协会与志愿服务自组织参与实施，各展所长、各负其责的志愿服务工作格局。

2009 年以来，《广州市志愿服务条例》《关于进一步发展广州志愿服务事业的意见》《广州市志愿服务时间管理办法》《广州市志愿服务激励办法》等规章制度先后出台，广州的志愿服务政策法规不断完善。目前，广州将志愿服务纳入文明城市测评项目，建立月（季）度测评机制，定期公布测评成绩。

同时，为了给志愿者（义工）组织提供“大管家”孵化服务，广州市青年社会组织孵化基地和广州市社会组织培育基地应运而生。本着“简洁明确、易于操作”的原则，基地广泛动员社区居民、在职员工和在读学生等群体，健全志愿服务自组织规章制度，实现了自我宣传发动、自主排班上岗、自觉拓展项目、自我管理维系的“细胞化”运行模式，进一步夯实了志愿服务可持续发展的组织基础。

（六）社区参与——让服务力量社会化

广州积极统筹社会力量，依托社区志愿服务阵地，从群众日常需求入手，经常性开展卫生保洁、垃圾分类、家电维修、安全巡防、幼儿托管、老人陪伴、文化娱乐等志愿服务活动。为结合社会关注热点，根据群体需求的不同，将志愿服务项目重心下沉，政府设计了援助性志愿服务项目、专业性志愿服务项目和公共服务性志愿服务项目，力求覆盖全社会的方方面面。截至 2016 年 5 月，广州共开展社区主题志愿服务活动 25 000 余场（次），仅 2015 年下半年共组织志愿者参与 30 余万人次，调动市民参与人数超过 80 万人次。

为把社区作为经常性志愿服务活动的主要场所，发挥社区的主导作用和居民的主体作用，让志愿服务站点“背靠社区，面向街头”，截至 2016 年底，广州以 150 个志愿驿站、179 个康园工疗站、168 个家庭综合服务中心为支撑，构建社区全覆盖的志愿服务网络，志愿者“上街、入户、进门”，深入居民院落、沿街铺面、企业厂区和商务楼宇提供“菜单式”志愿服务。“邻里守望”“关爱空巢老人”“冬日暖阳”“志愿在康园”以及“福袋传全城，爱心在广州”“春运直通车，温情在广州”“一起过大年，幸福在广州”等主题活动已深为社会熟知，近 200 万特定人士得到帮助。

总的来说，广州开展志愿服务主要有以下三个特点。

一是借大型项目树品牌。例如，广州近年来积极推广运用广州亚运会和亚残运会志愿服务的工作经验，配合政府工作，举办“广州国际城市创新奖”“广州国际马拉松赛”“广州（中国）金钟奖”“迎春花市”“横渡珠江”等大型活动，开展形式多样的志愿服务项目，打造特色鲜明、影响力大的志愿服务品牌。

二是凭常态项目固品牌。广州坚持开展文明交通、文明旅游、文明餐桌、文明网络等系列行动，整治城市不文明行为……每年举办“3·5学雷锋志愿服务行动日”“12·5国际志愿者日”“排队日”“让座日”等活动，使志愿服务与市民生活休戚与共，并针对空巢老人、留守儿童、农民工、残疾人等特殊人群，提供全方位志愿服务。2015年，17 000名志愿者为31 000名空巢老人提供了生活照料和心理抚慰。在运用“志愿者小组（团队）+农民工子女+接力”的模式上，广州给164所农民工子女学校提供志愿服务，覆盖农民工子女10余万人。“阳光工程”“星火培训”“农村劳动力转移培训”等专题活动，则对15万多人次的农民工进行了职业技术培训。

三是靠创新项目出品牌。广州将150个志愿驿站打造成城市形象的推广中心、政府服务的便民窗口、市民献爱心的集散平台、青年社会参与的实践基地；“街头便利店，爱心大舞台”的志愿服务项目，夺得了2014年全国青少年创意项目大赛金奖，运营经验先后被18个省、30多个城市学习借鉴；依托广州市内179个康园工疗站，招募2.5万名志愿者编成121支助残志愿服务队，“志愿在康园”项目于2015年被评为全国“四个100”最佳志愿服务项目；2007年、2008年、2012年、2014年和2016年，广州作为全国首个独立承接中国青年志愿者海外服务计划的副省级城市，共计派出68名志愿者走出国门，远赴塞舌尔提供医疗卫生、电力通信、建筑工程和基础教育等志愿服务。

三、深圳：建设“全民都是志愿者”的“志愿者之城”

作为我国志愿服务的发源地之一，从1989年开始，深圳大力推进志愿服务工作，特别是2011年成功举办大运会以来，志愿服务事业发展迅猛。深圳是全国第一个系统提出建设“志愿者之城”的城市。大运会期间，深圳20%的市民以志愿服务方式服务大运会，127万志愿者投入到大运会服务之中，仅深圳大学的学生志愿者就超过1万人，向全世界显示了深圳“志愿者之城”的良好形象。深圳有句口号——“来了就是深圳人”，来了更要留下，而志愿者文化是让人才留下的不竭动力。在家乡，邻里互助是一种常态。而来了深圳，在陌生社会中打拼的人更需要关爱，志愿者就是“爱”的释放者、传递者。深圳以年轻人居多，高知、高学历的年轻人更容易接受和认同志愿者文化，并成为志愿者事业发展的推动者；加之毗邻香港的地缘优势，港深两地彼此学习、相互促进的交流，也让香港的优秀志愿者文化在深圳得以升级。最值得一提的是，深圳通过建设文明城市、开展关爱行动等具体措施，让志愿者精神落地生根，志愿者文化蔚然成风。深圳的志愿服务积累了以下四点工作经验。

（一）志愿服务全民化

深圳坚持“志愿服务从娃娃抓起”，将参与志愿服务的门槛放宽至 10 周岁。同时，深圳推动志愿服务纳入学校课程体系，市属高校全部开设志愿服务选修课，16 所中小学在课堂试点使用《青少年志愿服务读本》，很多中小学还组织建立了学生义工队。实践证明，课程体系能引导更多青少年学生参与志愿服务，到目前为止，课程系统带动 16.2 万名学生、189 万名教师、38 万名家长成为志愿者参与到社会志愿服务的方方面面。

（二）志愿服务制度化

截至 2015 年 12 月，深圳注册志愿者达到 120.9 万，比 2011 年翻了两番，占常住人口的比例超过 11%。深圳市义工联合会现已推动环保、助残、助老等 19 个领域组建 522 支专业志愿者队伍，这些队伍都具备专业的知识素养，推动着深圳志愿服务专业化继续在全国领先，同时提升“志愿者之城”建设的质量效益。深圳在建立志愿者招募注册、培训管理、服务记录、考核激励、组织管理等一系列制度上都做出了较为标准的规范，并重点在激励政策上进行创新。为杜绝志愿服务“一阵风”，形成一批稳定的志愿者服务队伍，深圳在全国率先推行志愿服务组织法人“无主管”直接登记，简化志愿者组织设立程序，建立一星级至五星级志愿者、“百名优秀志愿者”“义工服务市长奖”等多层级的志愿者荣誉认证体系，以及实行志愿服务积分入户奖励政策等，充分调动市民参与志愿服务的积极性。

（三）志愿服务国际化

深圳是国内最早探索志愿服务国际化的城市之一，志愿服务国际化已成为深圳建设国际化城市的重要内容。截至 2015 年 12 月，深圳参与国际志愿服务的志愿者人数达 4.32 万，其中外籍志愿者约 2 000 人。深圳完善外籍人士外语教学、文化传播等 6 类国际志愿服务项目库，适时举办志愿服务国际交流项目，支持青年志愿者海外服务项目。同时，深圳也支持在 8 个国际化典型社区建设志愿服务 U 站，引导外籍人士加入所在社区的志愿者队伍。2015 年 5 月，深圳与联合国志愿人员组织等合作，全面启动国际志愿者学院建设。国际志愿者学院打造“一院五中心”，即依托深圳国际志愿者学院，建设志愿服务的国际研究中心、培训教育中心、国际项目研发中心、督导评估中心、国际交流中心。

（四）志愿服务网络化

深圳搭建实体型、网络型、资源型“三位一体”的志愿服务平台，实现线上线下参与的互联互通。U 站是实体型平台的代表，近年来得到了大力推广建设。截至 2017 年 3 月，深圳的城市志愿服务 U 站实现“连锁”品牌推广，城市 U 站、社区 U 站、绿道 U 站、医疗健康 U 站、文明旅游 U 站等规范化服务点达 315 个。除了搭建实体型平台外，深圳还积极建立“互联网 +”网络型平台。2015 年，深圳率先同时在微信、支付宝两大平台开通线上志愿服务，每天在线可供市民参与的志愿服务项目达 500 多个；全国首创发行电子志愿者证，办证志愿者突破 39 万人，推动更便捷地参与志愿服务。在以上两大平台的基础上，深圳做大做强资源型平台，注册成立深圳志愿服务基金会，仅 2015 年，募集资金 3 000 多万元，凝聚了一批公益性基金会、社团等资源型平台。

截至 2015 年 11 月，“志愿深圳”总关注量突破 12 万，日均关注增量约 200 人，日均访问用户约 4 000 人，日均点击量约 6 万，日点击量最高达 24 万，平均每天采用手机方式注册的新义工约 100 人，日均开展志愿服务项目 500 多个。

第二节　广东工业大学的实践经验

广东工业大学根据自身实际情况，秉承“社会实践是学生成长圆梦的第二课堂”，以校内各类社会实践岗位、社会组织挂职与志愿服务、政府部门和企业挂职锻炼等为依托，构建长期与短期相结合、校内与校外相互补等多种类别的实践育人体系，使无序、分散的社会实践教育手段向政府、企业和社会共同参与的系统的实践教育体系转化。近几年，广东工业大学数次荣获全国大中专学生志愿者暑期“三下乡”社会实践活动优秀单位，这是暑期社会实践组织工作的最高荣誉。其中，广东工业大学管理学院赴广东东莞实践调研 MC 团队荣获“全国百强实践团队”称号；广东工业大学管理学院赴井冈山“井冈情 · 中国梦”电商精准扶贫新型战略调研服务团实践成果荣获“2016 年‘井冈情 · 中国梦’全国大学生暑期实践季专项行动优秀课题成果奖”，为全国 50 项获奖课题之一，其调研报告入选 2016 年“井冈情 · 中国梦”大学生暑期实践季优秀调研报告汇编；广东工业大学管理学院赴辽宁辽东“互联网 + 用户体验”生态旅游研究实践团实践成果荣获“2016 年‘印象辽宁 · 梦想中国’全国大学生暑期专项实践活动优秀成果奖”等荣誉。

广东工业大学志愿服务取得的良好示范效应，得益于该校长久以来对于大学生实践育人工作的重视，也得益于近年来该校组织大学生参与大型赛会志愿服务的实践经验。在经历服务第十六届广州亚运会、第十届亚残运会、第八届广东省大学生运动会，承办第十四届“挑战杯”全国大学生课外学术科技作品竞赛等大型赛事后，2017 年，广东工业大学正式注册志愿者人数达到 20 000 多名。学校实践育人工作者也不断思考志愿服务工作新模式，他们坚持以培育志愿精神为核心，通过建立多层次组织阵地、优化多元化师资队伍、健全多样性课程体系、搭建多层级服务平台、培育多类型品牌活动、开展多阶段实践锻炼等 6 项举措，培育了一支适应时代要求、综合素质高、满怀志愿热情的大学生志愿服务队伍，推动大学生志愿公益的专业化和规范化发展，充分发挥了志愿服务工作的育人作用。

一、广东工业大学志愿服务的主要特色

（一）制度化：积极推进社会实践学分制实体化

近年来，广东工业大学建立一系列完善的考评激励机制，建立规范的、稳定的、可操作的、可考核的一整套规章制度，对大学生参加社会实践活动成果及奖励做出具体规定，激励竞争，鼓励社会实践取得的好成绩。针对社会实践活动每年开展各类先进集体和先进个人评比活动，对活动表现突出的个人和集体给予隆重表彰奖励。通过建立完整的激励机制调动了大学生、广大教师干部参与社会实践的积极性、主动性，尽可能地调动大学生参与社会实践的积极性，保障社会实践持续有效的开展。

广东工业大学出台了《广东工业大学全日制本专科学生社会实践组织实施办法》（广工大党字〔2013〕1 号），采用“50 + 50”的考核模式，建立社会实践学分制度，要求学生毕业前每学年必须修满 100 小时的社会实践时长，并将社会实践活动的成绩作为综合考评的重要组成部分，形成有效的奖励和激励机制。学生在校期间的社会实践成果要计入学分，并作为学生德、智、体综合测评成绩标准之一，还可以与评选先进个人和集体挂钩，与团员民主评议、推优入党和推荐免试研究生挂钩。对教师和辅导员而言，根据其所承担课程特点评定社会实践应当完成的工作量、每学期完成的社会实践指导工作量、工作效果与单位和个人经济利益挂钩，与教师工作量和业绩的奖惩挂钩。

（二）基地化：积极进行社会实践规划

为了使大学生社会实践有相对稳定的对象，有相对适宜的内容以及相对的检验标准，广东工业大学不断在搭建社会实践平台与基地。这种平台和基地平时能和学校保持多渠道的联系，社会实践活动开展时为学生提供必要的场地、设备和内容。从某种意义上说，它是扩大了的社会化的“实验室”。

广东工业大学依托“暑期社会实践”“寒假回访母校”两大品牌活动，建立了一大批长期、稳定的社会实践基地，撬动了一大批实习、见习岗位，

带动了一大批同学投身到社会实践中。在鼓励同学们躬身实践的同时，学校也积极地将自己的所见所感所闻记录下来，并形成实践总结和调研报告。通过建立社区服务基地可以使大学生在社会实践中不必盲目地去寻求地点来开展社会实践活动，而可以定期到社区开展活动，对于社会实践长期稳定的发展有着很多好处。

在年级方面，广东工业大学组织大一学生主要做好寒假回访母校和暑期毕业就业质量跟踪调研两方面的工作，组织大二学生到村、镇、企业的基层实践和到养老院、福利机构等开展志愿服务工作。大三学生主要面向就业，以岗位实习、实践为主；大四学生则以择业为导向，到拟就职单位实习为主。比如，广东工业大学赴东莞市石排镇赤坎村暑期实践团，连续 8 年组织优秀的大学生来到赤坎村进行企业实习、社区志愿服务、社情民意走访调查等，以自身的素质好、能力强，受到当地干部和群众的热烈欢迎，尤其是支教活动，得到孩子和家长的青睐，已俨然成为当地一个品牌活动。同时，大学生也通过深入社会、了解国情、学以致用、接受锻炼，在实践过程中培育和践行社会主义核心价值观。

除了寒暑假固定的社会实践规划，该校针对学期内的学生社会实践活动，也进行了积极的引导。一方面，在原有基础上不断拓展社会实践和志愿服务内容，开展“快乐童行”“快乐、传承——关爱农民工子女志愿服务日”“私宠之家关爱行动”“黄埔古港兴趣班辅导”等。另一方面，积极引导学生利用课余时间积极到省、市政府部门、企事业单位进行挂职锻炼，根据基层单位的安排，到相应的基层工作岗位实行顶岗实习，实现政治理论教育与工作实践相结合，通过基层锻炼，提高当代大学生的交际、协调、写作等基本能力；促进大学生将理论与解决实际问题联系起来，增强解决实际问题的能力，使大学生在全心全意为人民服务中增强社会责任感和历史使命感。

（三）平台化：积极开拓校内社会实践平台

广东工业大学建立科学的管理制度，保证社会实践的指导思想、规划等步骤的有序进行，使社会实践活动深入、持久、广泛和有效地开展，并不断开发校内外社会实践岗位，逐步实现“大众实践”，确保全员参与。

广东工业大学主要从设立内部管理岗位和学生社团两方面规划。学生社团是第一课堂的延伸和补充，通过内容充实、形式多样、积极健康、格调高雅的社团活动，把社会实践进社团纳入大学生实践育人的总体规划，引导学生结合自身兴趣和能力，参与学生社团的各项工作。截至 2017 年 6 月，广东工业大学有理论、学术科技、社会公益、校园文化等各类社团 90 多个，参与学生的规模和人数也非常可观。例如，北极星职业实践与发展协会以“为在校学生提供一流的就业服务和创业指导”的社团宗旨，致力于广东工业大学学子的职业规划和创业发展，帮助学生树立正确的职业发展观和创业价值观，搭建学校、学生和企业之间的沟通桥梁，努力为学生拓展就业创业发展资源，成为学校就业创业工作的先锋力量。

此外，学校结合社团锻炼平台，让学生从挖掘学校内部管理岗位、参与学校管理方面着手，组织学生参与学风督导、食堂监督委、生活督导员，图书馆、学生工作助理等工作，搭建学生参与管理的平台，锻炼学生能力。

（四）课程化：积极进行特色专题创新实践

广东工业大学建有完整的课程实施体系和一支相对稳定的校内外专兼职相结合的教师队伍，以促进社会实践课程化建设的合理、高效开展。

首先，广东工业大学设立社会实践课程化建设管理机构。一是成立校级社会实践课程化建设领导小组，全面负责社会实践课程化建设，小组由学校主管领导牵头，相关部门负责人参加，在校团委设立学生社会实践工作办公室，具体负责筹备、宣传、团队立项考核、社会实践经费管理、评比考核等工作；二是成立社会实践专家指导委员会，由学校团委、教务处、学生处等部门负责同志以及相关领域的教师组成，负责社会实践团队立项答辩考核和成绩的最终审核。

其次，广东工业大学制定与之相适应的社会实践管理规定及考核办法，将社会实践课程内容、成绩要求等纳入教育教学总体规划和教学大纲，列入全校每个专业的教学计划中。构建递进式实践体系，即不同年级拟定不同主题。学生必须以组团的形式参加社会实践，该团队必须有教师随团指导，活动形式包括专题调研、服务贡献和就业见习等，学生必须在实践前通过专家指导委员会的立项答辩，实践结束后形成个人实践成果作品。社会实践的考核分为立项考核和成绩考核两个阶段。立项考核阶段主要考核实践团队的筹备情况，确定该团队是否可以立项。成绩考核阶段主要考核学生的实际实践情况（包括活动表现和实践成果），确定该学生的成绩。专家指导委员会综合考虑指导教师鉴定意见、专业教师评审意见和实践地接收单位反馈意见，确定社会实践优秀学生名单予以表彰，并由学校团委将每位学生的成绩记入社会实践登记表。

再次，广东工业大学完善社会实践课程化的配套措施。教师随团指导学生社会实践的，把社会实践指导教师工作量纳入教师的社会服务工作职责，作为教师考核的依据和内容，与奖教金、职称评定等挂钩。鼓励所有参加社会实践的学生进一步完善实践成果作品，积极参加上级团委组织的社会实践相关评比活动。通过师生团队带动学生团队的模式，全面匹配资源，让一些在发展较成熟的团队学习成长后的团队成员，到新的领域建立团队并成为管理人员。通过招募来自全校各个院系的同学，实现团队内不同专业同学在思想与能力上的取长补短。通过创新团队的实践，促使学生适应当前与未来的创新环境。

最后，在学校的省级大学生创业孵化示范基地，广东工业大学积极扶持学生社团、学生创业团队进行创新创业实践。比如，学校邀请有实战经验的企业家为学生社团进行创业指导，结合不同领域的专业社团需求，将其和学生的职业发展规划紧密联系起来，既让学生可以学习专业知识，又为学生提供进行社会实践的机会。

（五）专业化：积极深化专业实践

高校具有科技优势，大学生拥有专业知识。学校在开展社会实践活动时应注意突出专业特点和自身优势，倡导学生充分发挥专业特长，切实为地方做贡献、办实事。通过社会实践，大学生可以为当地提供一些专业上的决策参考和咨询，帮助解决一些生产和管理中亟须解决的技术难题；举办各类技术、管理知识培训班，提高干部、工人、农民的技术水平和业务素质，普及环保知识，促进生态环境的优化等。

大学专业学习及素质拓展的目的也是使大学生能够对自己的大学生活进行合理的规划，以便把自己培养成适应社会发展的有用之才。因此，社会实践与大学专业学习及素质拓展的目的还是一致的，广东工业大学将大学生涯设计及素质拓展与社会实践挂钩。

广东工业大学结合第一课堂，不断拓展校外实践基地，营造鼓励学生应用专业知识进行社会实践的良好氛围，在选择活动项目、确定活动的具体内容时注意结合学生的专业特点，开展专业实践活动，使学生能学以致用，将课本知识应用到实践中，在服务社会、服务他人的过程中巩固专业知识，加深对专业理论知识的理解与掌握。比如，广东工业大学管理学院师生团队对揭阳军埔电商村进行电子商务的社会实践调研，筹备建立对口的实践基地，为学生暑期社会实践团队在专业知识的应用方面，开阔视野和施展才能。再比如，学校组织跨学院的学生创新实践团队，对广州 PM2. 5 污染防控进行实践调研，团队成员在教师的指导下，完成了《实现新型城市化中 PM2. 5 污染防控对策探索——对广州市治理实践的调查》调研报告，并获得第十三届全国“挑战杯”国赛一等奖，从专业实践的角度展现了广东工业大学学子的创新实践能力。

（六）社会化：积极借助大型活动进行社会实践

社会实践为大学生志愿者提供了接触社会、锻炼自我的舞台，也为大学生志愿者提供了义务奉献的机会；参加社会实践的同学实质是走出校园的大学生青年志愿者，在义务服务上与社会实践的志愿者两者是相通的。

2003 年实施大学生志愿服务西部（山区）计划以来，学校累计选派了 89 名志愿者奔赴西藏、新疆、贵州、云南、四川等西部基层开展为期 1～3 年的教育、卫生、农技、扶贫等志愿服务。2015 年在赴西部的志愿者当中，广东工业大学杜应斌、黄锦文、金小玲三位同学荣获“广东省大学生志愿服务西部计划优秀志愿者”称号。

2008 年，“5·12”汶川大地震后，广东工业大学成立地震救援志愿者服务队，第一时间奔赴灾区参加救灾抢险，并先后派出 20 多人次参与重灾区绵竹地区的灾后重建，在当地坚持工作 1 年时间。同时，该团队还参与 2013 年雅安地震、2014 年鲁甸地震等各种大型自然灾害的救援、救助工作。

2010 年，广州亚（残）运会期间，广东工业大学逾 4 000 名赛会、城市志愿者服务于场馆、地铁、车站等 75 个类别岗位，每天人均服务 4.5 小时，总服务时长约 285 300 小时。

2011 年 9 月，广东省第八届大学生运动会在广州大学城举行，广东工业大学为运动会的礼宾接待、安全保卫、医疗卫生、竞赛组织、场馆运行和文化活动组织以及其他领域招募培训志愿者近 1 200 人。广东工业大学近年连续协助数届中国国际中小企业博览会、广交会（中国进出口商品交易会的简称）招募志愿者，积极参与全国残疾人自行车锦标赛、广州创文活动、国际禁毒日宣传活动、马拉松赛跑活动、羊城文明交通志愿服务活动，总提供服务近 800 人次。

学校积极与社会企业建立合作关系，重点投入建设了许多与专业相关的教学实践基地，增大社会实践教学时间，构建“大平台＋专业特色＋实践训练＋准就业模块化”的教学课程体系，培养学生持续发展的创新能力。例如，佛山市南海区广工大数控装备协同创新研究院、广州国家现代服务业集成电路设计产业化基地等。学校拓宽服务领域创新服务形式，努力构建社会化服务体系。通过这样一个平台，学校可以更好地组织大学生主动投身社会，服务地方经济建设，在服务中培养开放意识和竞争意识，努力实现教育与服务形式的有机结合。

二、广东工业大学志愿服务的创新探索

（一）建立多层次组织阵地，引领学生投身志愿活动

广东工业大学形成“班级志愿服务小分队—学院青年志愿者组织—学校青年志愿者组织”的各级组织阵地。学生可以自由选择到不同层次的志愿服

务组织锻炼自己、服务他人。广东工业大学完善各级组织结构和长效机制，包括志愿者组织机制、志愿者培训机制、志愿者激励机制，让志愿者个体在志愿服务组织中发挥作用，形成“个人—个人”“个人—团队”“团队—团队”的优良涟漪效应，发挥组织性优势，实现志愿服务资源共享。

在班级层面上，通过建立服务小分队，形成志愿服务氛围，激活志愿服务动力。在学院层面上，通过成立院级青年志愿者协会或志愿者服务队，利用学院自身特色，结合专业特长，有针对性地开展具有学院特点的志愿活动。例如，广东工业大学环境类专业成立绿色青年志愿者协会，开展环保教育活动；机械、自动化专业志愿者开展义修服务等。这些让志愿服务与专业知识相结合，为服务对象提供更为专业化的服务。在学校层面上，通过成立校青年志愿者协会，面向全校招募志愿者，开展常态化培训，整合全校志愿服务资源开展一系列志愿服务活动，如“学雷锋”活动月、“志愿公益风尚季”等。通过定期表彰全校优秀志愿者，展示校内志愿服务风采等方式，传递志愿文化精神，引领更多学生投身志愿活动。

（二）优化多元化师资队伍，提升学生志愿素质

广东工业大学构建“校内理论教师—校外专业讲师—社会组织导师”三个层级、专兼结合、内外互补的师资队伍。学校充分利用高校优秀师资（团学指导教师、志愿服务组织学生骨干等）、校外专业讲师（志愿者学院讲师，省、市团校讲师等）、社会组织导师（知名社会志愿服务组织、公益组织等）、志愿服务领域研究专家、省高校优秀志愿者代表、粤港大学生优秀志愿团队等志愿师资力量，开展志愿服务经历分享交流会，通过讲授、案例分析、专题研讨等方式，全面并且有针对性地培养校内志愿者的志愿服务能力。例如，聘请广东省青年志愿者协会研究中心主任谭建光教授为志愿者学院学员授课；聘请广州青年志愿者协会启智服务总队队长李森为“挑战杯”志愿者授课；邀请第四届广东志愿服务金奖得主陈美璃老师与志愿者座谈等。同时，广东工业大学充分利用信息技术在教育教学中的作用，拓展教师资源，通过“远程教育”突破空间上的局限性，做到志愿服务学习无障碍，力求培养打造出更专业、更创新、更符合志愿服务理念和执行力的高校青年志愿者。

（三）健全多样性课程体系，提高学生服务能力

广东工业大学健全“志愿服务理论课程—专业技能培训课程—服务项目实践课程”个性化、多样性、多层次的课程体系。依托志愿者学院开展志愿服务理论课程，全面覆盖校内各院级组织，广东工业大学开展志愿服务理论课程与讲座，培养学生的志愿服务精神，营造志愿精神文化氛围，引导学生

在志愿精神的熏陶下积极参与志愿讲座，投身志愿活动。开展志愿服务技巧通识培训、医疗课程、手语课程、礼仪培训、志愿者心理培训等，提高志愿者服务能力，为更深层次的专业培训打下基础。依托学校所在地区志愿组织，整合优秀资源力量，开展专业技能培训课程，提高志愿者的专业素养。如广州志愿者学院开展的志愿者团队培训课程、广东青年职业学院开展的志愿者骨干素质培训营等，开设“志愿服务与个人成长”“志愿者的阳光心态”“大型活动志愿服务规范与技巧”“志愿时系统”等培训课程，增强志愿者专业技能，培养志愿者骨干的团队意识、组织协调能力、策划能力、实际操作能力等。以志愿者骨干团队为支柱，吸收志愿者力量，开展服务项目实践课程。例如，学校组织养老院服务、广东科学中心志愿服务、暑期“三下乡”社会实践、“挑战杯”志愿服务等项目实践课程，形成指导教师教学培训、优秀志愿者经验分享、普通志愿者交流参与的多角度全方位课程渗透模式，将理论真正与实践联系起来，使志愿者学习的志愿知识落到实处。除此之外，还采取线上线下教育课程相结合，利用信息化技术，如志愿时系统，线上发布培训手册及课程视频，开展线上交流互动分享活动的新型教学模式。志愿者充分运用线上丰富资源，通过浏览志愿者网站、志愿时系统，自主学习有关志愿服务领域的研究专家、优秀志愿者团队和优秀志愿服务工作者的志愿服务创新思想和实践经验，增长志愿服务知识，提升自身志愿服务素质。

（四）搭建多层级服务平台，拓展志愿服务资源

一是设立志愿驿站，发挥驿站枢纽和连接作用。广东工业大学志愿驿站位于广东工业大学大学城校区内，成立于 2015 年第十四届“挑战杯”国赛期间，赛时累计服务 500 多所高校、近万名参赛师生，赛后成为推动学校志愿服务常态化发展的重要平台。志愿驿站作为学校志愿服务常态化、社区化的有形载体，积极与广州市区其他志愿驿站、志愿组织开展各种活动和团队交流，增强互动合作，充分发挥其枢纽作用。

二是成立志愿者学院，优化志愿服务工作培训机制。广东工业大学于 2011 年 5 月成立全国首家高校志愿者学院，承担全校志愿者的组织、管理、培训、研究、交流五大功能。志愿者学院的建立，使得全校范围各层面志愿者招募认证及管理机制进一步规范化。学校明确了志愿者招募途径选拔方式、认证制度及管理机制，便于弹性化地协调全校志愿者队伍配置，合理搭配，促进优势互补，提升志愿服务工作的整体水平。培训内容可由志愿服务组织根据其志愿服务的实际情况确定，志愿者可根据个人兴趣和服务项目选择不同专业接受培训，以提高个人专业技能的储备。这种系统化的培训增强

了志愿培训的针对性，优化了培训工作机制，提高了志愿者的专业服务水平。同时，二级学院通过专业的督导来孵化、培育志愿服务组织，以此来弘扬志愿服务精神，传播志愿服务理念。

三是成立志愿服务旗舰店，拓展与创新志愿服务内容。广东工业大学于2012年3月打造了全国首家志愿服务“旗舰店”，采用“5+N”的工作模式，即由5位社工或者专业志愿者与N个青年志愿者共同组成服务团队，为社区居民提供定期化、菜单式的服务。在旗舰店建设与服务中，进一步提高了大学生志愿者的服务意识、服务技能等当代青年志愿者所需素质，促进了志愿者活动向专业化、规范化发展，实现学校志愿服务资源的科学配置和有效管理，进一步推进枢纽型志愿者组织的建设，使社区服务与校内服务有机结合。

四是发布志愿服务地图，充分利用校内外服务资源。志愿服务地图全面涵盖了全校26个志愿服务组织，100多个志愿服务阵地，分类明确、清晰定位，通过图文并茂的方式，全面展现全校志愿服务项目（活动）、组织和阵地的分布情况，服务阵地包括志愿驿站、社区服务站、老人院、智障学校、盲校、农民工子女学校、地铁枢纽、大型活动服务等阵地，内容涉及义教和义修、青少年关爱、扶贫助困、法律援助、环境保护、医疗卫生、心理辅导、助老助残、科普推广、体育健身、无偿献血、城市文明等十几个志愿服务领域。

（五）培育多类型品牌活动，打造精品服务项目

一方面是开展项目孵化，依托大学生志愿者群体优势，由志愿服务导师指导志愿者骨干团队，对学生周边生活、周边社区服务以及特殊群体的服务项目进行针对性调研，探索新型志愿服务形式，开拓新型志愿服务品牌项目。例如，广东工业大学针对毕业季开展鲜花义卖活动。另一方面是优化已孵化的项目，对其不断调整以适应在志愿服务过程中出现的问题，促进服务项目蓬勃发展。例如，广东工业大学已开展了8届的“志愿服务一条街”和连续开展3年的“关爱农民工子女的大学城游”等活动。广东工业大学逐渐将其优化成为立足需求、各具特色、便于参加的志愿服务项目。除此之外，学校还通过推荐优秀志愿服务项目参与申报“益苗计划”“志交会项目”等，让项目实施者学习并掌握最新志愿服务形式和社会志愿公益新浪潮，推动服务项目的成果在更高的平台展示，促进优秀志愿服务项目成果的固化，进而逐步形成具有一定社会影响力和群众基础的可持续性精品项目。

（六）开展多阶段实践锻炼，锤炼志愿者意志品质

广东工业大学搭建“校内常规项目—校外专业项目—大型活动项目”多

阶段实践锻炼链条。通过校内常规实践项目（如校园开放日、各类考试志愿服务、义务植树等）经验的有效累积，不断拓展校外专业实践项目（如广州垂直马拉松，西部计划，山区计划等），并积极鼓励志愿者参与大型活动的志愿服务工作。志愿者们用自己的热情与汗水，在西部广阔舞台上书写灿烂、无悔青春的华章。与此同时，学校积极选拔志愿者参与北京奥运会、广州亚运会及亚残运会、第十四届“挑战杯”国赛等大型赛事活动的志愿服务工作，锻炼了志愿者的综合能力，锤炼了志愿者的意志品质。

三、广东工业大学实践育人工作优秀案例

（一）服务农村——管理学院农村电子商务调研实践队

我国经济正步入“互联网+”的新常态。农村信息化使互联网在广大农村地区迅速普及，互联网经济思维使农村与电子商务结合并产生质变效应，出现农村电子商务新模式。整体经济发达的广东地区以电子商务与农村市场相结合产生了巨大的“核聚变效应”，形成了如揭阳市揭东区锡场镇军埔村和广州市番禺区南村镇里仁洞村这样全国著名的淘宝村。

广东工业大学管理学院调研团队聚焦上述广东省两个淘宝村，同时也将周边区域的发展纳入调研视野，将调研的触角扩展到构成农村电子商务生态系统之外的相关因素，旨在由点到面地研究广东省农村电子商务发展的一些规律性问题，通过精心选择农村电子商务发展的动力机制、市场生态和演化趋势，以期得出一些带有一般性的理论知识和政策观点。调查发现，农村电子商务市场方兴日盛，农民对农村电子商务创业热情甚高，但众多农村的电子商务发展仍停留在初期阶段。里仁洞村的发展历史虽久但其模式仍需继续塑造发展，而军埔村的发展模式更有特色，“农村网商+城市+政府”的发展模式更加适合在我国欠发达地区的农村复制推广。

该实践队通过对广东省淘宝村实地调研，采用专家咨询、深度访谈和问卷调研等研究方法，获得广东省淘宝村电子商务发展的第一手调研资料；随后，实践队在阅读大量农村电子商务发展相关文献的基础上，结合所收集整理的数据，对比分析广东省淘宝村和全国代表性淘宝村电子商务发展的异同，总结适合广东省农村电子商务发展的模式；同时，运用SPSS软件对调研问卷进行统计处理，从业务模式、人才培训、政策环境等方面分析广东农村电子商务发展目前存在的问题。

该实践队深入广东农村基层，除了印证军埔村现象和里仁洞村现象以外，也对农村居民实地调研和深度访谈，系统性了解淘宝村现象产生和发展内在的规律性，研究现象背后的“军埔模式 ”和“里仁洞模式”，探究农村

电子商务形成规模化和集聚化发展的成功因素和制约因素，对于推动信息经济下的农业升级，具有重要的应用价值。实践队形成了2篇论文《新农村电子商务发展调查——基于揭阳市军埔淘宝村的调查分析》《军埔村电子商务发展模式研究》，近3万字的调查报告《军埔模式研究》，获评共青团中央“2014年全国大中专学生志愿暑期‘三下乡’社会实践优秀团队”，调研活动受到调研地县级以上新闻媒体的多次报道。

（二）服务城市——环境科学与工程学院PM2.5调查实践调研队

2011年，在中共广州市第十次代表大会上，广州提出走新型城市化发展道路，要着力发展低碳经济、建设智慧城市。广州把民生幸福和生态城市建设放在突出位置，是第一个公布PM2.5监测情况的中心城市，在PM2.5防控方面也开展了大量的工作。广东工业大学环境科学与工程学院实践调研队以广州PM2.5防控的实践为对象，研究了广州PM2.5的污染组分，调查了广州市污染情况，总结了广州PM2.5防控的一些成功经验，并提出一些针对性的补充建议。此调研报告为了解我国PM2.5污染状况和污染防控提供了有力的数据支持，并为我国制定颗粒物污染控制对策提供了重要的实践依据。

通过走访政府与企业等36个单位，采集547天的大气污染监测数据，查阅大量文献等手段调查PM2.5产生原因、污染特征以及分析PM2.5对环境和人体健康带来的影响和危害，调研队总结出当前广州在PM2.5防控方面的主要措施，并有针对性地提出了一些补充建议。调研队提议对PM2.5高危人群发放空气污染补贴，扩展联防联控的区域，加快新能源研发，推广新能源汽车，减少工地、道路等面源污染，以及改进监测技术、优化交通管理系统并对重点行业推行清洁生产方案提供技术性建议等。

（三）服务大型赛事——第十四届“挑战杯”国赛志愿服务活动

2015年，第十四届“挑战杯”国赛终审决赛由广东工业大学、香港科技大学联合承办，主赛场设在广东工业大学大学城校园。终审决赛期间，广东工业大学遴选了4 000多名志愿者参与竞赛服务工作，接待了2 000多所高校、4 232名师生、近万名观摩人员。团中央书记处书记傅振邦、时任广东省副省长陈云贤莅临服务驿站看望慰问志愿者，“中华全国学联”“团中央学校部”等公众号均对志愿者活动进行报道。

赛前，广东工业大学成立由教师、学生骨干、志愿者代表等25人组成的“挑战杯”国赛宣讲团，举行43场宣讲会，其中包括三场分别在三个校区开展的学生干部宣讲会，16 000余名学生参与其中，并实现了校区全覆盖、新生全覆盖、专业全覆盖。同时，线上报名和线下报名相结合，并为新生设立志愿者报名绿色通道，学生反响热烈，报名人数达 7 000 多人，在全校掀起了志愿服务的热潮。由校、院 130 名学生干部担任面试官，考察报名学生的言谈举止、仪容仪表等基本素质，最终筛选出 4 000 多名志愿者服务终审决赛。并且针对志愿者开展笔试考核。通过闭卷考试，学校考查志愿者对“挑战杯”竞赛、志愿服务工作、志愿者礼仪等相关知识的掌握程度。

为了使志愿者骨干间相互了解、增进友谊、提升能力，2015 年 7 月，广东工业大学组织第一批志愿者骨干赴广东青年职业学院白云校区参加“挑战杯”国赛志愿者骨干素质培训营；并组织开展了志愿者通识培训，共计 127 名讲师（从学生骨干中挑选）联手开展 90 多场通识培训，3 000 多名志愿者踊跃参与其中。培训覆盖面广、参与度高。通识培训内容涵盖“挑战杯”国赛赛事概况、志愿者服务技巧、礼仪、医疗、新媒体以及心理知识等多方面知识，培训提升了志愿者的服务技巧，保障了志愿者服务的专业性。同时，学校编制《第十四届“挑战杯”国赛志愿者培训手册》，包含“挑战杯”国赛简介、竞赛筹备情况、广东工业大学“高水平大学建设”、志愿者礼仪、志愿者工作规范、竞赛场馆周边环境情况（酒店、车站、医院、银行等）知识，为志愿者深入了解“挑战杯”国赛，全面提升综合素质提供了全面、细致、翔实的教材。

在竞赛筹备阶段，广东工业大学非常注重多角度宣传，营造志愿者参与竞赛的氛围。学校开展了“挑战蓝”骑跑宣传行动终审决赛倒计时 30 天誓师仪式、“挑战杯”国赛会歌快闪视频拍摄等活动，引导广大同学支持“挑战杯”国赛、奉献“挑战杯”国赛；开发了“一战到底”线上答题系统，将志愿者培训的相关内容，如“挑战杯”国赛赛事概况、志愿者服务技巧、礼仪、医疗等纳入题库，形成多角度立体化宣传模式。终审决赛期间，广东工业大学围绕志愿驿站，开展了“挑‘赞’志愿·感恩有你”的点赞活动，吸引了各参赛高校师生和广东工业大学师生在“志愿者点赞板”上写下祝福，传播广东工业大学志愿服务的文化内涵。从筹备期间起，学校共推送近 70 期原创微信推文，逾 8 篇原创推文被众多官方微信公众号转载，并有网易新闻等 6 家全国知名媒体相继报道。通过组建内部采编团队，学校及时对志愿者采风和推广，树立典型志愿者标杆，用典型志愿者的先进事例感染周边同学、鼓舞士气，带动广大志愿者的服务热情；多次发起主题宣传活动以及线上征集活动，如“挑战蓝，志愿心”主题宣传活动、“挑战杯”国赛志愿者纪念品竞猜活动、最美宣传素材征集活动等，广受师生好评。各类活动互相带动，师生参与度高，活动覆盖面广，取得了良好的宣传效果。

为充分发挥党支部的战斗堡垒作用和共产党员的先锋模范作用，广东工业大学筹委会各工作组均成立了志愿者临时党支部。党员志愿者发挥先锋模范作用，在岗位上冲锋在前，以身作则，紧密联系普通志愿者，同时发挥党支部战斗堡垒的作用，抱团取暖，在“挑战杯”国赛赛事中起先锋模范作用。

为确保赛事安全、有序进行，学校与保险公司广东分公司签署保险合同，统一给“挑战杯”国赛志愿者购买团体人生意外伤害保险。学校还专门对服务“挑战杯”国赛赛事的广大志愿者给予相应的补贴，用于解决志愿者额外支出的交通、餐饮和通信费用。终审决赛期间，广东工业大学完成志愿者请假和考勤事宜的落实，设计并制作志愿服务时长证书。赛后组织评选“挑战杯”国赛志愿服务金、银、铜奖，表彰在“挑战杯”国赛终审决赛做出突出贡献的优秀志愿者，营造广大青年学生参与志愿服务的良好氛围，通过这种激励保障方式给予志愿者的人文关怀。

（四）服务社会——土木与交通工程学院“爱行地下铁”志愿服务活动

广东工业大学土木与交通工程学院“爱行地下铁”广州地铁志愿服务团队秉承“奉献、友爱、互助、进步”志愿服务精神，每逢节假日、寒暑假期积极奔赴服务第一线，以认真、负责、专业的态度和无限热情服务每一位乘客，为每一位市民的出行提供方便，受到了校方、广州地铁方以及外界媒体的一致认同和赞赏。同时，广东工业大学高举社会正能量旗帜，利用广州地铁高人流量的特点，积极向广大乘客宣传社会主义核心价值观，弘扬社会新风气，多次荣获“地铁志愿服务单位”称号。

“爱行地下铁”志愿服务活动前期准备工作，主要通过团队联系地铁方负责人，确认服务站点、各站点所需志愿者人数、班次、各班次时间；撰写招募通知，发布到全校各团支部、推送到“爱行地下铁”官方微博和学院团委官方微信公众平台；做好分工，队长、副队长各司其职；组织面试、排班和举行培训大会、启动仪式等，突出服务团队的建设以及队长能力的锻炼。活动期间，每支小队伍每天由队长带领进入地铁站开始一天的工作，其主要工作内容包括电梯口处维持秩序，提醒乘客小心上下扶梯，售票机前引导乘客购票，在站台提醒乘客排队上下车并维持上下车秩序，在出入闸口处疏导人流等。每天志愿活动结束后，由小队长撰写一份心得和列明当天出现的问题及建议发送到总队长邮箱。总队长每两天写一份通讯稿并推送到“爱行地下铁”微博和“土木团委”微博。实践活动结束后，全体志愿者一起分享，总结经验、交流收获。

在全社会上下掀起学习践行社会主义核心价值观热潮之际，“爱行地下铁”志愿服务团队的同学成了我们身边“社会主义核心价值观”最好的代言人。他们积极传播爱心与正能量，用实际行动为“社会主义核心价值观”

做着最年轻、最贴切的诠释与注解。以善为本、用爱集结，他们用微笑、汗水与智慧传播着“创新、求是、勤奋、团结”的广东工业大学青年精神，诠释了“奉献、友爱、互助、进步”的志愿服务精神，更身体力行地实践着社会主义核心价值观中“爱国、敬业、诚信、友善”的公民精神。

参考文献

[1] 中共中央马克思恩格斯列宁斯大林著作编译局. 列宁全集：第 18 卷 [M]. 北京：人民出版社，1988.

[2] 毛泽东. 毛泽东选集：第 1 卷 [M]. 北京：人民出版社，1991.

[3] 胡树祥，吴满意. 关于大学生社会实践内涵的新界定 [J]. 中国高等教育，2009 (2).

[4] 上海师范大学教育系. 列宁论教育 [M]. 北京：人民教育出版社，1979.

[5] 索洛韦伊奇克. 苏霍姆林斯基论教育 [M]. 合肥：安徽大学苏联问题研究所，1984.

[6] 邓小平. 邓小平文选：第 2 卷 [M]. 北京：人民出版社，1994.

[7] 陈万柏，张耀灿. 思想政治教育学原理 [M]. 3 版. 武汉：华中师范大学出版社，2009.

[8] 张豪锋. 大学生社会实践发展的新趋势 [J]. 河南师范大学学报（哲学社会科学版），1994 (1).

[9] 宋江照，王俊京，赵海娟，等. 对高校大学生社会实践活动的思考 [J]. 中小企业管理与科技（下旬刊），2009 (10).

[10] 郑秀红. 大学生社会实践是高校思想政治理论课的延伸 [J]. 华北煤炭医学院学报，2009 (4).

[11] 魏秀兰. 加强社会实践环节　优化大学生思想政治教育 [J]. 绵阳师范学院学报，2009 (6).

[12] 徐永赞. 思想政治教育接受过程研究 [D]. 长春：吉林大学，2006.

[13] 赵学富. 浅论大学生的社会实践教育 [J]. 赤峰学院学报（汉文哲学社会科学版），2009 (7).

[14] 陈曦. 大学生社会实践教程 [M]. 北京：机械工业出版社，2006.

[15] 冯艾，范冰. 大学生社会实践导读 [M]. 北京：社会科学文献出版社，2005.

[16] 胡锦涛. 在庆祝清华大学建校 100 周年大会上的讲话 [J]. 中国大学教育，2011 (5).

[17] 吕明新. 大学生社会实践效能发挥的影响因素及对策分析 [J]. 青少年研究，2005 (3).

[18] 王彬. 论大学生社会实践活动 [J]. 思想政治教育研究，2005 (4).

[19] 李禄. 中外大学生社会实践活动比较研究 [D]. 大庆：东北石油大学，2012.

[20] 刘晓东. 大学生社会实践理论与实务 [M]. 北京：高等教育出版社，2014.
[21] 沈杰. 志愿行动：中国社会的探索与践行 [M]. 北京：人民出版社，2009.
[22] 王振友. 中国青年志愿者行动的由来、现状及发展趋势 [J]. 内蒙古工业大学学报（社会科学版），2000（2）.
[23] 丁元竹，江讯清. 志愿活动研究：类型、评价与管理 [M]. 天津：天津人民出版社，2001.
[24] 来佳炳，成竞. 快乐寒假如何过？大学生海外志愿者：跟我走，做公益 [EB/OL].（2013-02-08）. http://edu.zjol.com.cn/05edu/system/2013/02/08/019142027.shtml.
[25] 窦玉光. 完善大学生志愿者活动探析 [D]. 天津：天津师范大学，2009.
[26] 兰宇新. 大型活动中大学生志愿服务的机制建设研究 [D]. 上海：华东师范大学，2008.
[27] 贠天祥. 大学生志愿者活动育人实效性研究 [D]. 北京：北京化工大学，2010.
[28] 王民忠，梁碧韬. 美国大学生志愿服务机制及经验借鉴 [J]. 北京教育（高教），2013（Z1）.
[29] 谢雯，刘长春. 社会管理政策法规建设刍议 [J]. 经济研究导刊，2013（8）.
[30] 孙慧民. 志愿服务与社会和谐：上海市志愿活动的现状和面临的挑战 [J]. 社会学，2007（1）.
[31] 谭建光，凌冲. 中国深圳义务工作发展报告 [M]. 广州：广东人民出版社，2005.
[32] 杭州下城区城市社区志愿服务实践与研究课题组. 构建和谐社会的探索：城市社区志愿服务工作实践与研究 [M]. 杭州：杭州出版社，2005.
[33] 冯英，张惠秋，白亮. 外国的志愿者 [M]. 北京：中国社会出版社，2008.
[34] 江泽全. 英国志愿服务发展及对中国的启示 [J]. 广东青年干部学院学报，2004（3）.
[35] 江讯清. 与世界同行：全球化下的志愿服务 [M]. 杭州：浙江人民出版社，2005.
[36] 王左丹. 国外大学生志愿服务发展的经验与启示 [J]. 怀化学院学报，2013（7）.
[37] 陈素文. 比较与借鉴：中外青年志愿服务现状透视 [J]. 山西青年管理干部学院学报，2008（3）.
[38] 王建伟. 大学生社会实践发展趋势探析 [J]. 中国高教研究，1999（6）.
[39] 汪彩霞，刘思博，朱莉玲，等. “社工+志愿者”技能人才教育模式探索：以广东青年职业学院社工专业办学特色为例 [J]. 广东青年干部学院学报，2011（2）.
[40] 王杰秀，邹文开. 社会工作蓝皮书：中国社会工作发展报告（2011—2012）[M]. 北京：社会科学文献出版社，2013.
[41] 倪福全，李昌文，等. 大学生社会实践教程 [M]. 北京：中国水利水电出版社，2011.
[42] 陈曦，石新明. 明确工作思路 探索长效机制 推进大学生社会实践持续深入发展 [J]. 思想教育研究，2008（4）.
[43] 刘建佳. 大学生社会实践教育体系的构建与探索 [J]. 纺织服装教育，2009（2）.

［44］中央宣传部，中央文明办，共青团中央，等. 关于进一步加强和改进大学生社会实践的意见［Z］. 2005-02-01.
［45］张军. 搭建社会实践教育平台 促进大学生创新人才的培养［J］. 思想政治教育研究，2008（5）.
［46］王忠华，李晓锋. 高校大学生创新实践平台建设初探［J］. 中国电力教育，2012（26）.
［47］陈爱民. 论大学生社会实践激励机制的构建［J］. 广西社会科学，2012（3）.
［48］江卫平. 科学商店：大学生创新能力培养的新模式［J］. 思想理论教育（上半月综合版），2010（12）.
［49］赵鑫，张传辉，刘彦. 实践育人［M］. 哈尔滨：东北林业大学出版社，2006.
［50］王松，邓迎迎，杨秀丽. 大学生社会实践运行机制的研究与探索［J］. 青少年研究，2006（6）.
［51］任贯中. 新时期大学生社会实践载体创新原则与路径［J］. 教育与教学研究，2011（3）.
［52］陈爱民，陈剑. 构建大学生社会实践经费投入保障机制研究［J］. 广西社会科学，2011（12）.
［53］曹银忠，胡树祥. 新中国成立以来大学生社会实践活动的回顾与展望［J］. 思想理论教育导刊，2010（5）.
［54］黄波，廉永杰. 构建大众化阶段大学生社会实践的长效机制［J］. 教育探索，2006（11）.
［55］张传辉，郑克骞. 浅议大学生社会实践保障体系的建设［J］. 学理论，2008（14）.
［56］赵丽霞. 对增强大学生社会实践活动实效性的思考的对策［J］. 漳州师范学院学报（哲学社会科学版），2005（2）.
［57］赵振华. 大学生社会实践的现状及路径探析［J］. 教育探索，2007（4）.
［58］王英. 高校实践育人的意义、现状以及发展对策［J］. 山东广播电视大学学报，2014（3）.
［59］焦新. 教育部党组：学习胡锦涛重要讲话弘扬五四精神［N］. 中国教育报，2009-05-05.
［60］陈立力. 大学生社会实践评价机制研究［J］. 丽水学院学报，2009（6）.
［61］肖远军，李春玲. 政策评价概念探析［J］. 理论探讨，1995（2）.
［62］陈庆云. 公共政策分析［M］. 北京：中国经济出版社，1996.
［63］史秋衡，余舰，等. 高等教育评估［M］. 贵阳：贵州教育出版社，2004.
［64］刘红英. 论思想政治理论课学生考评的原则［J］. 思想政治教育研究，2007（4）.
［65］叶绍灿，刘瑞平. 论大学生网络社会实践评价体系的构建［J］. 合肥工业大学学报（社会科学版），2011（2）.
［66］陈立力. 大学生社会实践评价指标体系与评价方法研究［J］. 中国青年政治学院学报，2010（2）.

[67] 吕富媛，吕富彪. 增强大学生社会实践实效性的路径研究 [J]. 国家教育行政学院学报，2010 (3).
[68] 于志强，于书忠，柳青. 提高大学生社会实践实效性的对策 [J]. 教育与职业，2010 (35).
[69] 路壮志. 增强大学生社会实践实效性的思考 [J]. 市场周刊 (理论研究)，2009 (4).
[70] 高惠娟. 大学生社会实践的实效性和发展路径研究 [J]. 徐州师范大学学报 (哲学社会科学版)，2010 (6).
[71] 崔建霞. 提升大学生社会实践实效的探索：以北京理工大学工作为例 [J]. 学校党建与思想教育，2011 (10).
[72] 岳云强，吕素霞. 对增强大学生社会实践实效性的思考 [J]. 理论学习，2010 (3).
[73] 王趾成，吴鹤明，李卫卫. 提高大学生社会实践实效性的探讨 [J]. 石家庄职业技术学院学报，2010 (1).
[74] 周彩姣，林寒. 大学生社会实践活动现状调查与完善策略 [J]. 高等教育研究. 2012 (9).
[75] 吕明娥. 试论开放式大学生社会实践体系 [J]. 中国高教研究，2011 (5).
[76] 李燮. 试论大学生社会实践保障资源的管理方法 [J]. 中国成人教育，2013 (20).
[77] 王务均. 大学生社会实践项目化管理的运行机制研究 [J]. 学校党建与思想教育，2012 (4).
[78] 王树田，毛勇，陈蕾. 欧美高校社会实践项目化管理比较研究 [J]. 扬州大学学报 (高教研究版)，2012 (3).
[79] 欧阳永志. 百名博士老区行：2016 年“百名博士白银行”科技服务活动启动 [EB/OL]. (2016-07-08). http://news.cau.edu.cn/art/2016/7/8/art_8769_456703.html.
[80] 李俊卫. 关注大学生暑期社会实践：每一个队员都有收获 [EB/OL]. (2014-09-01). http://www.jyb.cn/high/gdjyxw/201409/t201401_596134.html.
[81] 查吉德. 美国研究型大学的社会服务功能及实现策略 [J]. 南京航空航天大学学报 (社会科学版)，2002 (2).
[82] 赵伟锋. 社会实践课程化中存在的问题及解决措施 [J]. 学理论，2011 (1).
[83] 田欣. 大学生社会实践成果融入高校奖学金评定体系探索 [J]. 保定学院学报，2015 (6).
[84] 杨卫兵，王务均. 大学生廉洁教育项目化管理的基本内涵及运行机制研究 [J]. 学校党建与思想教育，2010 (13).
[85] 徐艳兰. 大学生社会实践长效机制的构建 [D]. 武汉：华中师范大学，2008.
[86] 李杰. 大学生社会实践创新研究：以重庆市大学生社会实践创新为例 [D]. 重庆：重庆理工大学，2013.

[87] 李长松. 大学生社会实践创新研究［D］. 重庆：西南大学，2006.

[88] 徐国庆. 大学生社会实践的路径研究［D］. 哈尔滨：东北林业大学，2013.

[89] 高馨. 大学生社会实践的实效性研究［D］. 厦门：厦门大学，2009.

[90] 马德峰，唐文跃，马琴芬. 大学生社会实践的现状及问题：对494篇大学生社会实践报告的内容分析［J］. 青少年研究，2004（4）.

[91] 艾磊. 大学生社会实践发展及策略研究［D］. 长春：吉林大学，2012.

[92] 刘同国. 大学生社会实践活动现状与发展研究［D］. 济南：山东师范大学，2010.

[93] 蔡晓雪. 大学生社会实践实证研究［D］. 大理：大理学院，2013.

[94] 任娟. 当代大学生社会实践教育研究［D］. 西安：陕西科技大学，2014.

[95] 邢强. 当前我国大学生社会实践活动问题研究［D］. 长春：东北师范大学，2007.

[96] 秦川. 对高校大学生实践育人机制的反思与重构：以JL大学社会实践活动为例［D］. 长春：吉林大学，2009.

[97] 邵金霞. 服务学习视野下的大学生社会实践研究［D］. 扬州：扬州大学，2011.

[98] 张分分. 高校实践育人多维路径研究［D］. 开封：河南大学，2014.

[99] 涂建波. 构建高校与社会协同实践育人新模式［D］. 昆明：云南师范大学，2014.

[110] 全思懋，高彦征，周权锁，等. 基于“三化一制”的资源环境类大学生社会实践模式研究与实践［J］. 高等农业教育，2010（1）.

[111] 李律. 利用本地社区资源优化社会实践教学［J］. 文学教育（中），2012（3）.

[112] 郝丽丽，宋岩，蔡慧慧. 浅谈大学生社会实践活动的项目化管理［J］. 中国环境管理干部学院学报，2010（2）.

[113] 庞静. 社会实践与大学生全面成才研究［D］. 天津：天津师范大学，2007.

[114] 张洁. 社会实践与高校人才培养研究［D］. 北京：中国地质大学，2008.

[115] 孙丽丽，刘忠孝. 社会实践资源在思想政治理论课中的开发利用［J］. 继续教育研究，2013（2）.

[116] 范冰. 试论大学生社会实践活动的模式创新［D］. 上海：华东师范大学，2007.

[117] 郭志浩，王博韬. 网络平台对大学生社会实践的管理作用［J］. 学理论，2015（1）.

[118] 简赟赟. 我国大学生社会实践中的问题与对策研究［D］. 武汉：湖北大学，2012.

[119] 李凯. 我国高校大学生社会实践工作模式的研究［D］. 济南：山东大学，2012.

[120] 谢红. 新时期大学生社会实践活动探析［D］. 成都：西南财经大学，2005.

[121] 鲁宇红，李素芳. 新时期大学生社会实践活动长效机制的构建［J］. 江苏高教，2010（5）.

[122] 闪茜菁. 新形势下的大学生社会实践模式研究［D］. 上海：华东师范大学，2009.

[123] 王武宁，梅爱冰，白珍. 大学生社会实践管理体制的问题及改进措施［J］. 学校党建与思想教育，2009（16）.

[124] 林国庆. 大学生社会实践管理研究［D］. 桂林：广西师范大学，2011.

［125］马德成．大学生社会实践管理运行机制研究［J］．经济研究导刊，2009（36）．
［126］潘军，黄文勇．大学生整合社会实践模式的探索与创新［J］．中国成人教育，2009（24）．
［127］胡德刚．中职校开发社会实践教育资源的途径研究：以江苏省盱眙中等专业学校为例［J］．江苏教育研究，2013（12）．